**20 23**

**Amanda** Simões
da Silva Batista

**Ana Paula** Ferreira
de Almeida Vieira Ramalho

**Carlos Eduardo** Pinheiro
da Silva

**Érica** Valente
Lopes

**Gabriel** Peixoto
Dourado

**Luis** Ferreira
de Moraes Filho

**Gabriellen** Carneiro
de Melo

**Marília** Cruz
Monteiro Cabral

**Kelviane** de Assunção
Ferreira Barros

**Paula** Borges
Frota Pinto

**Rafhael** Ramos
Nepomuceno

*Hugo de Brito*
**Machado Segundo**
COORDENADOR

# EPISTEMOLOGIA JURÍDICA

**Dados Internacionais de Catalogação na Publicação (CIP) de acordo com ISBD**

E64

Epistemologia jurídica / Amanda Simões da Silva Batista ... [et al.] ; coordenado por Hugo de Brito Machado Segundo. - Indaiatuba, SP : Editora Foco, 2023.

232 p. ; 16cm x 23cm.

Inclui bibliografia e índice.

ISBN: 978-65-5515-681-2

1. Direito. 2. Epistemologia jurídica. I. Batista, Amanda Simões da Silva. II. Ramalho, Ana Paula Ferreira de Almeida Vieira. III. Silva, Carlos Eduardo Pinheiro da. IV. Lopes, Érica Valente. V. Dourado, Gabriel Peixoto. VI. Melo, Gabriellen Carneiro de. VII. Barros, Kelviane de Assunção Ferreira. VIII. Moraes Filho, Luis Ferreira de. IX. Cabral, Marília Cruz Monteiro. X. Pinto, Paula Borges Frota. XI. Nepomuceno, Rafhael Ramos. XII. Segundo, Hugo de Brito Machado. XIII. Título.

2022-3662

CDD 340    CDU 34

**Elaborado por Vagner Rodolfo da Silva - CRB-8/9410**
**Índices para Catálogo Sistemático:**
1. Direito 340
2. Direito 34

**Amanda** Simões
da Silva Batista

**Ana Paula** Ferreira
de Almeida Vieira Ramalho

**Carlos Eduardo** Pinheiro
da Silva

**Érica** Valente
Lopes

**Gabriel** Peixoto
Dourado

**Luis** Ferreira
de Moraes Filho

**Gabriellen** Carneiro
de Melo

**Marília** Cruz
Monteiro Cabral

**Kelviane** de Assunção
Ferreira Barros

**Paula** Borges
Frota Pinto

**Rafhael** Ramos
Nepomuceno

# Hugo de Brito
# Machado Segundo

COORDENADOR

# EPISTEMOLOGIA JURÍDICA

2023 © Editora Foco

**Coordenador:** Hugo de Brito Machado Segundo

**Autores:** Amanda Simões da Silva Batista, Ana Paula Ferreira de Almeida Vieira Ramalho, Carlos Eduardo Pinheiro da Silva, Érica Valente Lopes, Gabriel Peixoto Dourado, Gabriellen Carneiro de Melo, Kelviane de Assunção Ferreira Barros, Luis Ferreira de Moraes Filho, Marília Cruz Monteiro Cabral, Paula Borges Frota Pinto e Rafhael Ramos Nepomuceno

**Diretor Acadêmico:** Leonardo Pereira

**Editor:** Roberta Densa

**Assistente Editorial:** Paula Morishita

**Revisora Sênior:** Georgia Renata Dias

**Revisora:** Simone Dias

**Capa Criação:** Leonardo Hermano

**Diagramação:** Ladislau Lima e Aparecida Lima

**Impressão miolo e capa:** FORMA CERTA

**DIREITOS AUTORAIS:** É proibida a reprodução parcial ou total desta publicação, por qualquer forma ou meio, sem a prévia autorização da Editora FOCO, com exceção do teor das questões de concursos públicos que, por serem atos oficiais, não são protegidas como Direitos Autorais, na forma do Artigo 8º, IV, da Lei 9.610/1998. Referida vedação se estende às características gráficas da obra e sua editoração. A punição para a violação dos Direitos Autorais é crime previsto no Artigo 184 do Código Penal e as sanções civis às violações dos Direitos Autorais estão previstas nos Artigos 101 a 110 da Lei 9.610/1998. Os comentários das questões são de responsabilidade dos autores.

*NOTAS DA EDITORA:*

**Atualizações e erratas:** A presente obra é vendida como está, atualizada até a data do seu fechamento, informação que consta na página II do livro. Havendo a publicação de legislação de suma relevância, a editora, de forma discricionária, se empenhará em disponibilizar atualização futura.

**Erratas:** A Editora se compromete a disponibilizar no site www.editorafoco.com.br, na seção Atualizações, eventuais erratas por razões de erros técnicos ou de conteúdo. Solicitamos, outrossim, que o leitor faça a gentileza de colaborar com a perfeição da obra, comunicando eventual erro encontrado por meio de mensagem para contato@editorafoco.com.br. O acesso será disponibilizado durante a vigência da edição da obra.

Impresso no Brasil (11.2022) – Data de Fechamento (11.2022)

**2023**

Todos os direitos reservados à
Editora Foco Jurídico Ltda.
Avenida Itororó, 348 – Sala 05 – Cidade Nova
CEP 13334-050 – Indaiatuba – SP

E-mail: contato@editorafoco.com.br
www.editorafoco.com.br

# PREFÁCIO

Em 2012, propus ao Programa de Pós-Graduação em Direito da Universidade Federal do Ceará (PPGD/UFC) a criação da disciplina "Epistemologia Jurídica", para refletir em torno de temas atinentes à teoria do conhecimento, seus reflexos e desdobramentos, em especial no âmbito do Direito.

Desde então, a cada ano, surpreendo-me com a forma como os discentes reagem aos assuntos estudados. De início, talvez pela presença de nomes pouco usuais (epistemologia, dogmatismo, falibilismo etc.), os temas parecem áridos, difíceis e, talvez, não muito práticos. Com o tempo, a leitura dos textos, a realização dos fichamentos, e os debates em sala de aula, passam a operar uma transformação. Assuntos começam a se tornar mais simples, e seus impactos práticos emergem incomensuráveis. Não só para o Direito, mas para a vida.

De fato, os efeitos, ou os desdobramentos, da Epistemologia, relativamente ao manejo da ordem jurídica, e à própria compreensão que se tem do mundo, são os mais diversos. E os pós-graduandos que se aprofundam no seu estudo logo percebem isso, não raro extraindo repercussões, e chegando a conclusões, que não me haviam ocorrido, nem a discentes de turmas anteriores, apesar de já conduzir a disciplina há algum tempo. Ao final do semestre estamos, todos, em alguma medida, transformados.

É por isso que testemunhar a elaboração de uma obra como esta, na qual se acham estudos elaborados como conclusão da disciplina, é sempre motivo de satisfação e alegria. Integram este livro, que tenho a honra de prefaciar, trabalhos de mestrandos e doutorandos do PPGD/UFC, fruto das leituras, discussões e reflexões havidas ao longo do segundo semestre do ano de 2021.

Ainda de maneira remota, por conta da pandemia, as aulas desta turma, nas quais todos ligaram suas câmeras e permaneciam interativos, às vezes nos levavam a esquecer que não eram presenciais. Representaram, em meio a um cenário ainda de preocupações e incertezas, causadas pela pandemia, momentos de engrandecimento, mas, sobretudo, de descontração, prazer e bom humor. Ocorriam às segundas-feiras pela manhã, representando uma excelente forma de começar a semana.

Nelas, desdobraram-se questões em torno do que é o saber, suas limitações e possibilidades, e quais repercussões se podem extrair delas. Sendo o acesso do ser humano à realidade – seja ela ideal, natural ou cultural – precário, e, nessa condição, falível, o que fazer? Não acreditar em nada, pois não há certeza absoluta de que nossas crenças sobre o mundo são corretas? Ou, ao contrário, acreditar em qualquer coisa? Que postura seria mais adequado adotar, diante da ineliminável possibilidade de se estar errado?

Coincidentemente, a pandemia, e tantos debates públicos, e polêmicas, em torno de assuntos como a eficácia de vacinas, as verdadeiras causas da doença ou a eficiência de certos tratamentos, tornaram alguns temas ainda mais atuais, e de mais claras repercussões práticas. Falar sobre ciência, usando sua falibilidade para desacreditar suas descobertas, ou para acreditar no que ela aponta não funcionar, nunca esteve tão na moda, tornando essenciais reflexões mais detidas a respeito.

Quanto ao Direito, os efeitos são vários. Desde a sua compreensão enquanto ciência, e as conclusões que se extraem daí – ligadas à provisoriedade de suas constatações e à necessária abertura à crítica – passando pela adoção do pensamento falibilista à compreensão de normas (vistas de modo derrotável), de fatos (no rico terreno da prova), e de valores, culminando com questionamentos referentes à possibilidade de estudo e debate relativamente a questões éticas e axiológicas. A inteligência artificial, vale notar, tem mostrado, de modo eloquente, o quanto tais reflexões são atuais, e práticas, pois só quanto se tenta ensinar uma máquina a compreender normas, verificar a ocorrência de fatos, e tomar decisões (em torno das quais considerações valorativas são essenciais), se percebe o quanto tudo isso pode ser rico. Há aspectos que nos passam despercebidos, porque por nós levados a efeito intuitivamente, mas que a objetividade e a carência de "senso comum" das máquinas evidenciam, o que por igual se acha examinado aqui.

Mas o principal fator de satisfação que experimento, ao prefaciar este livro, é o de perceber que suas coatoras e seus coautores estão a contribuir com a empreitada do conhecimento humano, não apenas porque pesquisaram e refletiram sobre o que já se produziu a respeito dele, como porque estão a publicar o resultado disso. Pense você, leitora, nos impactos de levar a público o resultado, sempre provisório, de suas reflexões. A exposição, evidente, exige confiança no resultado produzido, pois publicar envolve escrutínio público e submissão à crítica, o que, aliás, é da própria essência do espírito científico.

Estão de parabéns, portanto, autores, editora, e principalmente você, leitora, pelo resultado que tem em mãos. Aproveite-o, inclusive, para começar, ou dar continuidade, às suas próprias reflexões, tal como Platão fez, há quase vinte e três séculos: o que é o saber? Os capítulos que se seguem lhe ajudarão a responder.

Fortaleza, 3 de agosto de 2022.

*Hugo de Brito Machado Segundo*

Professor-Associado da Faculdade de Direito da Universidade Federal do Ceará, de cujo Programa de Pós-Graduação (Mestrado/Doutorado) foi o Coordenador (2012/2016). Professor do Centro Universitário Christus – Unichristus. Advogado. Membro da *WCSA – World Complexity Science Academy*. *Visiting Scholar* da Wirtschaftsuniversität, Áustria (2012-2016).

# SOBRE OS AUTORES

## Amanda Simões da Silva Batista

Mestranda em Direito Constitucional (Universidade Federal do Ceará – UFC). Pós-graduanda em Processo Civil pela Faculdade CERS. Graduada em Direito (UFC). Bolsista FUNCAP (Fundação Cearense de Apoio ao Desenvolvimento Científico e Tecnológico). Lattes: http://lattes.cnpq.br/2294255088652790.

## Ana Paula Ferreira de Almeida Vieira Ramalho

Doutoranda em Direito Constitucional (Universidade Federal do Ceará – UFC). Mestra em Direito Constitucional (UFC). Especialista em Direito do Trabalho e Processo do Trabalho (Faculdade de Tecnologia de Palmas – FTP). Graduada em Direito (UFC). Integrante do Grupo de Pesquisa Serviços Públicos e Condições de Efetividade da UFC e associada à Rede de Pesquisa em Direito Administrativo Social (PUCPR e UFPR). Procuradora da Fazenda Nacional. Lattes: http://lattes.cnpq.br/7738671989682195.

## Carlos Eduardo Pinheiro da Silva

Mestrando em Direito Constitucional (Universidade Federal do Ceará – UFC). Pós-graduado em Direito Público (Universidade Estadual Vale do Acaraú – UVA). Graduado em Direito (Universidade de Fortaleza – UNIFOR). Membro do GRUPE – Grupo de Estudos em Direito do Trabalho. Advogado. Lattes: http://lattes.cnpq.br/2099520446559262.

## Érica Valente Lopes

Doutoranda em Direito Constitucional (Universidade Federal do Ceará – UFC). Mestre em Direito Constitucional (Universidade de Fortaleza – UNIFOR). Pós-graduada em Direito Público (Universidade para o Desenvolvimento do Estado e da Região do Pantanal – UNIDERP). Integrante do Grupo de Pesquisa GEDAI/UFC – Linha Direito Internacional do Meio Ambiente. Membro da Comissão de Políticas Urbanas e Direito Urbanístico da OABCE. Bolsista CAPES. Advogada e Professora Universitária. Lattes: http://lattes.cnpq.br/5242391048637150. ORCID: https://orcid.org/0000-0002-3674-1957.

## Gabriel Peixoto Dourado

Mestrando em Direito Constitucional (Universidade Federal do Ceará – UFC). Pós-graduado em Direito Processual Civil (Faculdade de Direito Prof. Damásio de Jesus – FDDJ). Advogado da União. Lattes: http://lattes.cnpq.br/4062585010390139.

## Gabriellen Carneiro de Melo

Mestranda em Direito Constitucional (Universidade Federal do Ceará – UFC). Pós-Graduanda em Ciências Criminais (Complexo de Ensino Renato Saraiva – CERS). Graduada em Direito (UFC). Advogada. Lattes: http://lattes.cnpq.br/7582789042990019.

## Kelviane de Assunção Ferreira Barros

Mestranda em Direito Constitucional (Universidade Federal do Ceará – UFC). Membro do Núcleo de Pesquisa em Interpretação e Decisão Judicial – NUPID, na linha Epistemologia, Inteligência Artificial e Decisão Judicial. Defensora Pública do Estado do Ceará. Lattes: http://lattes.cnpq.br/6321802964696105.

## Luis Ferreira de Moraes Filho

Mestrando em Direito Constitucional (Universidade Federal do Ceará – UFC). Pós-graduado em Direito Público (Pontifícia Universidade Católica de Minas Gerais – PUC-MINAS). Graduado em Direito Regional do Cariri – URCA). Procurador do Banco do Nordeste do Brasil S/A (BNB). Instrutor da Universidade Corporativa do Banco do Nordeste do Brasil S/A (BNB). Lattes: http://lattes.cnpq.br/0544966034321575.

## Marília Cruz Monteiro Cabral

Mestranda em Direito Constitucional (Universidade Federal do Ceará – UFC). Pós-graduada em Processo Civil (Universidade de Fortaleza – UNIFOR). Graduada em Direito em Direito (UNIFOR). Advogada. Lattes: http://lattes.cnpq.br/8384033882484403.

## Paula Borges Frota Pinto

Mestranda em Direito Constitucional (Universidade Federal do Ceará – UFC). Pós-graduada em Direito e Comércio Internacional e em Direito Processual Civil (Anhanguera – UNIDERP). Bacharel em Direito (Centro universitário Farias Brito – UniFB) Advogada. Lattes: http://lattes.cnpq.br/8418379760157998.

## Rafhael Ramos Nepomuceno

Mestrando em Direito Constitucional (Universidade Federal do Ceará – UFC). Promotor de Justiça no Estado do Ceará. Lattes: http://lattes.cnpq.br/2869402268413773.

# SUMÁRIO

PREFÁCIO

Hugo de Brito Machado Segundo ....................................................... V

SOBRE OS AUTORES .......................................................................... VII

A FALÁCIA INDUTIVISTA AUTOMATIZADA NA TOMADA DE DECISÕES JUDICIAIS E O VILIPÊNDIO AO DEVIDO PROCESSO LEGAL

*INDUCTIVIST FALLACY AUTOMATED IN COURT DECISIONS AND THE DISRESPECT FOR DUE PROCESS OF LAW*

Luis Ferreira de Moraes Filho ............................................................ 1

CIÊNCIA, NEGACIONISMO E CENSURA – UMA BREVE LEITURA DA PANDEMIA DE COVID-19 NO BRASIL À LUZ DA EPISTEMOLOGIA

*SCIENCE, NEGATIONISM AND CENSORSHIP – A BRIEF READING OF THE COVID-19 PANDEMIC IN BRAZIL IN THE LIGHT OF EPISTEMOLOGY*

Carlos Eduardo Pinheiro da Silva ...................................................... 31

A (IN)CERTEZA CIENTÍFICA ENTRE A PREVENÇÃO E A PRECAUÇÃO AMBIENTAL: UM OLHAR EPISTEMOLÓGICO

*THE SCIENTIFIC (UN)CERTAINTY BETWEEN PREVENTION AND ENVIRONMENTAL PRECAUTION: AN EPISTEMOLOGICAL VIEW*

Gabriel Peixoto Dourado...................................................................... 49

ANÁLISE EPISTEMOLÓGICA ACERCA DA SUPERAÇÃO DO PRE-CEDENTE JUDICIAL: VERDADE CIENTÍFICA E O FALIBILISMO DE POPPER

*EPISTEMOLOGICAL ANALYSIS ABOUT THE OVERRULLING OF JU-DICIAL PRECEDENT: SCIENTIFIC TRUTH AND POPPER'S FALIBILISM*

Marília Cruz Monteiro Cabral.............................................................. 63

# EPISTEMOLOGIA JURÍDICA

DIMENSÃO ECOLÓGICA DA DIGNIDADE HUMANA: ANÁLISE DO RESP 1.797.175/SP À LUZ DA EPISTEMOLOGIA SOCIAL DA MUDANÇA DE PARADIGMA DE THOMAS KUHN

*ECOLOGICAL DIMENSION OF HUMAN DIGNITY: ANALYSIS OF RESP 1.797.175/SP IN THE LIGHT OF THE SOCIAL EPISTEMOLOGY OF THOMAS KUHN'S PARADIGM CHANGE*

Érica Valente Lopes.......................................................................................... 75

A IMPORTÂNCIA DA EPISTEMOLOGIA PARA O ESTUDO DA VERDADE E DA PROVA NO PROCESSO JUDICIAL

*THE IMPORTANCE OF EPISTEMOLOGY FOR THE STUDY OF TRUTH AND PROOF IN THE LEGAL PROCESS*

Amanda Simões da Silva Batista ..................................................................... 93

O VALOR DA VERDADE EM UM PROCESSO PENAL ORIENTADO PELO GARANTISMO: UM PERCURSO EPISTEMOLÓGICO

*THE VALUE OF TRUTH IN THE CRIMINAL PROCEEDING. AN EPISTEMOLOGICAL JOURNEY*

Rafhael Ramos Nepomuceno ........................................................................... 111

A BUSCA PELA VERDADE REAL NO PROCESSO PENAL E A CONSE-QUENTE RUÍNA DA IMPARCIALIDADE DO MAGISTRADO: UMA ABORDAGEM EPISTEMOLÓGICA DO PROBLEMA

*THE SEARCH FOR TRUTH IN THE CRIMINAL PROCEDURE AND THE CONSEQUENT RUIN OF THE JUDGE'S IMPARTIALITY: AN EPISTEMOLOGICAL APPROACH TO THE PROBLEM*

Gabriellen Carneiro de Melo .......................................................................... 133

PLANEJAMENTO TRIBUTÁRIO E O ÔNUS DA PROVA DO FISCO: A ILICITUDE DO PLANEJAMENTO TRIBUTÁRIO POR MEIO DE OPE-RAÇÕES ARTIFICIAIS DO SUJEITO PASSIVO

*TAX PLANNING AND THE TAX AUTHORITIES' BURDEN OF PROOF: THE ILLEGALITY OF TAX PLANNING THROUGH ARTIFICIAL OPERATIONS OF THE TAXPAYER*

Ana Paula Ferreira de Almeida Vieira Ramalho............................................. 153

PENSAMENTO CRÍTICO E DESINFORMAÇÃO SOBRE A VACINA DA COVID-19 EM GESTANTES NO BRASIL

*CRITICAL THINKING AND MISINFORMATION ABOUT COVID-19 VACCINE FOR PREGNANT WOMEN IN BRAZIL*

Paula Borges Frota Pinto ..................................................................................... 177

EPISTEMOLOGIA E TECNOLOGIA: COMO OS NOVOS RECURSOS TECNOLÓGICOS IMPACTAM A PRODUÇÃO DE CONHECIMENTO NA CIÊNCIA DO DIREITO

*EPISTEMOLOGY AND TECHNOLOGY: HOW NEW TECHNOLOGICAL RESOURCES IMPACT KNOWLEDGE PRODUCTION IN JURISPRUDENCE*

Kelviane de Assunção Ferreira Barros ................................................................. 195

# A FALÁCIA INDUTIVISTA AUTOMATIZADA NA TOMADA DE DECISÕES JUDICIAIS E O VILIPÊNDIO AO DEVIDO PROCESSO LEGAL

## *INDUCTIVIST FALLACY AUTOMATED IN COURT DECISIONS AND THE DISRESPECT FOR DUE PROCESS OF LAW*

*Luis Ferreira de Moraes Filho*

**Resumo:** O presente artigo captura e avalia criticamente a compatibilidade do emprego de mecanismos de Inteligência Artificial (IA) estruturados segundo o método inferencial indutivista (o qual visa dar força preditiva a fatos reiterados) - agora alimentados por um banco de informações virtual de proporções colossais ("BIG DATA") - com o desempenho da função jurisdicional do Estado brasileiro, mais precisamente com a automatização das decisões judiciais. Por meio de uma pesquisa bibliográfica, exploratória e de feição qualitativa, o trabalho aborda aspectos substanciais do devido processo legal (precisamente aqueles relacionados aos princípios do contraditório, do dever de motivação das decisões judiciais e da isonomia) que seriam afetados caso magistradas e magistrados humanos viessem a ser substituídos por julgadores-robôs no desempenho da função judicante. Ao final, aponta para a incapacidade de os mecanismos de IA hodiernos (enquanto ancorados em matrizes indutivistas de "raciocínio" para projetarem resultados forjados a partir de incontáveis dados colhidos dentro de recortes espaciais e temporais da experiência humana pretérita) apresentarem soluções para os diversos litígios submetidos à apreciação do Poder Judiciário, os quais são dinâmicos e adequadamente solucionáveis a partir de inferências abdutivas (*derrotáveis por natureza, indicadoras do que "pode ser" a partir da construção de hipóteses que tentam explicar os fatos observados –sem limitar-se, portanto, a apenas observá-los e a acumulá-los-, considerando as irregularidades, os episódios surpreendentes e as perplexidades provocadas pelos acontecimentos do dia a dia*), as quais demandam intuição, criatividade e sensibilidade, elementos estes ainda não mecanizáveis.

**Palavras-chave:** Inteligência artificial – Indução – Indutivismo automatizado – Abdução. Decisões judiciais – Devido processo legal substancial.

**Abstract:** The present article captures and critically evaluates the compatibility of Artificial Intelligence (AI) mechanisms structured according to the inductivist inferential method (which aims to give predictive force to reiterated facts) – now fed by a virtual information bank of colossal proportions ("BIG DATA") – with the performance of the jurisdictional function in Brazil, more precisely with the automation of judicial decisions. Through a bibliographical, exploratory and qualitative research, the work addresses aspects of substantive due process of law (precisely those related to the postulates of contradictory, the duty to motivate judicial decisions and isonomy) that would be affected if human magistrates were replaced by robot judges to perform the judging function. In the end, it points to the inability of today's AI mechanisms (while anchored in inductivist "reasoning" matrices to project results created from countless data collected within spatial and temporal cuts of the past human experience) to present solutions to the various disputes submitted to the appreciation of the Judiciary, which are dynamic and adequately solvable from abductive inferences (defeasible by nature, indicators of what "can be" from the construction of hypotheses that try to explain the observed facts – but not limited to just observe them and accumulate them –, considering the irregularities, the surprising episodes and the perplexities caused by day-to-day events), which demand intuition, creativity and sensitivity, elements that are not yet mechanised.

**Keywords:** Artificial intelligence – Induction – Automated inductivism – Abduction – Court decisions – Substantive due process of law.

**Sumário:** 1. Introdução – 2. Inteligência artificial (ia): conceito, breve histórico e estado da arte – 3. A falácia indutivista (agora "automatizada") e as inferências construídas por máquinas na era do big data – 4. O emprego da ia nas atividades desenvolvidas pelo poder judiciário brasileiro – 5. Juízes-robôs e o princípio constitucional do devido processo legal; 5.1 Decisões judiciais automatizadas e o princípio do contraditório; 5.2 Decisões judiciais automatizadas e o dever de motivação das decisões judiciais; 5.3 Decisões judiciais automatizadas e o princípio da isonomia – 6. Considerações finais – 7. Referências.

## 1. INTRODUÇÃO

Em 10 de março de 1893, noticia Matos[1] o episódio, Machado de Assis havia tomado conhecimento de que um magistrado teria determinado a um escrevente a enumeração das páginas de um processo judicial a partir das folhas 1.010, ao que reagiu, em crônica publicada na Gazeta de Notícias,[2] nos termos seguintes (sem destaques no original):

> O despacho não diz quantas são as folhas por numerar, nem a imaginação pode calcular as folhas que terão de ser ainda escritas e ajuntadas a este processo. Duas mil? Três mil? [...] *É caso para inventar um fiel mecânico, um velocípede consciente, mais rápido que o homem, e tão honrado.* [...] Quando o velocípede assim aperfeiçoado entregar autos e recolher os recibos no protocolo, pode ser aplicado às demais esferas da atividade social, e teremos assim descoberto a chave do grande problema. Dez por cento da humanidade bastarão para os negócios do mundo. [...] Talho em grande; não sou homem de pequenas vistas nem de golpes à flor.

Satírica e genial, a pena machadiana predisse, com um século de antecedência, o advento de tecnologias disruptivas que promoveriam, nas palavras do Min. Luiz Fux, do Supremo Tribunal Federal (STF), o "sepultamento da era analógica e o resplandecer da era digital",[3] capaz de promover, esta última, a conexão de

---

1. MATOS, Miguel. *Código de Machado de Assis*. Migalhas Jurídicas. São Paulo: Migalhas, 2021, E-book Kindle, p. 404-407.
2. "Jornal carioca diário fundado em 2 de agosto de 1875 por José Ferreira de Sousa Araújo. Introduziu uma série de inovações na imprensa brasileira, como o emprego do clichê, das caricaturas e da técnica de entrevistas, chegando a ser um dos principais jornais da capital federal durante a Primeira República." Cf. CPDOC. Centro de Pesquisa e Documentação de História Contemporânea do Brasil. *Verbete Temático*. Disponível em: http://cpdoc.fgv.br/sites/default/files/verbetes/primeira-republica/GAZETA%20DE%20NOT%C3%8DCIAS.pdf. Acesso em: 14 fev. 2022.
3. Ao tomar posse como Presidente do Supremo Tribunal Federal (STF) e, consequentemente, como Presidente do referido Conselho no dia 10 de setembro de 2020, o Min. Luiz Fux, em discurso solene, apontou um Plano de Gestão do Poder Judiciário brasileiro estruturado em cinco grandes eixos, entre os quais destacou o "sepultamento da era analógica e o *resplandecer da era digital*" mediante a criação, em primeira instância, de juízos 100% digitais, "em que todos os atos processuais serão realizados de forma eletrônica e remota e com juízes acessíveis a todos os jurisdicionados, sem a necessidade de uma estrutura física para o seu suporte". O conteúdo de tal discurso, dias depois, ganhou o primeiro fôlego de vida por meio da aprovação, pelo Conselho Nacional de Justiça (CNJ), em 6 de outubro de 2020, de ato normativo que regulamenta a atuação das varas judiciais do país em formato inteiramente

pessoas e de coisas em um ecossistema interativo e de modificar radicalmente o modo de ser, de pensar e de agir da humanidade, desafiando a ciência a cruzar linhas antes superadas apenas na literatura de ficção, a exemplo da criação de máquinas ("um fiel mecânico") teoricamente capazes de reproduzir a inteligência humana ("um velocípede consciente"), com aptidão de realizar, em segundos – ou em frações destes – tarefas às quais alguém precisaria dedicar horas ou dias para alcançar êxito semelhante ("mais rápido que o homem") e dotadas da capacidade de aprender com experiências passadas, predispostas, assim, a antever cenários e a tomar decisões; ou seja, seres ("tão honrados" quanto homem?) concebidos com o dote do que se convencionou chamar de "inteligência artificial".

Tomando esse cenário por mote, o presente estudo tenciona investigar o estado da arte do emprego de sistemas inteligentes nas atividades cometidas ao Poder Judiciário brasileiro, especialmente os limites (se existentes estes) ao emprego de tais ferramentas no desempenho da atividade típica do serviço de justiça – decidir litígios com nota de definitividade – à luz do panorama principiológico que dá vida ao devido processo legal substancial consagrado na Constituição Federal de 1988.

## 2. INTELIGÊNCIA ARTIFICIAL (IA): CONCEITO, BREVE HISTÓRICO E ESTADO DA ARTE

A interconectividade que tem remodelado drástica e velozmente os modos de interação entre as pessoas do planeta nas últimas quatro décadas, muito em função do aprimoramento e da democratização do acesso à *internet* e, mais recentemente, do emprego, em todos os setores da economia, de tecnologias disruptivas associadas ao novo conceito de urgência da era moderna – radicalmente afetado, em 2020, pelos protocolos sanitários de isolamento social definidos pela Organização Mundial da Saúde (OMS) em virtude da pandemia provocada pelo vírus da Covid-19 –, catalisou, a nível global, uma profunda redefinição das estruturas operacionais da sociedade contemporânea, sedenta de soluções as mais ágeis possíveis (imediatas, de preferência) para as diversas necessidades cotidianas nos mais variados espaços (econômico, político, afetivo, social, educacional, científico, financeiro etc.) de atuação humana.

Essa completa reconfiguração dos canais de interligação social das últimas décadas interferiu (e continua a interferir) significativamente não apenas nas

---

digital. Cf. BRASIL. Supremo Tribunal Federal. Discurso do Excelentíssimo Senhor Ministro Luiz Fux por ocasião da posse no cargo de Presidente do Supremo Tribunal Federal e do Conselho Nacional de Justiça. Disponível em: http://www.stf.jus.br/arquivo/cms/noticiaNoticiaStf/anexo/DiscursoPosseFux. pdf. Acesso em: 14 fev. 2022; e BRASIL. Conselho Nacional de Justiça. Plenário aprova proposta para varas atuarem de modo 100% digital. Disponível em: https://www.cnj.jus.br/plenario-aprova-proposta-para-varas-atuarem-de-modo-100-digital/. Acesso em: 14 fev. 2022.

relações privadas, mas, sobretudo, e com envergada intensidade, na prestação de serviços públicos, na prática de atos de cidadania e, inclusive, no desempenho de funções estatais típicas, mediante a integração do aparelho dos Estados a mecanismos projetados para operarem em tempo integral e real, conectados a pessoas e a coisas, teoricamente dotados da capacidade de leitura e de interpretação de dados do mundo físico – além de apresentados como autônomos para tomada de decisões –, acessíveis a partir de equipamentos móveis de uso intuitivo e com armazenamento de informações "em nuvem", fenômeno a que se tem atribuído o nome de "transformação digital"[4] da sociedade, por torná-la híbrida, feita de "realidade carnal e de realidade virtual", segundo uma cultura de "virtualidade real" que tem marcado uma nova dimensão fundamental da existência humana contemporânea.[5]

Entre os mecanismos empregados para a configuração desse cenário, encontram-se sistemas ou máquinas projetados para simular o funcionamento da inteligência humana com vistas à execução extraordinariamente veloz, a partir da coleta de dados e de aprimoramentos iterativos, de tarefas simples e/ou complexas – incluindo-se a tomada de decisões, a resolução de problemas e o aprendizado – até então cometidas unicamente a homens e a mulheres, e é essa "habilidade" de "pensar" e de "agir" como humanos, transplantada para robôs mediante técnicas de programação computacional cada vez mais sofisticadas, que tem recebido, por muitos, o nome de Inteligência Artificial (IA),[6] embora não haja uma conceituação unívoca da referida expressão até o momento.[7]

---

4. BELLUZZO, Regina Celia Baptista. Transformação Digital e competência em informação: reflexões sob o enfoque da Agenda 2030 e dos Objetivos de Desenvolvimento Sustentável. *Conhecimento em Ação*, v. 4, n. 1, Rio de Janeiro, jan./jun. 2019.

5. CASTELLS, Manuel. O digital é o novo normal. *Fronteiras do Pensamento*, maio 2020. Disponível em: https://www.fronteiras.com/artigos/o-digital-e-o-novo-normal#:~:text=N%C3%A3o%20haver%-C3%A1%20volta.,comunica%C3%A7%C3%A3o%20em%20todas%20as%20circunst%C3%A2ncias. Acesso em: 12 fev. 2022.

6. "A inteligência artificial como disciplina oficial começou, auspiciosamente, em 1956 na agora famosa Conferência de Dartmouth. Os luminares presentes incluíram Shannon, do Bell Labs (teoria da informação), Marvin Minsky, de Harvard (matemática), o renomado economista da Carnegie Mellon, Herbert Simon, John McCarthy, o psicólogo de Harvard George Miller (conhecido por seu trabalho sobre a memória humana) e John Nash (o matemático ganhador do Prêmio Nobel foi retratado no filme de 2001 Uma Mente Brilhante). McCarthy, então em Dartmouth, mas logo a assumir uma posição no novo campo da ciência da computação em Stanford, cunhou o termo inteligência artificial na conferência, dando um nome, oficialmente, ao projeto moderno de engenharia de vida inteligente". Cf. LARSON, Erik J. *The Myth of Artificial Intelligence. Why computers can't think the way we do*. Cambridge, Massachusetts: The Belknap Press of Harvard University Press, 2021, p. 50. Conferir também VALLE, Vanice Lírio do. Inteligência artificial incorporada à Administração Pública: mitos e desafios teóricos. *A&C – Revista de Direito Administrativo & Constitucional*, ano 20, n. 81, p. 179-200, Belo Horizonte, jul./set. 2020.

7. SEGUNDO, Hugo de Brito Machado. *O direito e sua ciência*: uma introdução à epistemologia jurídica. 2. ed. Indaiatuba: Foco, 2021, p. 26.

Em verdade, porém, a IA, compreendida segundo os termos expostos acima, não se apresenta como tema inédito neste primeiro quinto do século XXI entre cientistas e estudiosos da área de programação de sistemas computacionais, porquanto as primeiras iniciativas de construção de máquinas capazes de reproduzir o pensamento e as atitudes do homem remontam a meados dos anos 50 do século XX,[8] quando pesquisadores, buscando modelar o funcionamento da mente humana e absolutamente entusiasmados com os resultados que, naquela percepção inicial, mostravam-se extremamente promissores,[9] identificaram, por meio de observações e de teorias consequentemente construídas, que o elemento indispensável para se atribuir a um agente cognitivo o predicativo de "inteligente" seria a capacidade deste de inferir, ou seja, de edificar conclusões a partir de conhecimentos estocados e de novas percepções sensoriais da realidade – que é dinâmica e extremamente instável –, constatação que, de início, impôs aos cientistas de então uma barreira de dificílima transposição para o alcance dos objetivos

---

8. "A história da inteligência artificial começa com as ideias de alguém que tinha imensa inteligência humana: o pioneiro da computação Alan Turing. Em 1950, Turing publicou um artigo provocativo, "Computing Machinery and Intelligence", sobre a possibilidade de máquinas inteligentes. O artigo era ousado, chegando em uma época em que os computadores eram novos e inexpressivos para os padrões de hoje. Peças de hardware lentas e pesadas aceleraram cálculos científicos como quebra de código. Depois de muita preparação, eles poderiam ser alimentados com equações físicas e condições iniciais e produzir o raio de uma explosão nuclear. A IBM rapidamente percebeu seu potencial para substituir humanos fazendo cálculos para empresas, como atualizar planilhas. Mas ver os computadores como "pensantes" exigia imaginação. A proposta de Turing foi baseada em um entretenimento popular chamado "jogo da imitação". No jogo original, um homem e uma mulher estão escondidos. Uma terceira pessoa, o interrogador, faz perguntas a um de cada vez e, lendo as respostas, tenta determinar qual é o homem e qual é a mulher. A reviravolta é que o homem tem que tentar enganar o interrogador enquanto a mulher tenta ajudá-lo – tornando as respostas de ambos os lados suspeitos. Turing substituiu o homem e a mulher por um computador e um humano. Assim começou o que hoje chamamos de teste de Turing: um computador e um humano recebem perguntas digitadas de um juiz humano, e se o juiz não conseguir identificar com precisão qual é o computador, o computador vence. Turing argumentou que, com tal resultado, não temos boas razões para definir a máquina como não inteligente, independentemente de ser humana ou não. Assim, a questão de saber se uma máquina tem inteligência substitui a questão de saber se ela pode realmente pensar. O teste de Turing é realmente muito difícil – nenhum computador jamais passou nele. Turing, é claro, não conhecia esse resultado de longo prazo em 1950; no entanto, ao substituir questões filosóficas incômodas sobre "consciência" e "pensamento" por um teste de resultados observáveis, ele encorajou a visão da IA como uma ciência legítima com um objetivo bem definido. Quando a IA tomou forma na década de 1950, muitos de seus pioneiros e apoiadores concordaram com Turing: qualquer computador mantendo uma conversa sustentada e convincente com uma pessoa estaria, a maioria de nós admitiria, fazendo algo que requer pensamento (seja lá o que for)." Cf. LARSON, op. cit., p. 9 e 10.
9. "À medida que a IA se voltava para a compreensão da linguagem natural, seus praticantes irradiavam uma confiança no sucesso iminente que continuou a tradição iniciada em Dartmouth. Herbert Simon, que viria a ganhar o prestigioso Prêmio A. M. Turing e depois o Prêmio Nobel de Economia, anunciou em 1957 que "há agora no mundo máquinas que pensam, que aprendem e que criam". Em 1965, ele prognosticou que, em 1985, "as máquinas serão capazes de fazer qualquer trabalho que o homem possa fazer". Marvin Minsky também declarou em 1967 que "dentro de uma geração, o problema de criar 'inteligência artificial' será substancialmente resolvido". Cf. Ibidem, p. 52.

de início pretendidos, dada a complexidade do mapeamento (para posterior reprodução em laboratório) da lógica que anima tal operação da mente humana.[10]

A inferência, percebeu-se desde aquela época, é a ponte que conduz o ser cognoscente de um nível de conhecimento a outro, por oferecer-lhe a condição de atualizar o saber existente mediante o descarte de crenças que se mostraram falsas ao longo do tempo e a construção de outras novas, as quais, igualmente às descartadas, seguem a sina de submeterem-se constantemente a novos processos mentais que lhes testem a veracidade,[11] dada a provisoriedade que lhes é imanente,[12] como bem destaca Orwell ao lembrar que um osso fóssil que aparece no estrato errado destrói toda uma teoria geológica.[13]

Outrossim, uma dificuldade adicional de reprodução artificial do raciocínio humano se apresentou desde cedo aos primeiros cientistas dedicados à concepção de máquinas dotadas de IA: a inferência, assim concebida nos termos apresentados acima, carece da compreensão exata de uma variável sem a qual o resultado inferencial segue destituído de uma qualidade aceitável; trata-se da exata assimilação do *contexto* em que inseridos o sujeito cognoscente e o objeto a ser conhecido, haja vista a construção do conhecimento humano se operar a partir de uma abordagem relacional entre esses dois elementos (sujeito e objeto) dentro de uma moldura circunstancial (contexto) que interfere substancialmente no resultado desse processo,[14] de modo que, tão importante quanto a informação já existente acerca de um tema e os novos dados obtidos sensorialmente para serem perscrutados e confrontados a esse respeito, a capacidade de compreensão contextual do agente cognitivo é inelutavelmente indispensável para uma adequada atividade inferencial, e a programação de máquinas para a execução de feito da

---

10. "A conjugação na expressão de um substantivo e um adjetivo induz ao aprofundamento de sua compreensão a partir de um juízo de oposição: entender-se-ia o que seja inteligência artificial a partir de uma boa percepção do que seja inteligência natural, orgânica – em síntese, humana. A proposição não se revela tão simples, eis que esse mesmo atributo dos seres humanos é igualmente de difícil delimitação". Conf. VALLE, op. cit.

11. POPPER, Karl. O problema da indução. In: MILLER, David (Org.). *Popper*: textos escolhidos. Trad. Vera Ribeiro. Rio de Janeiro: Contraponto, 2010, passim.

12. "O acesso do sujeito cognoscente à realidade é sempre a apenas *parte* dela, que em sua totalidade é bem maior e mais complexa do que a capacidade de compreensão humana. Por isso, é natural que suas impressões sejam imperfeitas e provisórias, passíveis de aperfeiçoamentos decorrentes de novos exames e novas análises daquela mesma realidade. Esses novos exames e análises podem ser feitos por ele próprio, ou por outros sujeitos, que com ele integram a comunidade dos que se ocupam do estudo daquela realidade. É despiciendo ressaltar, nesse contexto, a importância da abertura das teorias e o caráter extremamente saudável da crítica". Cf. MACHADO SEGUNDO, Hugo de Brito. Epistemologia Falibilista e Teoria do Direito. *Revista do Instituto de Direito Brasileiro da Universidade de Lisboa*, ano 3. n. 1, p. 197-260, 2014.

13. ORWELL, George. *1984*. Trad. Alexandre Hubner, Heloisa Jahn; posfácios Erich Fromm, Bem Pimlott, Thomas Pynchon. São Paulo: Companhia das Letras 2009, p. 98.

14. KANT, Immanuel. *Crítica da razão pura*. Trad. Manuela Pinto dos Santos e Alexandre Fradique Morujão. 5. ed. Lisboa: Fundação Calouste Gulbenkian, 2001, passim.

espécie é, ao que parece, um obstáculo de contorno improvável, dada a dificuldade da tradução, em linguagem computacional, de uma lógica inferencial certa acerca da compreensão exata da linguagem natural,[15] quando sequer o homem, até o momento, logrou êxito em compreendê-la totalmente.

Ademais, no processo de conhecimento, escolhe, o ser cognoscente, segundo as necessidades que visa suprir, a extensão da realidade que será conhecida e a profundidade do que se busca conhecer,[16] escolhas estas impróprias a seres desprovidos de *insights* humanos e de autodeterminação consciente, movidos por fórmulas matemáticas e por regras limitadas.[17]

Nessa quadra de compreensão dos elementos necessários ao desenvolvimento de uma inteligência artificial, as primeiras práticas nesse campo se desenvolveram mediante o emprego de inferências dedutivas, a partir de algoritmos de raciocínio simbólico e de planejamento que apresentaram resultados exitosos em diversas áreas do conhecimento, a exemplo da matemática, ao mostrarem-se capazes de provar teoremas de forma automática.

Entretanto, o transcurso do tempo cuidou de revelar os inconvenientes e as limitações do modelo dedutivo de inferir conclusões, entre os quais destacam-se a) a inutilidade do procedimento para a construção de novos conhecimentos,[18] porquanto a dedução somente esclarece crenças eventualmente contestadas se o agente cognitivo tiver incorrido em erros grosseiros de raciocínio (o desafio está, em verdade, na prova da veracidade das premissas apresentadas); b) a possibilidade de a dedução ter argumentos válidos e sólidos, porém destituídos de qualquer relevância[19] e c) a possibilidade de haver uma infinidade de causas justificadoras de um mesmo fato investigado, o que desidrata as premissas do argumento da tenacidade que estas precisam ter, por si sós, para darem calço a uma conclusão.

---

15. LARSON, op. cit., p. 104 e 105.
16. MACHADO SEGUNDO, op. cit., p. 37 e 38.
17. LARSON, op. cit., p. 102.
18. "A dedução simplesmente confirma o que uma pessoa racional deve concluir das premissas dadas, o que em um simples silogismo é fácil de ver por que o "conhecimento" já está contido nos enunciados. A conclusão apenas o torna explícito. [...] A dedução dá aos agentes racionais um modelo para "permanecer no caminho certo", o que é claramente um bom primeiro passo para qualquer sistema de IA que esperamos que faça inferências inteligentes. Mas não vamos muito longe usando apenas dedução". Cf. Ibidem, p. 111.
19. "Considere este exemplo, tirado do filósofo da ciência Wesley Salmon: Todos os homens que tomam pílulas anticoncepcionais regularmente não engravidam. Um homem toma as pílulas anticoncepcionais de sua esposa regularmente. Portanto, o homem não engravida. Na verdade, este é um argumento dedutivo perfeitamente sólido: ele usa *modus ponens* com premissas verdadeiras. Mas o fato de o homem evitar a gravidez não tem nada a ver com os motivos apresentados. Eles são irrelevantes, porque os homens não engravidam de qualquer maneira. O argumento não explica nada. Podemos imaginar um robô armado com um vasto banco de dados de fatos e regras raciocinando dessa maneira, usando a dedução. Nada está realmente errado, por si só, mas o robô não entende nada, não sabe o que é relevante e o que é bobo". Cf. Ibidem, p. 113.

Diante de tais limitações, o entusiasmo inicial dos cientistas com os trabalhos relativos à inteligência artificial, matriciados em inferência dedutiva, arrefeceu, precisamente ao admitirem, os pesquisadores primevos, que a referência da pesquisa – o ser humano – é o agente cognitivo que, por excelência, experimenta as carências epistemológicas que marcam negativamente a dedução como ferramenta de expansão do conhecimento, de sorte que modelá-lo (o ser humano) em uma máquina a partir de tais conceitos equivaleria a simplesmente transportar para um robô os mesmos problemas já apontados pela filosofia nesse quadrante.

Entretanto, novo fôlego tomou o espírito da pesquisa – então retraída – com o advento e, mais precisamente, com a expansão e com a consequente democratização do acesso à *internet* a nível global, em virtude do vertiginoso fluxo de dados (textos, imagens, documentos, vídeos, códigos etc.) que se estabeleceu entre pessoas do mundo inteiro a respeito de praticamente todos os assuntos relacionados à existência humana, fenômeno que permitiu a criação de um banco de informações virtual colossal – a que se atribuiu o nome de "BIG DATA"[20] –, o qual revolucionou – *nos exatos termos das lições de Thomas Khun sobre a quebra de paradigmas no desenvolvimento da ciência*[21] – a economia, a política, a matemática, a engenharia, a medicina, a oferta de serviços e de produtos, a estatística, a navegação aérea, a definição de políticas públicas, as investigações policiais, enfim, os diversos ramos da experiência humana na Terra (ou até fora desta) em virtude da supervalorização da predição extraída a partir de um outro modo – que não o dedutivo – de se trabalhar com esses novos dados de tamanha magnitude: o método inferencial indutivo aplicado a algoritmos de leitura e de interpretação de dados.

---

20. "*Big data* é um termo em evolução que descreve qualquer quantidade volumosa de dados estruturados, semiestruturados ou não estruturados que têm o potencial de ser explorados para obter informações. A primeira propriedade envolvendo *big data* consiste no volume crescente de dados. Pesquisa recente da Cisco estima que, nos próximos anos, a medida em *gigabytes* será superada e o cálculo da quantidade de dados será feito na ordem *zettabyte* e até em *yottabyte*". Cf. MAGRANI, Eduardo. *A internet das coisas*. Rio de Janeiro: FGV Editora, 2018, p. 22.

21. Para Thomas Kuhn, a construção da ciência se dá por meio de saltos, de rupturas revolucionárias em momentos nos quais os paradigmas aceitos pela comunidade científica como suficientes para a solução de problemas em uma determinada época (ciência normal) não se mostram aptos a oferecer respostas aos novos problemas (anomalias) que, ao longo do tempo, surgem, os quais, avolumando-se e pondo em cheque as premissas do paradigma até então considerado (crise), abrem espaço para a busca de novas teorias (ciência extraordinária), culminando com a substituição do paradigma anterior por outro mais eficiente (revolução científica). Segundo o referido autor, observa-se que a comunidade científica tem sido repetidamente convertida para novos paradigmas, porque a busca de respostas para os novos problemas que surgem é própria da natureza humana. Nesse contexto, tais conversões ocorrem "um pouco de cada vez até que, depois da morte dos últimos recalcitrantes, toda a profissão estará de novo exercendo seu ofício sob um único – mas agora diferente – paradigma". Cf. KUHN, Thomas S. *A estrutura das revoluções científicas*. Trad. Beatriz Vianna Boeira e Nelson Boeira. 9. ed. São Paulo: Perspectiva, 2005, passim.

A indução, por certo, não é o ingrediente novo nesse quadrante paradigmático contemporâneo – porquanto o homem, desde sempre, induz e expande o conhecimento pela experiência, cria expectativas e categoriza informações pragmaticamente inferindo indutivamente a todo instante –, mas o "BIG DATA" sim, e a aposta de resultados promissores com o método indutivo a curto, a médio e a longo prazo decorre da qualidade fina que, supostamente, a análise de milhões, de bilhões, de trilhões de dados enumerados poderia oferecer, algo não empreendido até antes da expansão global da rede por inexistência de matéria-prima (dados em abundância) para tanto.

Nesse contexto, as pesquisas com IA avançaram exponencialmente nos últimos anos, assentadas, que estão, na construção de algoritmos de análise de dados fornecidos por humanos e por estes controlados em todas as etapas de processamento da informação (para a apresentação, ao final, de apontamentos estatísticos preditivos de novos acontecimentos) e, mais recentemente, na confecção de sistemas que, sem interferência humana, seriam capazes de aprender com a própria experiência de análise de dados e, assim, inferindo indutivamente, tomar decisões em substituição ao homem.

## 3. A FALÁCIA INDUTIVISTA (AGORA "AUTOMATIZADA") E AS INFERÊNCIAS CONSTRUÍDAS POR MÁQUINAS NA ERA DO BIG DATA

O gênio artístico de Zé Dantas[22] e de Luiz Gonzaga,[23] expresso, entre tantas outras canções, na letra de "Xote das Meninas"[24] (1953), imortalizada na voz do "Rei do Baião", publiciza uma inferência indutiva sertaneja ao afirmar que *"Mandacaru quando 'fulora' na seca é um sinal que a chuva chega no sertão"* para, metaforicamente, relacionar a mudança de estação climática sugerida pelo evento

---

22. "José de Sousa Dantas Filho, mais conhecido como Zé Dantas (Carnaíba, 27 de fevereiro de 1921 – Rio de Janeiro, 11 de março de 1962) foi compositor, poeta e folclorista brasileiro. Na voz de Luiz Gonzaga, suas canções alcançaram as paradas de sucesso da época, retratando em suas letras os costumes do povo nordestino, as tradições culturais e o cotidiano de um pedaço do país esquecido pelo poder público". Cf. WIKIPEDIA. *Zé Dantas.* Disponível em: https://pt.wikipedia.org/wiki/Z%C3%A9_Dantas. Acesso em: 14 fev. 2022.

23. "Luiz Gonzaga do Nascimento (Exu, 13 de dezembro de 1912 – Recife, 2 de agosto de 1989) foi um compositor e cantor brasileiro. Também conhecido como o Rei do Baião, foi considerado uma das mais completas, importantes e criativas figuras da música popular brasileira. Cantando acompanhado de sua sanfona, zabumba e triângulo (conjunto básico dos cantores de baião, que ele mesmo definiu), levou para todo o país a cultura musical do Nordeste, como o baião, o xaxado, o xote e o forró pé de serra. Suas composições também descreviam a pobreza, as tristezas e as injustiças de sua árida terra, o sertão nordestino. Luiz Gonzaga ganhou notoriedade com as antológicas canções 'Asa Branca' (1947), 'Juazeiro' (1948) e 'Baião de Dois' (1950)". Cf. WIKIPEDIA. *Luiz Gonzaga.* Disponível em: https://pt.wikipedia.org/wiki/Luiz_Gonzaga. Acesso em: 14 fev. 2022.

24. QUAL DELAS? *A canção cantada. O Xote das Meninas.* Disponível em: http://qualdelas.com.br/o-xote-das-meninas-2/. Acesso em: 14 fev. 2022.

biológico vegetal ao início da puberdade feminina, trazida no verso seguinte da melodia, que registra: "Toda menina que enjoa da boneca é sinal que o amor já chegou no coração".

Entretanto, jornalistas do Vale São Francisco, em matéria divulgada em 26 de dezembro de 2017,[25] noticiaram, com dados divulgados pela Fundação Cearense de Meteorologia e Recursos Hídricos (Funceme), uma das maiores secas prolongadas do nordeste brasileiro desde 1910, e, na sequência, divulgaram a seguinte entrevista (sem destaques no original):

> O ex-vaqueiro de Luiz Gonzaga, Zé Praxedes, revela que a esperança dos agricultores já minou neste ano de 2017, mas, enquanto isso, as pessoas rezam. *O mandacaru deu flor, mas a chuva não veio.* 'Chegou o dia de Santa Bárbara, em dezembro, e a trovoada não deu o ar da graça. Havia um fio de esperança de ela chegar ainda em dezembro, no dia de Santa Luzia, também não veio. Agora é esperar março, 19, dia de São José', finaliza Zé Praxedes.

Hume certamente regozijar-se-ia com o ritmo envolvente do xote pernambucano acima relembrado e com o primor da poesia de Gonzaga e de Dantas, mas, em colóquio com o sertanejo convicto de induzir chuvas a partir, exclusivamente, da experiência pretérita e iterativa de ver desabrochar a flor do mandacaru em época próxima à quadra invernosa de vários anos consecutivos, possivelmente para este repetiria o que, certa vez, professou:

> Quanto à experiência passada, pode-se admitir que ela provê informação imediata e segura apenas acerca dos precisos objetos que lhe foram dados, e apenas durante aquele período de tempo; mas por que se deveria estender essa experiência a tempos futuros e a outros objetos que, por tudo que sabemos, podem ser semelhantes apenas na aparência? Essa é a questão fundamental sobre a qual gostaria de insistir.[26]

O discurso de Hume, trabalhado e decantado posteriormente por Popper, apoia-se na crítica lançada à indução enquanto método por meio do qual enunciados universais são inferidos a partir de enunciados particulares (*flores nasceram em certos exemplares de mandacaru*), repetitivos (*durante vários anos consecutivos*), temporais (*no período de seca observado de 1930 a 1940 em momentos próximos a períodos chuvosos que se confirmaram na sequência*) e locais (*no sertão pernambucano – e não em qualquer outra área sertaneja*), os quais, pela observação da constância da relação de causa e efeito que lhes é própria, passam a ser admitidos como ubíquos e atemporais, a indicarem uma revelação de verdade e de regularidade incontestáveis a ponto de admitir-se que o futuro sempre

---

25. REDEGN. Agricultores agora aguardam a esperança de chuvas no dia de São José, março de 2018. *redeGN*, 26 dez. 2017. Disponível em: https://www.redegn.com.br/?sessao=noticia&cod_noticia=96930. Acesso em: 14 fev. 2022.
26. HUME, David. *An Enquiry Concerning Human Understanding*: a critical edition. New York: Oxford University Press Inc, 2006, p. 30.

se assemelhará ao passado ("mandacaru quando 'fulora' na seca é um sinal que a chuva chega no sertão"), em um círculo vicioso dentro do qual uma inferência indutiva é empregada para justificar a anterior.

Hume e Popper, nessa esteira reflexiva, denunciaram a inexistência de lógica no processo de indução (porquanto, "no plano racional ou lógico, nenhum número de casos observados podia ter alguma influência sobre os não observados"[27]), embora tenham divergido quanto à utilidade prática do referido método, pois, para o primeiro, a indução, a despeito de inválida, seria pragmaticamente necessária para a condução da vida humana, ao passo que, para o segundo, a admissão do caráter conjectural do conhecimento humano (ou seja, a falibilidade geral do saber do homem) seria suficiente para não se recorrer ao indutivismo[28] sob qualquer pretexto.

Ambos os filósofos acima mencionados, no ponto em que acordavam, apontaram para a absoluta ausência de justificativa, por maior que fossem as enumerações de casos reiterados anteriores, para "considerar justificada não uma crença *segura*, mas uma crença *provável*", pois as situações vivenciadas por mulheres e por homens não lhes permitiria "ponderar ou discutir nem a *probabilidade* nem a *certeza* de situações" que não tivessem ainda experimentado; não seria justificável o raciocínio a partir de um ou de alguns exemplos para se chegar à verdade da lei a estes correspondente.[29]

Ocorre que, como exposto no tópico precedente, os mecanismos de IA, com o advento do "BIG DATA", seguem todos forjados em conceitos de programação para induzirem resultados a partir da análise de uma gigantesca quantidade de dados, confirmando-se, assim, a acomodação do espírito humano à resposta humiana (repudiada por Popper) ao *problema psicológico* da indução, resumível na pergunta "por que homens e mulheres têm expectativas de que situações por eles não experimentadas haverão de conformar-se àquelas que já tenham experimentado"?

Para tal questionamento, a resposta de Hume é comentada por Popper:

> por 'costume ou hábito', ou, em outras palavras, pelo poder irracional, mas irresistível, da lei da associação. Somos condicionados pela repetição. Sem esse mecanismo de condicionamento, segundo Hume, dificilmente conseguiríamos sobreviver.[30]

---

27. POPPER, op. cit., p. 107.
28. Para Popper, "podemos explicar todas as nossas realizações em termos do método de ensaio e eliminação do erro. Em suma, nossas conjecturas são balões de ensaio. Nós as testamos, criticando-as e procurando substituí-las, tentando mostrar que há conjecturas melhores ou piores e que elas podem ser aperfeiçoadas. O lugar do problema da indução passa a ser ocupado pelo problema da qualidade, boa ou ruim, das conjecturas ou teorias rivais propostas". Cf. Ibidem., p. 104.
29. Ibidem, p. 107-109.
30. Ibidem, p. 109.

Segue-se, então, que o aprendizado de máquina, hodiernamente, é, em breve síntese, uma *indução automatizada*, de modo que a falácia indutivista denunciada por Hume e por Popper, observada no processo cognitivo humano, foi simplesmente transplantada para robôs, e parece seduzir, com elevado grau de persuasão, praticamente todas as pessoas do planeta, embora o problema lógico da indução ainda persista, porquanto os limites de um sistema de aprendizado de máquina são precisamente estabelecidos pelo conjunto de dados fornecido a esta durante o treinamento a que é submetida para funcionar "como um humano", e tais dados representam apenas uma fatia muito pequena do que é produzido pelo mundo real ininterruptamente (todos os dias, vinte e quatro horas por dia, sete dias por semana).[31]

Larson, com bastante didática, bem ilustra esse cenário, bem como esclarece o que, neste trabalho, passa-se a denominar de *falácia indutivista automatizada* (sem destaques no original):

> O bom senso ajuda bastante a entender as limitações do aprendizado de máquina: ele nos diz que a vida é imprevisível. Assim, a crítica verdadeiramente contundente do aprendizado de máquina é que ele é retrógrado. Baseando-se em observações de conjunto de dados – isto é, observações anteriores – pode descobrir padrões e tendências que consideramos úteis. Mas *todo aprendizado de máquina é uma fatia de tempo passado; quando o futuro está em aberto e as mudanças são desejadas, os sistemas devem ser retreinados.* O aprendizado de máquina só pode seguir nosso fluxo de experiência, simulando (esperamos) regularidades úteis. *É a mente – não a máquina – que mostra o caminho.* [...] *E os fatos observados, não importa o quanto os analisemos, não nos levam ao entendimento geral ou à inteligência.* [...] Tudo isso para dizer que apenas dados, *big data* ou não, e métodos indutivos, como aprendizado de máquina, têm limitações inerentes que constituem obstáculos para o progresso da IA.[32]

Feitas as considerações acima, examinar-se-á conjecturalmente, a partir do tópico seguinte, se o "velocípede consciente" machadiano (os sistemas de IA apresentados anteriormente), programado para induzir resultados a partir de experiências anteriores e, assim, substituir-se aos humanos na tomada de decisões, desempenharia, a contento, a função estatal judicante sem riscos de menoscabo ao caro princípio constitucional do devido processo legal substancial e aos consectários deste.

## 4. O EMPREGO DA IA NAS ATIVIDADES DESENVOLVIDAS PELO PODER JUDICIÁRIO BRASILEIRO

Na quadra revolucionária e de quebra de paradigmas empreendida pela digitalização da vida nos últimos tempos, o Brasil, enquanto Estado incluído entre

---

31. LARSON, op. cit., p. 139.
32. Ibidem, p. 140-149.

as maiores economias do mundo na arena do comércio internacional, democraticamente aberto ao pluralismo político, vocacionado à cooperação entre os povos para o progresso da humanidade e constitucionalmente comprometido com o fomento à ciência, à tecnologia, à pesquisa e à inovação, tem mantido, na pauta do dia nos últimos anos, a implantação de ferramentas concebidas em conceito digital nas diversas estruturas públicas estatais, com o propósito de torná-las cada vez mais funcionais – em afinidade com o vetor axiológico da eficiência, agora reinterpretado segundo as necessidades humanas atuais.

O emprego de tecnologias da espécie pelo Estado brasileiro tem sido reiteradamente justificado pela capacidade que tais recursos teriam de aprimorar a prestação de serviços públicos, de reduzir gastos do aparelho estatal, de calibrar, com maior precisão, a definição de parâmetros para a construção de políticas públicas, de ampliar o alcance de ações governamentais inclusivas, de indicar melhores práticas de governança, de favorecer uma maior transparência na gestão da coisa pública, entre outros possíveis e promissores resultados.

Nos últimos anos, esse esforço de investimento em tecnologia digital pelo governo brasileiro tem sido reconhecido internacionalmente: o Brasil, na primeira edição do "GovTech Maturity Index (GMTI)"[33] – um *ranking* de "maturidade em governos digitais" elaborado pelo Banco Mundial –, foi incluído entre os 22 países com melhores práticas nessa área, ocupando o sétimo lugar em tal classificação (à frente de todos os demais países das Américas e em desvantagem apenas em relação à Coreia do Sul, à Estônia, à França, à Dinamarca, à Áustria e ao Reino Unido), muito em função do desenvolvimento de uma plataforma digital (o "GOV.BR") que, por meio de um aceso único, disponibiliza aos usuários do sistema (que já somam mais de 115 milhões de administrados, segundo dados apresentados pelo governo federal) um extenso catálogo de serviços públicos digitais (1.500 serviços na posição de novembro de 2021),[34] fortalecendo o relacionamento do cidadão com o Estado e promovendo um economia estimada para o erário da ordem de R$ 5,56 milhões/ano e de R$ 78,04 milhões/ano para a sociedade.

Inserido em tal contexto, o Poder Judiciário brasileiro, por iniciativa de servidores, de juízes, de tribunais e do Conselho Nacional de Justiça (CNJ), com o apoio dos demais Poderes da República, da comunidade jurídica, de

---

33. DENER, Cem et al. *GovTech Maturity Index*: The State of Public Sector Digital Transformation. International Development in Focus;. Washington, DC: World Bank. World Bank, 2021. Disponível em: https://openknowledge.worldbank.org/handle/10986/36233. Acesso em: 15 fev. 2022.

34. Trata-se de soluções digitais de impacto massivo, a exemplo do Auxílio Emergencial (programa de renda mínima aos mais vulneráveis durante a pandemia de Covid-19), Meu INSS (plataforma digital do serviço de previdência pública do país criado com o intuito de reduzir filas de atendimento em agências físicas da autarquia previdenciária nacional), Seguro Desemprego Web e Seguro Desemprego Web do Empregado Doméstico, Carteiras Digitais de Trabalho e de Trânsito, além do PIX (pagamento instantâneo brasileiro criado pelo Banco Central do Brasil).

importantes entidades de classe, de escolas de formação jurídica do país e de inúmeros setores da sociedade civil, vem gradativamente remodelando-se e adaptando os respectivos canais de acolhimento ao jurisdicionado, bem como a maneira de praticar e de encadear atos processuais, sob forte inspiração dessa tendência global de transformação de estruturas físicas de atendimento e de funcionamento em plataformas digitais de trabalho e de prestação de serviços, valendo-se, para justificar e para legitimar tais medidas, do argumento de que, ao assim proceder, sobressai prestigiado – porque facilitado – o primado fundamental do Acesso à Justiça, e fortalecida – porque tornada mais efetiva – a função jurisdicional do Estado.

Nessa lógica de raciocínio, propostas de virtualização de processos jurídicos, de realização de intimações eletrônicas, de julgamentos de demandas em plenários virtuais nos tribunais, de audiências "telepresenciais" e de acionamento do Estado-juiz no primeiro grau de jurisdição por via inteiramente digital, entre tantas outras, vêm cada vez mais tornando-se realidade no cotidiano da atividade judiciária nacional, com um saldo positivo – demonstrado em números[35] – de redução de gastos públicos, de otimização do tempo de duração dos processos, de um melhor desempenho da atividade judicante, de redução do acervo de demandas conclusas para julgamento, de maior facilidade de acesso aos serviços de justiça pela população e de aumento do nível de satisfação do jurisdicionado e dos operadores do Direito em relação ao desempenho da função jurisdicional do Estado.

Desse catálogo de conquistas, por certo, extraem-se razões inquestionáveis da importância desse redesenho estrutural do serviço de justiça do país, bem como justificativas plausíveis para validar as decisões do Poder Público até aqui tomadas de incluir o Brasil nesse moderno processo de reconfiguração do modo de ser e de viver das pessoas em todo o mundo.

Entre as ferramentas empregadas pelo Estado brasileiro para os êxitos entelados, o emprego de sistemas automatizados de leitura e de interpretação de dados, mais recentemente, tem sido a tônica no desempenho das funções estatais, em especial no Poder Judiciário, o qual, apostando em maiores eficiência e assertividade processuais a partir da capacidade de máquinas realizarem análises preditivas (automatizando tarefas manuais e repetitivas de servidores) e processamento de linguagem natural (para pesquisas de jurisprudência e para revisão de documentos), tem contado, exemplificativamente, com o apoio de "*Pôti*", no TJRN (*utilizado para realizar penhora de bens – uma a cada 35 segundos, contra 300 ao mês por um servidor humano*), de "*Elis*", no TJPE (*empregada na triagem de*

---

35. BRASIL. Conselho Nacional de Justiça. Justiça em números 2021. Disponível em: https://www.cnj.jus.br/pesquisas-judiciarias/justica-em-numeros/. Acesso em: 15 fev. 2022.

*processos de execução fiscal – mais de 80 mil em 15 dias, contra 70 mil em um ano e meio por um servidor humano), de "Sinapses", no TJRO (com um banco de dados composto por 44 mil decisões judiciais anteriores, seleciona exemplares de julgados sobre o tema desejado pelo operador), de "Radar", no TJMG (auxilia magistrados na identificação de casos repetitivos para julgamentos em bloco), e de "Victor", no STF (criado para classificar peças processuais e para sugerir passos processuais aos magistrados da Corte).*[36]

Majoritariamente, essa nova tecnologia vem sendo empregada pelos tribunais para o auxílio – e não para a substituição – de servidoras, de servidores, de magistradas e de magistrados nas funções cometidas a cada qual, retirando, da mão humana, apenas a execução de tarefas "braçais" e repetitivas, exequíveis por máquinas mediante processos de automação extremamente funcionais, fator que tem propiciado, para além da redução do tempo de duração de processos, um aproveitamento mais eficiente da força inteligente humana para o desempenho de atividades estratégicas, bem como uma menor exposição de servidoras e de servidores a riscos de lesão por esforços repetitivos, o que é de todo louvável, razão por que, nesse particular, parece não haver um coro forte de vozes discordantes.

Todavia, a questão ganha outros contornos quando se levanta a possibilidade de a IA avançar o caráter de "instrumento auxiliar" do serviço de justiça para alcançar-lhe a substância, o âmago: a tarefa de julgar conflitos, confiada pelo ordenamento jurídico a magistradas e a magistrados.

Não se trata, o tema, de uma utopia (ou mesmo de uma distopia), mas de uma questão constante da pauta do dia, a dividir a comunidade jurídica entre céticos (absolutamente descrentes quanto à possibilidade de uma automatização das decisões judiciais) e entusiastas (deslumbrados com as promessas oferecidas pelas análises preditivas de despachos, de sentenças e de acórdãos para uma solução "rápida, imparcial e em larga escala" de novas lides; defensores da institucionalização da medida, especialmente para causas de baixa complexidade e para aquelas tematizadas em questões já decididas anteriormente com nota vinculante), os quais, embora divergentes quanto à visão sobre o tema em discussão, dividem a crítica que se lhes lançam de adotarem posições extremistas, sem abertura para soluções ponderadas e dialógicas.

Há, porém, um terceiro e importante grupo de pessoas que, aos poucos, vem ganhando espaço, voz e musculatura argumentativa nesse debate, granjeando apoio crescente, ora de céticos, ora de entusiastas, ora de indecisos, porquanto se coloca entre os dois pontos da disputa e, assim, não sofre as duras críticas que

---

36. AMARAL, Camila. Você conhece todos os robôs que já operam no Judiciário brasileiro? Site *Migalhas*. 27 mar. 2020. Disponível em: https://www.migalhas.com.br/depeso/322824/voce-conhece-todos-os--robos-que-ja-operam-no-judiciario-brasileiro. Acesso em: 15 fev. 2022.

atingem os extremos, mas colhe os louros de que as ações conciliatórias costumam gozar.

Trata-se dos que defendem a possibilidade de as máquinas oferecerem aos julgadores, meramente a título de sugestão, *minutas de decisões* "simplesmente", as quais, como quaisquer outras, inclusive aquelas produzidas por humanos (por assessoras, por assessores ou por bolsistas de Direito, exemplificativamente), não prescindiriam de análises circunspectas, de correções indispensáveis e de validações cognitivas empreendidas por magistradas e por magistrados humanos.

Nessa linha de compreensão, manifestou-se o Min. João Otávio de Noronha, então presidente do Superior Tribunal de Justiça (STJ), no segundo dia do Encontro Nacional de Tecnologia, Inovação e Cultura da Advocacia-Geral da União (Enastic AGU) em 2020, segundo divulgação constante do Portal de Notícias da Corte da Cidadania, nos termos seguintes (sem destaques no original):

> Vamos nos valer da inteligência artificial, de programas que racionalizam os processos, mas *o computador não decide, não faz voto*. Ele pesquisa numa base de dados e *propõe decisões, que muitas vezes precisam ser corrigidas*', ressaltou. O ministro disse que é preciso combater a ideia de que a inteligência artificial vai tomar decisões. 'Ela vai propor informações sobre as teses existentes, mas *a decisão será sempre humana.*[37]

Indiscutivelmente, a proposta de se agregar ao processo (já automatizado quanto ao conteúdo instrumental) também a automatização da tarefa de elaboração de minutas de decisão judicial a serem "rigorosamente revistas" (e tão somente nessa condição de serem "*rigorosamente revistas*") pela julgadora presidenta ou pelo julgador presidente do feito, de quem não se retiraria, nessas circunstâncias, o inafastável dever de apreciar inteiramente a causa autuada, é pródiga de razões que a fortalecem, especialmente quando se admite que, no Brasil, a queixa mais expressiva das jurisdicionadas e dos jurisdicionados à função judicante do Estado está relacionada à morosidade na entrega da tutela jurisdicional vindicada.

Entretanto, considerando-se hipoteticamente esse cenário (de "minutas" automatizadas de decisões judiciais), há uma questão psicológica, de irresistível sedução, a ser avaliada, ou, pelo menos, discutida séria e francamente: uma magistrada ou um magistrado que passe a ter, à disposição no respectivo gabinete de trabalho, centenas ou milhares de decisões minutadas por robôs diariamente, pressionada(o) pelas partes, por advogados, por órgãos de controle da atuação administrativa de juízas e de juízes e pela sociedade em geral a dar respostas

---

37. BRASIL. Superior Tribunal de Justiça. Presidente do STJ destaca importância da inteligência artificial na gestão e no planejamento da Justiça. Disponível em: https://www.stj.jus.br/sites/portalp/Paginas/Comunicacao/Noticias/02072020-Presidente-do-STJ-destaca-importancia-da-inteligencia-artificial--na-gestao-e-no-planejamento-da-Justica.aspx. Acesso em: 15 fev. 2022.

céleres aos diversos litígios em curso no foro em que atua, tenderá a acolher acriticamente as "minutas automatizadas de decisão" como se "decisões suas" fossem ou, ainda que nessas circunstâncias, apreciaria um a um os incontáveis "rascunhos decisórios"?

Este trabalho, pelo escopo que o define, não tenciona oferecer resposta ao questionamento acima lançado (mas tão somente fomentar o debate aberto sobre o ponto), até porque, para encontrá-la, necessário seria o esquadrinhamento da mente de cada julgadora e de cada julgador.

Seja, porém, quais forem as tarefas cometidas aos mecanismos de IA (se de atores principais – decidindo – ou se de meros equipamentos de otimização de tarefas humanas – minutando decisões) no desempenho, por magistradas e por magistrados, da função estatal típica que toca ao Estado – qual seja, a de resolver, com nota de definitividade, sobre lesões ou sobre ameaças de lesão a direitos –, questões de fundo constitucional precisam ser debatidas, pretensão essa atribuída ao próximo tópico deste trabalho, o qual, por certo, nem de longe esgotará o tema, mas poderá, deseja-se, fazer germinar no espírito reflexivo de outros pesquisadores ou de pesquisadoras o ímpeto de aprofundarem tais questões em espaços apropriados a tanto e de, assim agindo, jogarem luz por sobre questões ainda obscuras e de difícil compreensão.

## 5. JUÍZES-ROBÔS E O PRINCÍPIO CONSTITUCIONAL DO DEVIDO PROCESSO LEGAL

Resguarda, o art. 5º, LIV,[38] da Constituição Federal de 1988, a garantia de que "ninguém será privado da liberdade ou de seus bens sem o devido processo legal", diretriz acolhida por todos como um vetor axiológico de nota maior, princípio regente de um vasto catálogo de outros parâmetros constitucionais (direito ao contraditório, dever de motivação de decisões judiciais, publicidade de atos processuais, isonomia entre as partes etc.) com vistas à entrega, pelo Estado – que avocou, para si, a solução de litígios em sociedade, com a promessa de imparcialidade no desempenho de tal tarefa –, de uma tutela jurisdicional efetiva, compreendida esta como a resposta estatal adequada à satisfação de direitos lesados ou ameaçados de lesão.

Partindo-se de tal premissa, inescapável é, ao crivo do referido cânone constitucional, qualquer medida que seja admitida no processo – relacionada ao desempenho da atividade judicante – que tenha aptidão de interferir, de forma rasa ou profunda, na entrega da prestação jurisdicional final, razão por que

---

38. BRASIL. [Constituição (1988)]. Constituição da República Federativa do Brasil de 1988. Brasília, DF: Presidência da República, [2021]. Disponível em: www.planalto.gov.br/ccivil_03/constituicao/constituicao.htm. Acesso em: 15 fev. 2022.

as implicações (reais ou hipotéticas) do emprego de mecanismos de IA para a confecção de decisões judiciais devem necessariamente ser examinadas sob a lente dos caros mandados de otimização que irradiam do devido processo legal em ambas as vertentes (formal e substancial) que, juntas, lhe conferem unidade, força e respeito.

Nesse contexto, muitas poderiam ser as abordagens do tema em exame (automatização de decisões judiciais) a partir dos valores acima propostos, mas, por limitações próprias da natureza deste trabalho, o qual, repise-se, não pretende esgotar o assunto, apenas três princípios decantados do devido processo legal serão utilizados como moldura de análise nas linhas que seguem, a saber: o contraditório, o dever de motivação das decisões judiciais e a isonomia.

## 5.1 Decisões judiciais automatizadas e o princípio do contraditório

"Tradicionalmente, considera-se ser o princípio do contraditório formado por dois elementos: informação e possibilidade de reação. Sua importância é tamanha que a doutrina moderna entende tratar-se de elemento componente do próprio conceito de processo", destaca Neves[39] ao comentar o art. LV, da CF, o qual define que "aos litigantes, em processo judicial ou administrativo, e aos acusados em geral são assegurados o contraditório e ampla defesa, com os meios e os recursos a ela inerentes".[40]

Entretanto, a definição de contraditório acima descrita (vertente formal do princípio) mostrou-se, ao longo do tempo, insuficiente para atender inteiramente à garantia constitucional do devido processo legal, porquanto de nada importa ser a parte processual informada sobre os atos praticados no curso do processo e, em face destes, apresentar reação escrita ou oral se, efetivamente, não lhe for assegurado o *poder de influência* na formação da *convicção* do juiz (vertente substancial do princípio).

Destacam-se, assim, dessa feição material do contraditório, duas faces de uma única e valiosa moeda: o poder da parte de "influenciar" o magistrado, de um lado, e, do outro, a abertura do juiz para deixar-se "convencer".

Ocorre que, segundo o dicionário, "influenciar"[41] é o poder de "modificar o pensamento ou o comportamento de outrem sem o uso da força ou da imposição",

---

39. NEVES, Daniel Amorim Assunção. *Manual de direito processual civil*. 12. ed. Salvador: Ed. JusPodivm, 2019, Volume único, p. 175.
40. BRASIL. [Constituição (1988)]. Constituição da República Federativa do Brasil de 1988. Brasília, DF: Presidência da República, [2021]. Disponível em: www.planalto.gov.br/ccivil_03/constituicao/constituicao.htm. Acesso em: 15 fev. 2022.
41. MICHAELIS. *Influência*. Disponível em: https://michaelis.uol.com.br/moderno-portugues/busca/portugues-brasileiro/influencia. Acesso em: 15 fev. 2022.

ao passo que "convencer" significa "persuadir com argumentos, razões ou fatos",[42] do que se constata, a partir da semântica dos destacados termos, que o contraditório, nessa linha de compreensão, carece de uma relação entre parte e juiz em que este, sem encontrar-se preso a moldes decisórios ou a juízos pretéritos que tenha lançado sobre casos concretos julgados anteriormente, possa seguir novas e diferentes linhas de raciocínio, de valoração de fatos, de assimilação de argumentos e de ponderação de circunstâncias, com humildade para, se preciso, retroceder em posicionamentos anteriores e construir outros mais consentâneos com a parcela da realidade que lhe tenha sido entregue para examinar; em outros termos, é preciso haver, por parte do magistrado, um exercício de constante desapego a fundamentos que tenham servido de lastro a pronunciamos passados, não para invariavelmente evitá-los (porque, se não superados por outros melhores, certamente devem seguir balizando condutas e decisões presentes e futuras), mas para mantê-los perenemente abertos à crítica, pela necessidade de atualizá-los segundo a dinâmica dos fatos com os quais mantenham pertinência, sob pena de uma obsolescência indesejável e de uma consequente quebra do compromisso constitucional do Estado de entregar às partes de um processo uma prestação jurisdicional justa e efetiva hoje e amanhã.

Como então admitir-se, nessa quadra principiológica de abertura dialógica persuasiva entre parte e juiz e sem que ocorra um grave comprometimento da garantia constitucional do devido processo legal, um julgador-robô preso a grilhões algorítmicos que, exclusivamente com os "olhos" voltados para o retrovisor, conduz processos marcha à frente, aos milhares, calculando (e não pensando) resultados a partir de um método inferencial exclusivamente indutivo, cognitivamente autopoiético e hermeticamente fechado a experiências e a argumentos até então desconhecidos porque surgidos em momento posterior àquele em que concebida a programação que o anima a funcionar?

Se "influenciar" é o poder de "modificar pensamentos e comportamentos", como é possível cogitar-se a existência de compatibilidade entre tal premissa e a predição de decisões por máquinas a partir de "pensamentos" e de "comportamentos" pré-configurados para serem reiterados tantas quantas sejam as vezes em que acionados? Se "convencer" é "persuadir com argumentos, razões ou fatos", qual o sentido prático de tanto esforço de uma parte para buscar essa persuasão do julgador se este, desprovido de sensibilidade humana, porém pródigo de "certezas" não abertas ao falseamento popperiano, não tem predisposição, por imanência, a "raciocinar fora da caixa"?

Indução automatizada de decisões judiciais e o princípio do contraditório, ao que parece, portanto, não se afinam.

---

42. MICHAELIS. *Convencer*. Disponível em: https://michaelis.uol.com.br/moderno-portugues/busca/portugues-brasileiro/convencer/. Acesso em: 15 fev. 2022.

## 5.2 Decisões judiciais automatizadas e o dever de motivação das decisões judiciais

As decisões proferidas em processos judiciais ou administrativos precisam ser devidamente fundamentadas – art. 93, IX,[43] da CF – por *razões processuais* (necessidade de ser conferido às partes o exercício do direito de recurso, caso haja interesse para tanto, e de ser permitido ao órgão julgador da irresignação a condição de, conhecendo o raciocínio fático e jurídico empregado pelo órgão prolator da decisão recorrida, invalidá-la ou reformá-la) e por *razões políticas* (importância de ser demonstrada a imparcialidade do julgador e de ser viabilizado o controle da atividade judicante por toda a sociedade).

No contexto deste trabalho, então, a primeira reflexão que desponta acerca do dever de motivação das decisões judiciais exigido pelo texto constitucional recai sobre a validade jurídica da única revelação possível, em um decisório automatizado, dos contextos da descoberta e da justificação por que teria atravessado o julgador--robô para julgar indutivamente uma lide, isso porque, em tendo considerado exclusivamente casos pretéritos repetidos para, ao final, solucionar um caso presente, é provável que a motivação da decisão, se franca e honesta, limite-se a descrever casos análogos do banco de dados que alimenta a máquina para, em arremate, concluir: "todos esses casos anteriores citados nesta decisão, assemelhados que são a este caso atual Y, receberam a solução X e, unicamente por tal razão, este caso Y terá o mesmo desfecho X empregado anteriormente aos demais. Publique-se. Registre-se. Intimem-se. Cumpra-se", ou seria o robô programado para mascarar o mecanismo indutivo que o move, não sendo assim tão transparente e direto?

Ainda sobre o apontamento acima, um juiz humano precisaria sempre declinar claramente em uma decisão o processo inferencial que o teria levado a prolatá-la nos termos em que, enfim, prolatada foi, para que, assim, pudessem as partes averiguar e apontar a existência de omissões, de obscuridades, de vícios de juízo ou de vícios de procedimento em irresignações processuais adequadas.

E em se tratando de um "fiel mecânico" machadiano? Revelaria este, na decisão automatiza, toda a estrutura dos algoritmos indutores do resultado para, assim, atender ao mandamento constitucional de motivação do ato? E ainda que os revelasse às claras, eventual recurso seria preparado por um advogado, talhado exclusivamente

---

43. Art. 93, IX, da Constituição Federal: "Lei complementar, de iniciativa do Supremo Tribunal Federal, disporá sobre o Estatuto da Magistratura, observados os seguintes princípios: [...] IX – todos os julgamentos dos órgãos do Poder Judiciário serão públicos, e fundamentadas todas as decisões, sob pena de nulidade, podendo a lei limitar a presença, em determinados atos, às próprias partes e a seus advogados, ou somente a estes, em casos nos quais a preservação do direito à intimidade do interessado no sigilo não prejudique o interesse público à informação". Cf. BRASIL. [Constituição (1988)]. Constituição da República Federativa do Brasil de 1988. Brasília, DF: Presidência da República, [2021]. Disponível em: www.planalto.gov.br/ccivil_03/constituicao/constituicao.htm. Acesso em: 15 fev. 2022.

em linguagem humana, ou por um programador de computadores, destituído de letramento jurídico? Ou os advogados da "era digital" necessitam, para além do estudo das ciências jurídicas, dedicar-se à alfabetização cibernética profunda para serem capazes de interpretar e compreender minimamente uma sentença?

Um segundo ponto reflexivo, ainda relativo a aspectos processuais do dever de motivação de decisões judiciais, toca a razão de ser de um recurso, a saber: evitar que a parte siga vinculada a um único órgão julgador.

No mundo de carne, de osso e de mentes, colegiados de magistrados, Relatores de Tribunais e Cortes de Justiça cumprem essa missão, ao recepcionarem e julgarem, segundo regras procedimentais próprias, recursos interpostos por quem de interesse processual disponha para assim agir. Mas o que ocorreria se, de repente, o juízo "ad quem" (um sistema Z dotado de IA) se confundisse com o "juízo a quo" (o mesmo sistema Z)? Qual sentido haveria em ser garantido às partes o direito à interposição de recursos se o algoritmo do sistema de justiça seria o mesmo em qualquer instância? Ou, por acaso, os precedentes que alimentariam as máquinas julgadoras de casos em primeiro grau de jurisdição seriam diversos daqueles que tratariam os mesmos casos em grau de recurso? 2 + 2 seriam 4 para o robô de piso, com possibilidade de serem 5 para o robô de segunda instância ou até 6 para o robô de Cortes Superiores? Haveria sistemas distintos para os diversos graus de jurisdição, uns mais qualificados, completos ou precisos do que outros? E a segurança jurídica prometida pelo emprego de IA seria um engodo?

Um terceiro ponto de reflexão se volta para o escopo político do princípio da fundamentação das decisões judiciais, qual seja: garantir a imparcialidade do juiz.

A questão que se coloca é a seguinte: se máquinas são consideradas "inteligentes" na medida em que os algoritmos que as animam são capazes de predizer resultados de forma consistente, partes processuais assessoradas por escritórios de advocacia dedicados a investir em capacitação tecnológica para compreenderem a dinâmica dos algoritmos de robôs-juízes não teriam, *ex ante*, a condição de colocar os respectivos clientes dentro de um processo judicial em uma posição de favorecimento em comparação à parte adversa? Evento equivalente à amizade íntima entre juízes e advogados no mundo carnal, suficiente para tornar suspeito um magistrado, não ocorreria, no mundo virtual, se apenas uma das partes, hiperssuficiente, conhecesse a intimidade do algoritmo de julgamento e, prevalecendo-se dessa condição, comportasse-se estrategicamente no processo para auferir vantagens decisórias?

Um quarto ponto de abordagem dentro deste tópico se liga aos institutos da "distinção" (*distinguishing*) e da superação (*overruling*), importantes mecanismos de decisão porquanto prestigiam a singularidade das causas levadas a juízo e promovem a atualização do entendimento de juízas e de juízes.

O Enunciado 306[44] do Fórum Permanente de Processualistas Civis (FPPC), abordando o art. 489, § 1º, VI, do CPC, pontua que "o precedente vinculante não será seguido quando o juiz ou tribunal *distinguir o caso sob julgamento*, demonstrando, fundamentadamente, tratar-se de *situação particularizada por hipótese fática distinta*, a impor solução jurídica diversa".

A partir de tais considerações, mais uma vez surge o problema da indução enquanto método programado para o funcionamento de mecanismos de IA, pois dificuldades surgem ao se tentar imaginar que um sistema automatizado de decisões judiciais, o qual trabalha exclusivamente por inferência indutiva, possa abrir-se à possibilidade de "distinções" e de "superação de precedentes" se, por *default*, a missão do sistema é justamente manter-se no círculo vicioso denunciado por Popper de "justificar a indução induzindo", porque busca, incessantemente, representar o futuro confiando, confirmando e reiterando o passado; em vez de "superar precedentes" ou de "distinguir situações", os sistemas de IA contemporâneos lutam para manter os precedentes inalterados – por serem estes o combustível que lhes dá propulsão e razão de existência – e para mapear coincidências de situações – porque facilita-se, assim, a produção do resultado preditivo –, e não de distinções.

Um quinto e último ponto dentro dessa temática guarda relação com o destinatário da norma constitucional de fundamentação das decisões judiciais: órgãos do Poder Judiciário, todos estes compostos por pessoas, por humanos, dotados de sensibilidade para, valendo-se da vantagem biológica da empatia que os neurônios-espelho lhes conferiram ao longo do processo evolutivo, cumprir o ônus assumido pelo Estado de julgar *o semelhante* segundo regras por todos, enquanto seres sociais, aprovadas.

Se, todavia, essa grave tarefa é repassada de homens para máquinas – insensíveis e nada empáticas –, estaria o Estado descumprindo a parte que lhe toca no contrato social? Estaria havendo um incentivo velado a uma fuga do acesso à justiça, pilar do Estado Democrático de Direito, e um encorajamento à solução privada de conflitos, já que grandes corporações privadas, especialmente as que trabalham com tecnologia da informação, são as desenvolvedoras dos recursos tecnológicos digitais utilizados pelo Estado?

No tópico seguinte, as provocações levantadas giram em torno de outro importante princípio consectário do devido processo legal: a isonomia.

---

44. "(Art. 489, § 1º, VI). O precedente vinculante não será seguido quando o juiz ou tribunal distinguir o caso sob julgamento, demonstrando, fundamentadamente, tratar-se de situação particularizada por hipótese fática distinta, a impor solução jurídica diversa. (Grupo: Precedentes)". Disponível em: https://institutodc.com.br/wp-content/uploads/2017/06/FPPC-Carta-de-Florianopolis.pdf. Acesso em: 15 fev. 2022.

## 5.3 Decisões judiciais automatizadas e o princípio da isonomia

Sob o pretexto de abonar o decantado valor da equidade na tarefa de bem decidir questões que envolvem interesses entre pessoas, os programadores dos sistemas de IA divulgam que os robôs terão a capacidade de eliminar uma das grandes dificuldades do ser humano nesse quadrante: o enviesamento ideológico na tomada de decisões – grande obstáculo à concretização do primado constitucional da isonomia –, porque poderão, tais máquinas, agir com a neutralidade e com a objetividade inalcançáveis pelo espírito humano.

Entretanto, o princípio da igualdade, compreendido a partir das duas dimensões que lhe dão vida – a *formal* e a *substancial* –, encerra "a regra áurea da justiça, 'tratar os iguais de modo igual e os desiguais de modo desigual', para não ser uma pura fórmula vazia", razão por que, diante das partes de um processo, deve-se sempre buscar a resposta à seguinte pergunta: "Quem são os iguais, quem são os desiguais?",[45] para, a partir do resultado obtido, tratamentos adequados a cada categoria de pessoas sejam desenhados segundo o nível de desigualdade que as qualifica.

Se assim não for, a busca irrefreada e cega por equidade pode, ao cabo, promover desigualdades desastrosas, especialmente em temas tão sensíveis quanto os trabalhados pela IA nos dias de hoje, tal qual se dá com a justiça criminal.

Exemplificativamente, noticiam Zimmermann, Di Rosa e Kim[46] que, no Estados Unidos da América, pontuações de risco algorítmico em processos criminais teriam levado a resultados anti-isonômicos e racistas por conta da classificação de réus negros como altamente propensos à reincidência criminosa quando em comparação a réus brancos, mesmo após o controle de variáveis como o tipo de gravidade do crime, isso porque comunidades negras, naquele país, são ostensivamente policiadas de forma desproporcional em relação a comunidades brancas, de modo que, mesmo alimentando-se o sistema exclusivamente com dados "aparentemente neutros", como o histórico de prisões, ainda assim não é corrigida a injustiça do algoritmo, pois a abstração das circunstâncias sociais dos réus não leva a uma verdadeira imparcialidade.

Em certo ponto da obra que escreveram, os citados autores pontuaram:

> À luz dessas questões, qualquer abordagem focada na otimização da equidade processual – sem atenção ao contexto social em que esses sistemas operam – será insuficiente. O

---

45. BOBBIO, Norberto. *Direita e esquerda*: razões e significados de uma distinção política. 3. ed. São Paulo: Editora Unesp, 2011.

46. ZIMMERMANN, Annett; DI ROSA, Elena; KIM, Hochan. Technology Can't Fix Algorithmic Injustice. *Boston Review*, 9 jan. 2020, disponível em: https://bostonreview.net/articles/annette-zimmermann-algorithmic-political/. Acesso em: 12 fev. 2022, passim.

*design* algorítmico não pode ser corrigido isoladamente. Os desenvolvedores não podem simplesmente perguntar: 'O que eu preciso fazer para corrigir meu algoritmo?' Eles devem sim perguntar: 'Como meu algoritmo interage com a sociedade em geral, e como é atualmente, incluindo suas desigualdades estruturais?'

Afora esse risco de propagação de resultados contrários ao postulado da isonomia em virtude da dissociação entre dados que calçam algoritmos de IA e a realidade social que os cerca – não captada por máquinas despidas de sensibilidade crítica –, outro elemento com aptidão igual ou maior para ofender esse caro valor constitucional igualmente se esconde no método inferencial indutivista: a falácia da neutralidade do cálculo realizado por sistemas de IA preditivos, programados para "pensar" (calcular) a partir de experiências passadas, isso porque programadores são pessoas dotadas de crenças, de valores e de compreensões de mundo que inevitavelmente serão transportados para as variáveis por eles concebidas ao enunciarem problemas que deverão ser resolvidos por máquinas, de sorte que, se esses pressupostos do cálculo forem moralmente reprováveis (contrários, exemplificativamente, à igualdade de gênero), o produto (as respostas) construído por robôs assim programados certamente padecerá dos mesmos vícios que tenham maculado os fatores da equação, e a descoberta do "erro" da programação, nessas circunstâncias, será praticamente inalcançável pelos destinatários das decisões que assim venham a ser produzidas, conforme discutido no tópico precedente.

Esse fenômeno se opera porque os algoritmos são construídos para, efetivamente, discriminar dados, ou seja, para apontar-lhes diferenças e, assim, categorizá-los com vistas à construção de respostas para problemas enunciados, sendo que, no desempenho de tal tarefa, os critérios utilizados pelo programador na definição do passo-a-passo da categorização a ser efetivada pela máquina pode contemplar vieses repudiados pela ordem constitucional, com um potencial de replicação desmedido na concepção de soluções para diversos casos concretos submetidos a esse tipo de julgamento.

A neutralidade algorítmica, portanto, é um mito que precisa ser desconstruído, para que a aventura da IA em campos tão caros à existência humana, como aquele tratado neste trabalho – a decisão judicial – não seja festejada com retóricas envolventes, mas que seja tratada com sobriedade responsável e com debates acadêmicos, políticos, econômicos e sociais amplos e prudentes.

## 6. CONSIDERAÇÕES FINAIS

Hanna Arendt, relembrando os feitos de Arquimedes – matemático grego do terceiro século antes de Cristo, estudioso de mecanismos que operavam com alavancas e idealizador de equipamentos capazes de erguer navios e outros tantos objetos que, sozinha, a forma humana não conseguiria fazer igual –, resgatou as palavras que o teriam tornado célebre: "Deem-me um ponto de apoio e moverei a Terra", para, na sequência, concluir que "o nosso poder sobre as coisas aumenta proporcionalmente à distância que tomamos delas".[47]

Notadamente, aquela importante filósofa política do século passado chamava a atenção para o perigo da atomização do estudo de temas relevantes, multidimensionais, que, se observados em apartado do ambiente sobre o qual exercem interferência e a partir do qual são interferidos, podem render resultados de consequências tão imprevisíveis quanto desastrosas – e até irreversíveis –, especialmente quando se deixa de prestar atenção aos interesses humanos – verdadeiramente humanos – envolvidos.

O homem, por exemplo, pode produzir bombas de fissão nucelar com aptidão de destruir toda a vida no planeta Terra; a física já lhe revelou esta possibilidade, mas ele deve produzi-las e testá-las simplesmente por lhe ser teoricamente possível o feito, sem, antes, afastar-se daquele limitado campo de observação e de possibilidades teóricas e práticas para, em busca de um "ponto de apoio" em que pudesse refletir holisticamente sobre tão importante tema, alcançar uma visão mais ampla acerca das consequências de um ato de tamanha gravidade?

Nessa mesma linha de raciocínio, pode o homem indagar-se se a automatização de decisões judiciais é possível. A resposta, teoricamente, é afirmativa e segue ladeada de toda a sedução oferecida, a esse respeito, pelas promessas de celeridade, de neutralidade e de eficiência processual apresentadas por programadores de máquinas, por cientistas da computação e por diversos juristas. Mas deve o homem, simplesmente porque pode, avançar para esse campo de resultados incertos, especialmente quando antevistas incompatibilidades aparentemente incontornáveis entre o método inferencial indutivista que alimenta o "espírito" dos algoritmos que controlam as máquinas dotadas de IA e a exigência constitucional de um processo legal devido, com humanos sensíveis à frente da função judicante do Estado, dotados, por imanência, da capacidade de manterem-se cognitivamente abertos para o enfrentamento da dinamicidade do mundo (no qual experiências passadas não garantem êxito e acerto quanto a problemas futuros, ainda que aparentemente assemelhados) e para a tomada de decisões verdadeiramente fundamentadas a partir de uma análise dos fatos individualizados extraídos de cada uma das lides efetivamente postas em juízo (e não de outras já extintas)?

Ao que parece, o reducionismo, importante para o aprofundamento do conhecimento detalhado sobre diversas questões na ciência, sempre encontra limites no contexto em que a temática reduzida está inserida, bem como na rela-

---

47. ARENDT, Hannah. *Pensar sem corrimão*: compreender. 1953-1975. Organização e apresentação de Jerome Khon. Trad. Beatriz Andreiuolo et al. Rio de Janeiro: Bazar do Tempo, 2021, p. 457-469.

ção simbiótica com outros conhecimentos de igual ou maior relevo, sem a qual mulheres e homens tornam-se propensos a, supondo estarem a avançar degraus acima na escala do aprimoramento das importantes conquistas humanas nos diversos ramos da experiência de vida na Terra, retrocederem ou impedirem o gozo pleno do que já tenha sido conquistado ao longo dos séculos em termos de liberdades e de garantias.

Sob tal ótica e a partir do tema central em que se assentam as premissas deste singelo trabalho, provoca-se o leitor a refletir sobre os riscos decorrentes de um eventual avanço da IA (para além do espaço que inicialmente lhe fora reservado de instrumento de "apoio" à tomada de decisões judiciais) em direção reta e em voo de cruzeiro à substituição de magistradas e de magistrados no desempenho da função estatal de julgar, riscos estes correlacionados ao prejuízo que, no particular, o reducionismo científico incontido (deslumbrado pelo "poder fazer algo" sem questionamentos acerca do "dever fazê-lo") pode acarretar às garantias constitucionais do acesso à justiça e ao devido processo legal na vertente material, por terem o condão de desidratar de conteúdo caros princípios estruturantes do Estado democrático de Direito, entre os quais o do contraditório, o da motivação das decisões judiciais e o da isonomia.

Por esta razão, advoga-se, nestas breves linhas, uma resistência ao emprego de mecanismos de IA (indutiva, em essência) em substituição a juízas e a juízes de qualquer grau de jurisdição no desempenho da tarefa de julgar, porquanto a estes, enquanto "figuras humanas", sensíveis, intuitivas, criativas e empáticas, idealizadas como órgãos do Estado no plano constitucional, foi cometida com exclusividade a missão de decidir, com nota de definitividade, as lides envolvendo jurisdicionadas e jurisdicionados, por serem aqueles agentes estatais, enquanto mulheres e homens de "carne, osso e mente", as únicas figuras capazes (pelo menos até o momento) de romper o raciocínio indutivo na construção de sentenças judiciais e de desempenhar tão importante tarefa observando fatos e dados criticamente, temperando essa atividade com elementos como intuição, criatividade e sensibilidade – próprios da espécie humana –, assim mantendo aberto, como reclama a Constituição Federal, um espaço efetivo e permanente ao primado do devido processo legal, que não pode se conformar com a conjunção de suposições de frequência e de restrições empíricas para se chegar a resultados justos na resolução de lides, as quais demandam, para serem solucionadas, um raciocínio mais complexo, essencialmente conjectural e, portanto, aberto a retificações desde o princípio.

Em outras palavras, defende-se, neste fascículo acadêmico, que os mecanismos de IA hodiernos, enquanto se mantiverem ancorados em matrizes indutivistas de "raciocínio" para apontar, prospectivamente, resultados forjados a partir de incontáveis dados colhidos dentro de recortes espaciais e temporais da experiência humana pretérita, não sejam empregados como substitutos de julgadores integrantes do Poder Judiciário, mas apenas como elementos adicionais (de inegável valor, repise-se) às ferramentas "instrumentais" aplicadas a tal tarefa, de sorte a manter reservada, à figura humana, a atividade central – criativa e sensível – de julgar casos concretos não apenas a partir de inferências dedutivas e indutivas (reveladas como insuficientes, quando não totalmente inúteis, para a solução de problemas), mas, igualmente e em conjunto, a partir de fatores que, até o momento, o gênio humano não logrou replicar a contento em máquinas de predição, a exemplo da sensibilidade, da intuição e da compreensão da linguagem do senso comum.

Essa capacidade essencialmente humana de inferir para além dos limitados quadrantes da dedução (cujo propósito maior é o de provar que algo deve ser) e da indução (que visa dar força preditiva a fatos reiterados) é nominada, por Larson,[48] de "inferência abdutiva", a qual, derrotável por natureza, aponta para o que "pode ser", construindo hipóteses que tentam explicar os fatos observados (sem limitar-se, portanto, a apenas observá-los e a acumulá-los) considerando as irregularidades, os episódios surpreendentes, as perplexidades provocadas pelos acontecimentos do dia a dia e as exceções que, rotineiramente, marcam os fenômenos que animam a existência humana na Terra, o que a reveste (a inferência abdutiva) de um papel central na compreensão da "linguagem natural", exatamente aquela que dá vida aos fatos narrados em causas de pedir que estruturam demandas levadas à apreciação judicial e ao próprio processo em si, que se desenvolve e, ao final, entrega a tutela jurisdicional mais adequada a cada caso concreto.

Conforme lições do já citado autor, deve-se "levar isso em conta na construção de uma inteligência, porque é o ponto de partida para qualquer pensamento inteligente", pois "sem um passo abdutivo prévio, as induções são cegas e as deduções são igualmente inúteis" (LARSON, 2021, p. 161), uma vez que o exercício da criatividade e da imaginação, indispensáveis para a solução de inúmeros problemas (e, consequentemente, para a tomada de decisões pelo Estado-juiz, representado por mulheres e por homens reais) envolve inferências que não estão presentes em um conjunto de dados simplesmente, por maior que seja este, a exemplo do BIG DATA, e a programação dessa indispensável inteligência não se encontra ainda à vista (pelo menos até este momento) no horizonte da ciência, porquanto o caminho para a mecanização da experiência humana ainda é uma incógnita, especialmente porque, para o próprio *homo sapiens sapiens*, a engenharia do processo inferencial abdutivo é um mistério; uma teoria fundamental de IA, por enquanto, é apenas uma grande aspiração humana.[49]

---

48. LARSON, op. cit., p. 157-190.
49. Ibidem, p. 189-190.

Necessitam, então, todos os operadores e estudiosos do Direito, mediante uma amplificação do debate em torno do tema tratado neste artigo, encontrar o ponto arquimediano que indique ao Poder Judiciário, no que respeita ao uso de tecnologias disruptivas, a medida exata do distanciamento (se muito próximo ou não) que o Estado precisa manter dos algoritmos de IA capazes, no plano teórico, de sentenciar, a ponto de não perder de vista a razão de ser do processo, compreendido como um legítimo instrumento de realização de direitos fundamentais do homem e de preservação de valiosas garantias constitucionais.

## 7. REFERÊNCIAS

AMARAL, Camila. Você conhece todos os robôs que já operam no Judiciário brasileiro? Site *Migalhas*. 27 mar. 2020. Disponível em: https://www.migalhas.com.br/depeso/322824/voce-conhece-todos-os-robos-que-ja-operam-no-judiciario-brasileiro. Acesso em: 15 fev. 2022.

ARENDT, Hannah. *Pensar sem corrimão*: compreender. 1953-1975. Organização e apresentação de Jerome Khon. Trad. Beatriz Andreiuolo et al. Rio de Janeiro: Bazar do Tempo, 2021.

BELLUZZO, Regina Celia Baptista. Transformação Digital e competência em informação: reflexões sob o enfoque da Agenda 2030 e dos Objetivos de Desenvolvimento Sustentável. *Conhecimento em Ação*, v. 4, n. 1, Rio de Janeiro, jan./jun. 2019.

BOBBIO, Norberto. *Direita e esquerda*: razões e significados de uma distinção política. 3 ed. São Paulo: Editora Unesp, 2011.

BRASIL. Conselho Nacional de Justiça. Justiça em números 2021. Disponível em: https://www.cnj.jus.br/pesquisas-judiciarias/justica-em-numeros/, Acesso em: 15 fev. 2022.

BRASIL. [Constituição (1988)]. Constituição da República Federativa do Brasil de 1988. Brasília, DF: Presidência da República, [2021]. Disponível em: www.planalto.gov.br/ccivil_03/constituicao/constituicao.htm. Acesso em: 15 fev. 2022.

BRASIL. Conselho Nacional de Justiça. Plenário aprova proposta para varas atuarem de modo 100% digital. Disponível em: https://www.cnj.jus.br/plenario-aprova-proposta-para-varas-atuarem--de-modo-100-digital/. Acesso em: 14 fev. 2022.

BRASIL. Supremo Tribunal Federal. Discurso do Excelentíssimo Senhor Ministro Luiz Fux por ocasião da posse no cargo de Presidente do Supremo Tribunal Federal e do Conselho Nacional de Justiça. Disponível em: http://www.stf.jus.br/arquivo/cms/noticiaNoticiaStf/anexo/DiscursoPosseFux.pdf. Acesso em: 14 fev. 2022.

BRASIL. Superior Tribunal de Justiça. Presidente do STJ destaca importância da inteligência artificial na gestão e no planejamento da Justiça. Disponível em: https://www.stj.jus.br/sites/portalp/Paginas/Comunicacao/Noticias/02072020-Presidente-do-STJ-destaca-importancia-da--inteligencia-artificial-na-gestao-e-no-planejamento-da-Justica.aspx. Acesso em: 15 fev. 2022.

CASTELLS, Manuel. O digital é o novo normal. *Fronteiras do Pensamento*, maio 2020. Disponível em: https://www.fronteiras.com/artigos/o-digital-e-o-novo-normal#:~:text=N%C3%A3o%20haver%C3%A1%20volta.,comunica%C3%A7%C3%A3o%20em%20todas%20as%20circunst%C3%A2ncias. Acesso em: 12 fev. 2022.

CPDOC. Centro de Pesquisa e Documentação de História Contemporânea do Brasil. *Verbete Temático*. Disponível em: http://cpdoc.fgv.br/sites/default/files/verbetes/primeira-republica/GAZETA%20DE%20NOT%C3%8DCIAS.pdf. Acesso em: 14 fev. 2022.

DENER, Cem et al. *GovTech Maturity Index*: The State of Public Sector Digital Transformation. International Development in Focus. Washington, DC: World Bank. World Bank, 2021. Disponível em: https://openknowledge.worldbank.org/handle/10986/36233. Acesso em: 15 fev. 2022.

HUME, David. *An Enquiry Concerning Human Understanding*: a critical edition. New York: Oxford University Press Inc, 2006.

KANT, Immanuel. *Crítica da razão pura*. Trad. Manuela Pinto dos Santos e Alexandre Fradique Morujão. 5. ed. Lisboa: Fundação Calouste Gulbenkian, 2001.

KUHN, Thomas S. *A estrutura das revoluções científicas*. Tradução de Beatriz Vianna Boeira e Nelson Boeira. 9. ed. São Paulo: Perspectiva, 2005.

LARSON, Erik J. *The Myth of Artificial Intelligence*. Why computers can't think the way we do. Cambridge, Massachusetts: The Belknap Press of Harvard University Press, 2021.

MACHADO SEGUNDO, Hugo de Brito. Epistemologia Falibilista e Teoria do Direito. *Revista do Instituto de Direito Brasileiro da Universidade de Lisboa*, ano 3. n. 1, p. 197-260, 2014.

MACHADO SEGUNDO, Hugo de Brito. *O direito e sua ciência*: uma introdução à epistemologia jurídica. 2. ed. Indaiatuba: Editora Foco, 2021.

MAGRANI, Eduardo. *A internet das coisas*. Rio de Janeiro: FGV Editora, 2018.

MATOS, Miguel. *Código de Machado de Assis*. Migalhas Jurídicas. São Paulo: Migalhas, 2021, E-book Kindle.

MICHAELIS. *Convencer*. Disponível em: https://michaelis.uol.com.br/moderno-portugues/busca/portugues-brasileiro/convencer/. Acesso em: 15 fev. 2022.

MICHAELIS. *Influência*. Disponível em: https://michaelis.uol.com.br/moderno-portugues/busca/portugues-brasileiro/influencia. Acesso em: 15 fev. 2022.

NEVES, Daniel Amorim Assunção. *Manual de direito processual civil*. 12. ed. Salvador: Ed. JusPodivm, 2019. Volume único.

ORWELL, George. *1984*. Trad. Alexandre Hubner, Heloisa Jahn; posfácios Erich Fromm, Bem Pimlott, Thomas Pynchon. São Paulo: Companhia das Letras 2009.

POPPER, Karl. O problema da indução. In: MILLER, David (Org.). Popper: textos escolhidos. Trad. Vera Ribeiro. Rio de Janeiro: Contraponto, 2010.

QUAL DELAS? *A canção cantada. O Xote das Meninas*. Disponível em: http://qualdelas.com.br/o--xote-das-meninas-2/. Acesso em: 14 fev. 2022.

REDEGN. Agricultores agora aguardam a esperança de chuvas no dia de São José, março de 2018. *redeGN*, 26 dez. 2017. Disponível em: https://www.redegn.com.br/?sessao=noticia&cod_noticia=96930. Acesso em: 14 fev. 2022.

VALLE, Vanice Lírio do. Inteligência artificial incorporada à Administração Pública: mitos e desafios teóricos. *A&C – Revista de Direito Administrativo & Constitucional*, Belo Horizonte, ano 20, n. 81, p. 179-200, jul./set. 2020.

WIKIPEDIA. *Luiz Gonzaga*. Disponível em: https://pt.wikipedia.org/wiki/Luiz_Gonzaga. Acesso em: 14 fev. 2022.

ZIMMERMANN, Annett; DI ROSA, Elena; KIM, Hochan. Technology Can't Fix Algorithmic Injustice. Boston Review, 9 jan. 2020. Disponível em: https://bostonreview.net/articles/annette-zimmermann-algorithmic-political/. Acesso em: 12 fev. 2022.

# CIÊNCIA, NEGACIONISMO E CENSURA – UMA BREVE LEITURA DA PANDEMIA DE COVID-19 NO BRASIL À LUZ DA EPISTEMOLOGIA

## *SCIENCE, NEGATIONISM AND CENSORSHIP – A BRIEF READING OF THE COVID-19 PANDEMIC IN BRAZIL IN THE LIGHT OF EPISTEMOLOGY*

*Carlos Eduardo Pinheiro da Silva*

**Resumo:** O presente artigo analisa o uso inadequado da palavra negacionismo para se referir à prática do questionamento, da não aceitação ou à crítica às ideias propagadas dentro de um paradigma científico construído artificialmente no Brasil, com destacado viés político-ideológico. Para tanto, realizou-se uma breve descrição da evolução do pensamento e do que se entende por ciência, sem pretender alongar a pesquisa nesse contexto histórico-evolutivo. Após, foi realizada uma análise do que seria o tal "negacionismo", contextualizando-o dentro do cenário da pandemia de Covid-19 no Brasil. No capítulo seguinte buscou-se avaliar a relação entre as informações existentes no paradigma dominante, amplamente divulgadas como certezas científicas, e a existência ou não do noticiado consenso científico. A prática de censura e o uso de ferramentas para tal também foram brevemente demonstradas. No último capítulo, foram apresentadas as considerações finais no sentido de não ser correta a utilização do termo negacionismo no contexto usualmente utilizado no Brasil, bem como pela existência da prática de censura a informações e pessoas que apresentam conduta não aceita pelo falso paradigma.

**Palavras-chave:** Negacionismo – Ciência – Conhecimento científico – Censura.

**Abstract:** This article analyzes the inappropriate use of the word denialism to refer to the practice of questioning, non-acceptance, or criticism of ideas propagated within a scientific paradigm artificially constructed in Brazil, with a prominent political and ideological bias. To do so, it makes a brief analysis of the evolution of thought and of what is meant by science, without intending to lengthen the research in this historical-evolutionary context. Afterwards, a reading of what would be such "denialism" will be carried out, contextualizing it within the scenario of the covid-19 pandemic in Brazil. In the next chapter, we sought to evaluate the relationship between existing information in the dominant paradigm, widely publicized as scientific certainties, and the existence or not of the reported scientific consensus. The practice of censorship and the use of tools for this were also briefly demonstrated. In the last chapter we present the final considerations in the sense that the use of the term denialism in the context usually used in Brazil is not correct, as well as the existence of the practice of censoring information and people who present conduct not accepted by the false paradigm.

**Keywords:** Denialism – Science – Scientific knowledge – Censorship.

---

**Sumário:** 1. Introdução – 2. A ciência: conhecimento, verdade e falibilismo – 3. O uso (inapropriado) do termo negacionismo – 4. O paradigma "científico" midiático e político e a censura do *fact check* – 5. Considerações finais – 6. Referências.

## 1. INTRODUÇÃO

Em 11 de março de 2020, o diretor-geral da Organização Mundial de Saúde (OMS), Tedros Adhanom, declarou que a instituição estava elevando o estado de contaminação do novo coronavírus para o nível de pandemia.[1] Essa nova caracterização da disseminação do SARS-CoV-2 pelo mundo trouxe maior preocupação e medo, além de motivar a procura por informações por parte da população, a qual, em grande parte, depositou na ciência, em seus líderes políticos e nos respectivos Estados a esperança na busca por meios para a preservação da saúde coletiva.

Ao longo destes 2 (dois) anos de pandemia, muitos foram os erros e os acertos das decisões políticas e das teses científicas levantadas para entender o vírus e os dados gerados pelas suas infecções e disseminação, traçando assim um meio de combate eficaz.

Uma análise com maior exatidão sobre esses erros e acertos dependerá do aumento dos estudos científicos responsáveis sobre o tema. Em nosso entender, contudo, alguns desses erros são justificáveis diante da novidade da doença e da situação de urgência na saúde pública dela resultante, o que demandava a busca rápida por soluções, o que muitas vezes ocorre por meio da experimentos práticos. Agimos de forma rápida e emocional diante do inegável desconhecimento do objeto em estudo, qual seja, o vírus.

No entanto – e ainda em nosso entender –, alguns erros não comportam escusas, como é o caso da criação intencional e organizada de uma prática de censura a entendimentos plurais e diversos da narrativa majoritária, bem como a utilização estratégica da ferramenta tecnológica do *fact check* para promover o boicote ou descredenciamento de argumentos ou posicionamentos que criticavam ou foram contra as posturas políticas e científicas eleitas para serem as dominantes e corretas no combate e do tratamento da pandemia no Brasil.

Tendo isso em mente, este artigo objetiva fazer uma defesa da ciência, refutando o dogmatismo, o ceticismo e a seleção de uma tese científica como absolutamente verdadeira, especialmente baseada em estudos parciais, provisórios e feitos a "toque de caixa", e que se mostraram, após um breve período, como falhos, uma vez que não entregaram aquilo que prometeram ou foram desconstituídos por estudos posteriores de maior qualidade.

Em outras palavras, algumas das teses ou informações apresentadas midiaticamente como verdades científicas não resistiram às críticas da própria

---

1. ORGANIZAÇÃO MUNDIAL DA SAÚDE (OMS). OMS afirma que Covid-19 é agora caracterizada como pandemia. Genebra: WHO, 11 mar. 2020. Disponível em: https://www.paho.org/pt/news/11-3-2020-who-characterizes-covid-19-pandemic. Acesso em: 02 fev. 2022.

comunidade científica, tampouco se mostraram recepcionadas pelos resultados práticos que se apresentaram posteriormente.

Ainda nesse contexto, será realizada uma breve análise da censura política e midiática levada à efeito contra as pessoas e as ideias que destoam do paradigma dominante adotado, o que causa embaraço e dificulta a evolução da ciência, por pretender obstaculizar o debate científico, prejudicando inclusive a reputação profissional daqueles desobedientes ao sistema.

Sob a luz dos pensamentos de Johannes Hessen, Thomas Khun, Karl Popper, Jurgen Habernas, entre outros, buscar-se-á verificar eventual equívoco na utilização da expressão negacionismo àquelas atitudes que questionam e criticam a tese científica, ou seja, àqueles que praticam, de forma justificada e racional, o falibilismo de Karl Popper.

Buscou-se apresentar, ao longo deste artigo, mesmo que de forma brevíssima, o que se entende por ciência no mundo contemporâneo, o surgimento intencional e organizado de uma estrutura digital e midiática de censura a entendimentos científicos contrários, os perigos que esse tipo de conduta traz à sociedade, bem como as incertezas oriundas da *fast* ciência.[2]

Para o presente trabalho lançamos mão de dados secundários, utilizando pesquisa bibliográfica e documental, livros, reportagens e artigos científicos, nacionais e estrangeiros.

A pesquisa irá analisar o tema no contexto brasileiro, muito embora traga dados e informações ocorridos em outros países, mas que encontram relação com os assuntos tratados no artigo, e seguirá o método dedutivo.

## 2. A CIÊNCIA: CONHECIMENTO, VERDADE E FALIBILISMO

Inicio a análise abordando a ideia do que seria a ciência, buscando evitar a sua conceituação. Isso porque entendo que a tarefa de tentar conceituar o que é a ciência seria um esforço de difícil exatidão técnica, o qual demandaria robusta justificação e que não encontra abrigo no objeto deste artigo.

Outro ponto que reforça esse posicionamento é a temporariedade que marca o conceito formulado, uma vez que, como irei argumentar, todo o conhecimento humano é provisório, e, assim o sendo, seria também temporário o conceito entabulado neste estudo. Desta forma, tentarei expor a ideia do que seria a ciência e o método científico nos termos mais aceitos atualmente.

---

2. Utilizo o termo *fast ciência* para me referir a posicionamentos obtidos sem o critério ou os cuidados que deveriam ser observados na ciência, de forma apressada, com vieses dos mais variados, e mais baseados no senso comum do que em outras formas mais assertivas de conhecimento.

A ciência ao longo de sua evolução passou por três fases. A primeira fase de caráter mais descritivo, a segunda compreensiva-explicativa e a terceira e atual fase, de natureza prescritiva. Nessa última, além do propósito de conhecer a realidade, a ciência também se presta a descrevê-la e alterá-la.[3]

O conhecimento é o resultado de uma relação entre o sujeito e o objeto, onde a função do sujeito é apreender o objeto, e a função do objeto é ser apreensível pelo sujeito. Dessa apreensão surge no sujeito uma figura ou imagem, do objeto alterado pela função cognoscitiva do sujeito em relação àquele.[4]

O sujeito, assim, é modificado pelo objeto, o qual possui preponderância na relação mencionada, uma vez que é determinante, e o sujeito é determinado pela imagem do objeto. Diante disso, Hessen define o conhecimento como sendo "uma determinação do sujeito pelo objeto", no sentido de aquele comportar-se de forma receptiva, o que não significa passividade, com respeito ao objeto e destaca o conhecimento como tendo três elementos: o sujeito, a imagem e o objeto.[5]

Diante do acima exposto, conclui-se que todo conhecimento humano é provisório, uma vez que a figura do objeto é o resultado do processo cognoscente do sujeito, o qual será influenciado por valores, vieses e diferentes enfoques na observação e na análise do mesmo objeto. Como imperfeito é o sujeito, e parcial é o seu acesso à realidade complexa, a imagem construída do objeto poderá carregar – ou certamente o fará – consigo uma parte dessas imperfeições, a qual inequivocadamente irá influenciar a construção da figura do objeto pelo sujeito.

Posteriormente, por meio da apreciação do mesmo objeto por outro sujeito, o conhecimento anteriormente gerado e divulgado, e que será aceito ou não pela comunidade científica, poderá se mostrar falso e/ou incompleto, o que permitirá, também, a (re)construção de um novo conhecimento ou melhoria do anterior.

Diante da provisoriedade do conhecimento, surge uma questão fundamental. Como saber se o que sabemos é verdade? Essa questão é central na busca do conhecimento, pois como destaca Hessen: "Se existe conhecimento verdadeiro, como posso reconhecer sua verdade? Qual é o critério que me diz em cada caso se um conhecimento é verdadeiro ou não?"[6]

Hessen continua o seu pensamento concluindo que o "Conhecimento não verdadeiro não é propriamente conhecimento, mas erro e engano", e afirma que "a verdade deve consistir na concordância da "figura" com o objeto".[7]

---

3. MACHADO SEGUNDO, Hugo de Brito. *Por que dogmática jurídica?* Rio de Janeiro: Forense, 2008.
4. HESSEN, Johannes. *Teoria do conhecimento*. Trad. João Vergílio Gallerani Cuter. São Paulo: Martins Fontes, 2003, p. 20.
5. Ibidem, p. 21.
6. Ibidem, p. 28.
7. Ibidem, p. 23.

CIÊNCIA, NEGACIONISMO E CENSURA **35**

Como visto anteriormente, dificilmente o conhecimento humano será capaz de conhecer a verdade, no sentido mais puro e pleno desta palavra, pois a completa e perfeita concordância da figura com o objeto é algo que depende de muitas variáveis. Não seria possível determinar a verdade na relação entre o sujeito, a figura e o objeto, pois não há meios de se assegurar a exata correspondência entre a imagem e o objeto.

Algumas teorias foram formuladas para tentar resolver esse dilema. Passamos, assim à análise daquela que, em nosso entender, melhor aliou a busca da verdade à uma teoria da ciência, que é o pensamento de Karl Popper e a ideia de aproximação da verdade por meio do falibilismo.

Popper teria utilizado a teoria da verdade por aproximação para dar suporte a sua teoria falibilista, defendendo que as teorias científicas superadas seriam falsas a luz das novas e modernas teorias, e que as novas teorias, as quais não podemos saber se são verdadeiras, seriam ou teriam uma maior aproximação da verdade. Em suas palavras:

> [...] a ciência busca teorias verdadeiras, embora nunca possamos estar seguros de que uma teoria em particular é verdadeira; por outro lado, a ciência pode progredir (sabendo que progride) formulando teorias que, comparadas com as anteriormente aceitas são descritas como uma melhor aproximação da verdade.[8]

Popper utiliza o método do ensaio e eliminação do erro, apresentando um modelo darwiniano de seleção natural para a evolução do conhecimento humano. As teorias mais robustas, e que se mostrassem mais adaptadas e resistentes às críticas, permaneceriam válidas por não terem sido falseadas.

Para Popper as conjecturas seriam balões de ensaio a serem testados por meio da crítica na tentativa de falseá-los, mostrando que existem conjecturas melhores ou piores e que elas podem ser aperfeiçoadas.[9]

As teorias científicas devem ser submetidas à crítica. Se resistem, serão consideradas verdadeiras, mesmo que de forma provisória. Se sucumbem às críticas, devem ser substituídas por novas teorias, em um jogo interminável da busca do conhecimento e da verdade científica.

Hugo de Brito Machado Segundo sintetiza a teoria de Karl Popper. Nos ensina o professor:

> Portanto, é essencial a que se possa falar em conhecimento científico a provisoriedade de suas verdades, e a possibilidade de serem "testadas" ou terem sua veracidade (ou falsidade) posta

---

8. POPPER, Karl. *Realismo e o objetivo da ciência*. Lisboa: Publicações Dom Quixote, 1987, p. 58.
9. POPPER, Karl. O problema da indução. In: MILLER, David (Org.). *Popper*: textos escolhidos. Trad. Vera Ribeiro. Rio de Janeiro: Contraponto, 2010, p. 104.

à prova continuamente. Não importa tanto o método utilizado pelo estudioso, ou a neutralidade de suas afirmações. O que interessa e se essas verdades podem ser testadas, e falseadas. Se podem, são verdades científicas até que essa falsificação ou esse falseamento aconteça.[10]

Em resumo, a ciência evolui pela formulação de conjecturas e pela tentativa de falseamento das teorias por meio de críticas, na esperança racional de se aproximar, da maneira mais fidedigna possível naquele momento, da verdade científica, a qual é provisória e aguarda a sua confirmação ou a sua falsidade, no processo cíclico da evolução.

## 3. O USO (INAPROPRIADO) DO TERMO NEGACIONISMO

A palavra negacionismo deriva do francês *négationnisme*, e significa a atitude de uma pessoa ou grupo de pessoas que não aceita alguma coisa como verdadeira ou que negam a existência dessa coisa. Entende-se, por sua vez, como negacionismo científico a rejeição, ou a negação, de conceitos básicos, incontestáveis e apoiados por consenso científico.

No Brasil, durante a pandemia de Covid-19, o termo foi utilizado de forma corriqueira e quase sempre sem a devida justificação. Quando muito, a justificação vinha em alguma reportagem na qual a fonte dos dados repassados sequer era informada, ou através de algo recebido nos grupos de *WhatsApp* ou em redes sociais. Frases como "isso já foi cientificamente comprovado" ou "ir contra isso é ir contra a ciência" eram frequentemente ouvidas, seja nos canais de televisão pelos repórteres e especialistas convidados, seja nas rodas de conversas em círculos íntimos.

Muitas vezes, a expressão foi utilizada como relacionada àqueles que se posicionavam antagonicamente contra o pensamento do grupo ideológico que comunicava a atitude ou pensamento negacionista.

Mas, afinal, seriam tais pessoas realmente negacionistas da ciência? Prevaleceu no Brasil, durante o período pandêmico, uma atitude de negacionismo científico? Tentaremos responder a esse questionamento utilizando o entendimento exposto no tópico anterior sobre a ciência e a teoria de Karl Popper.

Segundo o significado de negacionismo científico visto anteriormente, e utilizado neste artigo, o negacionista teria de negar conceitos básicos, incontestáveis e apoiados por consenso científico.

Logo de início verifica-se que tais requisitos não seriam fáceis de serem preenchidos e comprovados de forma robusta em uma doença tão nova e desconhecida para a humanidade, podendo o mesmo argumento ser estendido às chamadas medidas de combate ao coronavírus, tais como medidas de isolamento social, o

---

10. MACHADO SEGUNDO, op. cit.

CIÊNCIA, NEGACIONISMO E CENSURA **37**

uso de máscaras das mais diversas, o uso de medicamentos para o chamado tratamento precoce, e, por fim, o uso de vacinas fabricadas e aprovadas em tempo recorde na história humana.

Quando fatores como mortes, colapso de sistemas de saúde, urgência, competição comercial, medo e política são combinados, existe uma grande probabilidade de que algo importante seja perdido, ou que algo surja de forma desproporcional nessa equação. Dentre esses fatores, destacamos o declínio da racionalidade e a ascensão do emocional, o que implica a própria descaracterização do entendimento que temos da ciência, a qual, como visto anteriormente, demanda racionalidade, questionamentos e críticas fundamentadas.

Não desconhecemos que a ciência não é alheia a valores, e que o cientista pode, e por vezes é influenciado por seus sentimentos, desejos e aspirações pessoais e profissionais, além do meio externo que o cerca. Destaca-se, ainda, que, concordando com o pensamento de Henry Atlan, a própria ciência cria valores, sendo utopia a existência ou a busca de uma neutralidade científica.[11] Dessa forma, na situação extraordinária desta pandemia, na qual ainda nos encontramos, o racionalismo que desejamos e apontamos é aquele racionalismo razoável e justificável.

Uma situação excepcional, como a da pandemia de Covid-19, desperta na sociedade diferentes posições epistemológicas, tais como o dogmatismo e o ceticismo. Por dogmatismo devemos entender a "posição epistemológica para o qual o problema do conhecimento não chega a ser levantado." O sujeito dogmático "não vê que o conhecimento é, essencialmente, uma relação entre o sujeito e o objeto", acreditando que "os objetos dos conhecimentos nos são dados como tais, e não pela função mediadora do conhecimento".[12]

O dogma não admite o questionamento, não é exposto à crítica e a sua verdade não é provisória, mas sim eterna. Por isso mesmo, o dogmatismo é o contraponto epistemológico da ciência, que surgiu com a invenção do método crítico não dogmático.[13]

Atitudes e frases dogmáticas foram percebidas e proferidas pelos apoiadores das diferentes posições adotadas durante a crise sanitária. Reforçar o ponto de vista defendido passou a ter muitas vezes contornos de dogma religioso, aceitando como de forma dada tudo aquilo que somasse ao entendimento exposto, rejeitando afirmações ou teses contrárias sem sequer conhecer os argumentos que a justificavam.

---

11. ATLAN, Henri. Será que a ciência cria valores? O bom, o verdadeiro e o poeta. In: PESSIS-PASTERNAK, Guitta. *A ciência*: Deus ou Diabo? Tradução de Edgard de Assis Carvalho e Mariza Perassi Bosco. São Paulo: Unesp, 2001, p. 183-188.
12. HESSEN, op. cit., p. 29.
13. MACHADO SEGUNDO, op. cit.

Já o ceticismo tem por impossível a compreensão do objeto pelo sujeito, e por esse motivo não poderia o cético tecer qualquer juízo. O ceticismo seria a antítese do dogmatismo, pois "enquanto o dogmático encara a possibilidade de contato entre sujeito e objeto como autoevidente, o cético a contesta. Para o ceticismo, o sujeito não seria capaz de apreender o objeto".[14] O leitor, neste ponto da exposição, pode questionar acerca de outros posicionamentos epistemológicos possíveis e existentes, tais como o relativismo. No entanto, entendemos que o relativismo é uma espécie de ceticismo, assim como o subjetivismo, acolhendo o ensinamento de Johannes Hessen na sua obra analisada para este artigo.[15]

Dogmatismo e ceticismo podem estar associados tanto ao conhecimento em geral, como a um específico. O dogma pode ser teórico, ético ou religioso, sendo o primeiro ligado ao conhecimento teórico e os dois últimos aos valores. Já o ceticismo pode estar associado a um conhecimento geral ou a um específico. Quando associado ao geral recebe o nome de ceticismo lógico, absoluto ou radical. Se o ceticismo é dirigido somente ao conhecimento metafísico é chamado de ceticismo metafísico. Pode ser classificado, ainda, quando associado ao campo dos valores, como ceticismo religioso ou ético.[16]

Entre as duas posições acima destacadas está o criticismo. Ele compartilha com o dogmatismo a ideia de que o conhecimento é possível e que a verdade existe. Já aproximando-se do ceticismo, o criticismo junta a confiança no conhecimento humano em geral a uma desconfiança com relação a qualquer conhecimento determinado. Ele põe à prova toda afirmação da razão humana e nada aceita inconscientemente. Por toda parte pergunta sobre os fundamentos e reclama da razão uma prestação de contas. Seu comportamento não é de cético, nem de dogmático, mas de crítico inquisidor.

Logo, entendemos que pode-se até discordar de teses antagônicas expostas, e essa discordância pode ocorrer em diferentes graus, sendo o grau mais elevado aquele de repulsa completa ao pensamento expressado. Porém, jamais o ato de questionar ou de criticar uma tese diversa, desde que a crítica seja justificada, poderia ser rotulado como um ato ou uma posição negacionista. Pelos mesmos motivos a discordância do posicionamento científico majoritário, ou o proferido por uma autoridade científica, muitas vezes autodenominada ou elevada a esse patamar pela mídia, poderia ser tido como tal, pois a verdade e a razão muitas vezes não caminham com a maioria, e muito menos com títulos obtidos academicamente ou conferidos midiaticamente. A ciência possui sua própria voz, não necessitando de mensageiros.

---

14. Ibidem, p. 31.
15. HESSEN, op. cit., p. 38.
16. Ibidem, p. 30-32.

## 4.  O PARADIGMA "CIENTÍFICO" MIDIÁTICO E POLÍTICO E A CENSURA DO *FACT CHECK*

A fim de melhor expor a ideia deste capítulo para o leitor, e contextualizá-lo dentro do comparativo que iremos apresentar, urge fazer uma breve explicação da teoria das revoluções cientificas de Thomas Khun. Segundo a teoria exposta na obra "A Estrutura das Revoluções Científicas", a ciência evolui através de revoluções científicas, as quais seriam o abandono, por grande parte da comunidade científica, de um paradigma, com a adoção de um outro.

Segundo Khun, "são denominados de revoluções científicas os episódios extraordinários nos quais ocorre essa alteração de compromissos profissionais.", ou ainda "aqueles episódios de desenvolvimento não cumulativo, nos quais um paradigma mais antigo é total ou parcialmente substituído por um novo, incompatível com o anterior".[17]

Khun descreve os "paradigmas" como sendo "as realizações científicas universalmente reconhecidas que, durante algum tempo, fornecem problemas e soluções modelares para uma comunidade de praticantes de uma ciência".[18]

Dentro do paradigma dominante se desenvolve a ciência normal, a qual é "a pesquisa firmemente baseada em uma ou mais realizações científicas passadas. Essas realizações são reconhecidas durante algum tempo por alguma comunidade científica especifica como proporcionando os fundamentos da sua prática anterior".[19]

Explicando didaticamente o paradigma de Khun, Hugo de Brito Machado Segundo apresenta-o como sendo uma "grande teoria "guarda-chuva", em torno da qual outras são construídas e desdobradas, mas que ordinariamente não é ela mesma questionada".[20]

Destacamos que que não é suficiente o abandono do paradigma vigente por falta de respostas válidas para muitos dos casos e problemas que surjam, ou seja, pela grande quantidade do que Kuhn chamou de anomalias. Além da crise gerada pelas anomalias no paradigma vigente, é necessário que surja um novo paradigma, o qual precisa ser aceito pela totalidade ou quase totalidade da comunidade científica.

---

17. KUHN, Thomas S. *A estrutura das revoluções científicas.* Trad. Beatriz Vianna Boeira e Nelson Boeira. 9. ed. São Paulo: Perspectiva, 2005, passim, p. 25 e 125.
18. Ibidem, p. 13.
19. Ibidem, p. 29.
20. MACHADO SEGUNDO, Hugo de Brito. *O direito e sua ciência.* Uma introdução a epistemologia jurídica. 2. ed. Indaiatuba, São Paulo: Foco, 2021, p. 40.

Essa conversão da comunidade cientifica não ocorre de forma imediata, mas através do que Khun chamou de "deslocamento crescente da distribuição de adesões profissionais".

Durante a pandemia no Brasil, ocorreu a criação de uma espécie de paradigma científico para as decisões científicas e políticas em torno das medidas de combate e tratamento da Covid-19. Esse paradigma não foi construído devido ao amadurecimento da ciência normal sobre o assunto, tampouco encontrava suporte nos conceitos básicos, incontestáveis e apoiados por consenso científico.

O paradigma construído no Brasil, utilizando a "ciência" para lhe dar suporte racional, possui forte conteúdo político e imenso apoio midiático nos mais diversos meios, tais como os canais de televisão, jornais físicos e digitais, e as redes sociais mais utilizadas no mundo e no país.

Para se verificar a forte carga política no trato da pandemia e, por consequência, na designação dos negacionistas, basta que se verifique que em grande parcela das notícias sobre o assunto os supostos negacionistas são também denominados de bolsonaristas, em referência ao atual Presidente da República,[21] termos estes utilizados muitas vezes até como sinônimos.

Houve, em verdade, a escolha por boa parte do grupo político e midiático do que seria e do que não seria ciência no trato da pandemia. Os "consensos" científicos foram precipitadamente trazidos à população em uma rapidez jamais vivenciada anteriormente, e os denominados especialistas científicos foram cuidadosamente selecionados para dar suporte às escolhas já efetuadas.

A polêmica no Brasil em torno da pandemia, e o uso da ciência de forma precipitada e imprudente para justificar medidas baseadas mais no senso comum do que em outras formas mais qualificadas de conhecimento, iniciaram já nas primeiras medidas de combate ao vírus originário da China.

Com as polêmicas teve início a utilização da expressão negacionista para qualificar aqueles que criticavam os métodos utilizados e elogiados pela grande maioria da imprensa e dos governos locais, ou para designar aqueles que apoiavam alguma das medidas propostas ou verbalizadas pelo Presidente da República.

---

21. Nesse sentido, a título exemplificativo: LIMA, Eudes. Bancada negacionista. *Isto É*, 11 fev. 2022. Disponível em: https://istoe.com.br/bancada-negacionista/. Acesso em: 13 fev. 2022; PATROCÍNIO, Luana. Bolsonaristas voltam a espalhar fake news sobre vacina contra a Covid-19. *Diário de Pernambuco*, 07 jan. 2022. Disponível em: https://www.diariodepernambuco.com.br/noticia/politica/2022/01/bolsonaristas-voltam-a-espalhar-fake-news-sobre-vacina-contra-a-covid.html. Acesso em: 13 fev. 2022; e UOL. Negacionismo e política da morte levam, novamente, à lotação de UTIs. *Uol*, 27 jan. 2022. Disponível em: https://noticias.uol.com.br/colunas/coluna-entendendo-bolsonaro/2022/01/27/negacionismo-e-politica-da-morte-levam-novamente-a-lotacao-de-utis.htm. Acesso em: 13 fev. 2022.

Os meios de comunicação e as redes sociais passaram a praticar *gatekeeping*, filtrando o que iria ou não ser veiculado e o enfoque que seria dado à notícia. Através do *gatekeeping* e das agências de *fact-check*, as quais carimbavam como *fake news* e censuravam,[22] retirando o conteúdo ou não o divulgando, aquilo que não era interessante para a sua narrativa, construiu-se uma versão deformada e midiática do paradigma da teoria de Thomas Khun, como se houvesse um consenso científico e mundial sobre determinados pontos, quando na verdade não havia, o que será melhor demonstrado no decorrer deste artigo.

Posicionamentos técnicos de médicos, biólogos, jornalistas e cientistas foram descredibilizados sem maior fundamentação e não apresentados pela mídia, e esses profissionais tiveram suas contas no *Instagram*, *Facebook* e *Twitter* bloqueadas. As postagens que iriam contra o paradigma midiático e político eram removidas, e no seu lugar era colocado um comunicado informando o motivo da remoção, que seria a utilização de "informações falsas e prejudiciais".

Tais fatos podem ser verificados na censura ocorrida em 07.02.2022 na conta do *Instagram* do Dr. Germano Alves,[23] médico que publicou na sua conta um estudo da Faculdade de Medicina de Harvard[24] que apontava para o fato da imunidade natural ter uma resposta melhor e mais duradoura à infecção pelo Sars-Cov-2 do que as promovidas por meio das vacinas.

Em outro estudo, da Universidade Jhon Hopkins, publicada no *Journal of the American Medical Association* (JAMA), os pesquisadores chegaram a mesma conclusão, de que a resposta imune natural é de melhor qualidade e mais duradoura do que a obtida através das vacinas, sendo encontrados anticorpos em pessoas previamente infectadas pelo vírus após 20 meses da infecção.[25]

Esse estudo foi divulgado pela jornalista independente Kennia Wiswesser em sua conta do *Instagram*, publicação essa que foi removida sob o mesmo argumento de transmitir uma informação falsa e prejudicial.[26]

---

22. Utilizo a palavra censura no significado de desaprovação e posterior retirada da circulação pública da informação, para a proteção dos interesses de indivíduos, estados ou organizações. Essa censura pode ocorrer de forma ampla, coordenada entre diversos meios de comunicação, ou restrita como em determinadas redes sociais, por onde circulam epopeica quantidade de informações, com amplo alcance social.

23. Conferir: https://www.instagram.com/p/CZrPxrIFfU-/?utm_medium=copy_link. Acesso em: 13 fev. 2022.

24. PESHEVA, Ekaterina. Unsung heroes. *Harvard Medical School*, 27 jan. 2022. Disponível em: https://hms.harvard.edu/news/unsung-heroes. Acesso em: 13 fev. 2022.

25. ALEJO JL, MITCHELL J, CHANG A. et al. Prevalence and Durability of SARS-CoV-2 Antibodies Among Unvaccinated US Adults by History of COVID-19. *JAMA*, v. 327(11), p. 1085-1087, 2022. Disponível em: https://jamanetwork.com/journals/jama/fullarticle/2788894. Acesso em: 13 fev. 2022.

26. Conferir: https://www.instagram.com/p/CZqEjHRLP6o/?utm_medium=copy_link. Acesso em: 13 fev. 2022.

Assim como os dois estudos acima destacados, existem tantos outros, de fontes qualificadas e de destaque internacional, o que demonstra que pode até haver discordância nos resultados dos estudos científicos, e é natural que existam, porém, isso não torna o estudo e a sua divulgação uma *fake news*, e certamente não merece censura por não se tratar de posicionamento ilegal, violento, ou de discurso de ódio contra grupos determinados.

Nesse mesmo sentido, em 19 de janeiro de 2022, a BMJ, renomada revista de publicações médicas do Reino Unido ligada à *British Medical Association*, publicou um artigo intitulado *"Facebook versus the BMJ: when fact checking goes wrong"*, demonstrando a atuação arbitrária e sem compromisso com a verdade do sistema de *fact-check* do *Facebook* e seu conglomerado, incluindo-se o *Instagram* e *WhatsApp*.[27]

O artigo relata a censura sofrida pela revista em um dos seus artigos científicos publicados, censura essa levada a efeito pela rede social. Apesar de não conter nenhum erro metodológico, e nem de análise de dados e conclusões, a pesquisa foi removida e rotulada como *fake news* pela empresa *Lead Stories*, a qual realiza metade de toda a verificação de fatos do *Facebook*.

A justificativa para tal foi que na pesquisa científica estaria "faltando contexto", além de que uma peça-chave da investigação não teria conseguido "expressar apoio irrestrito às vacinas covid".[28] Nada havia de errado ou de falso na pesquisa excluída, ela apenas ia contra o discurso eleito como majoritário, com forte influência de empresas e organizações que patrocinam as agências que realizam a checagem de fatos.

Em julho de 2021, o governo federal norte americano declarou que iria combater a disseminação de *fake news,* solicitando às empresas de tecnologia que ajustassem seus algoritmos para rebaixar ainda mais informações falsas e compartilhar esses dados com o governo.[29]

Tal ajuste seria louvável se não fosse o perigo do remédio ser pior do que a doença. Como relatado acima, tais mecanismos não são alinhados com o que se entende por verdade, mas por interesses dos mais diversos tipos. O que se está retratando é o alinhamento de governos e poderosas empresas de *big tech* na prática de selecionar e excluir informações ou posicionamentos que não lhes sejam interessantes ou favoráveis.

---

27. BMJ. Facebook versus the BMJ: when fact checking goes wrong. *BMJ*, v. 376, 2022. Disponível em: https://www.bmj.com/content/376/bmj.o95. Acesso em: 14 fev. 2022.

28. JOHNSON, Mark. BMJ fights back against Facebook fact-checkers. *The Post*, 27 jan. 2022. Disponível em: https://unherd.com/thepost/bmj-fights-back-against-facebook-fact-checkers/. Acesso em: 14 fev. 2022.

29. REUTERS. White House slams Facebook as conduit for Covid-19 misinformation. *Reuters*, 15 jul. 2021. Disponível em: https://www.reuters.com/world/us/us-surgeon-general-warns-over-covid-19-misinformation-2021-07-15/. Acesso em: 14 fev. 2022.

Esse artigo não tem a pretensão de apontar os erros ou os acertos das teses e dos estudos científicos utilizados como exemplos. Tal juízo com viés de certeza ainda se mostra impossível de ser firmado com maior aproximação da verdade. Tampouco tem como propósito partir em defesa de qualquer dos posicionamentos aqui utilizados a título exemplificativo.

O objetivo é demonstrar o equívoco na utilização do termo negacionista e a construção artificial de um pseudoparadigma científico em torno de posições específicas adotadas na pandemia, além de alertar para a provisoriedade do conhecimento científico e humano.

Iremos demonstrar através de exemplos e pesquisa científica que o aparente paradigma e o consenso científicos não existiam, como entendemos não existirem até os dias atuais.

Uma das medidas de isolamento social, o *lockdown*, foi defendido pela mídia e por meios políticos como um consenso científico como uma atitude já testada com sucesso em outras vezes na história da humanidade, e colocaram o "chapéu" de negacionista e anticiência em quem discordava ou formulava críticas ao método empregado.

Em reportagem intitulada "Por dentro da mente dos negacionistas", de 23 de abril de 2021, da edição virtual 2716 11/02 da revista Isto É,[30] bem como do portal G1 do grupo Globo, intitulada "Vítimas do negacionismo: as mortes causadas pela desinformação na pandemia da Covid-19",[31] de 18 de outubro de 2021, para citar alguns dentre vários outros exemplos, a medida de *lockdown* é apresentada como sendo eficaz e comprovadas por vários estudos. Na primeira reportagem existe até um destaque taxando o grupo contra o *lockdown* de negacionistas, insanos, e para quem as mortes por Covid-19 não importavam.

Muito embora as reportagens não indiquem um único estudo como fonte da sua afirmação, dentre os vários que alega existir, não desconhecemos a existência desses estudos, tendo lido alguns inclusive para efeitos de conhecimento sobre o que se escreve neste artigo e sobre o que vivenciamos. No entanto, o *lockdown* está longe de ser um consenso científico como reproduzido nas reportagens, e de ter a sua eficácia comprovada. Não existia o suposto consenso à época das reportagens citadas e muito menos agora, com vários estudos mais maduros e com maior qualidade da análise de dados sobre o tema.

---

30. VILARDAGA, Vicente; LAVIERI, Fernando. Por dentro da mente dos negacionistas. *Isto É*, 23 abr. 2021. Disponível em: https://istoe.com.br/por-dentro-da-mente-dos-negacionistas/. Acesso em: 12 fev. 2022.

31. VELASCO, Clara et al. Vítimas do negacionismo: as mortes causadas pela desinformação na pandemia da Covid-19. *G1*, 18 out. 2021. Disponível em: https://g1.globo.com/saude/coronavirus/noticia/2021/10/18/vitimas-do-negacionismo-as-mortes-causadas-pela-desinformacao-na-pandemia-da-covid-19.ghtml. Acesso em: 12 fev. 2022.

Em recente estudo da Universidade Johns Hopkins, os resultados mostraram que os *lockdowns* tiveram pouco ou nenhum efeito na redução da mortalidade pela Covid-19, mas impuseram custos sociais e econômicos desastrosos, citando como exemplos a crise econômica, o empobrecimento da classe trabalhadora, uma crise mental juvenil, overdose recorde de drogas, aumento da onda de crimes e atraso de tratamentos médicos que teriam salvo vidas.[32] O estudo acima destacado é de revisão literária e meta-análise o que eleva o seu grau de acerto e acuracidade científica.

Sobre as mortes, o estudo concluiu que na Europa e nos EUA os *lockdowns* reduziram apenas 0,2% a mortalidade por Covid-19, em média, porém, causaram tantas outras por razões diversas.

Outro assunto polêmico da pandemia, e talvez o maior de todos, tenha sido o da segurança dos imunizantes, especialmente na vacinação infantil e de adolescentes. Por segurança da vacina devemos entender como sendo a ausência de reações ou eventos adversos graves, segundo a Dra. Rosana Richtmann, médica infectologista do Instituto Emílio Ribas.[33]

Mas existiria o tão propagado consenso científico em torno da segurança das vacinas a ponto de serem os seus questionadores chamados de negacionistas? Acreditamos que a resposta novamente seja negativa.

No banco de dados do *Centers for Disease Control and Prevention (CDC)*, em consulta feita no dia 13/02/2022, constam como mortes reportadas pelas vacinas contra o vírus Covid-19 um total de 12.670 eventos, o que corresponde ao percentual de 79.29% de todas as mortes reportadas por todas as outras vacinas utilizadas nos EUA ao longo da história registrada.[34] No referido site, é possível ainda selecionar as mortes reportadas divididas pelos fabricantes das vacinas, algumas delas de utilização no Brasil, bem como outros efeitos adversos, leves, médios e graves, o que aumenta exponencialmente o número acima relatado.

Quando se conduz esse tema a vacinação de crianças e adolescentes, a falta de certeza científica na segurança dos imunizantes se mostra ainda mais questionável, pois sequer as próprias fabricantes sabem quais são esses riscos futuros. Em

---

32. HERBY, Jonas; JONUNG, Lars; HANKE Steve H. A literature review and meta-analysis of the effects of lockdowns on Covid-19 mortality. *SAE*, n. 200, jan. 2022. Disponível em: https://sites.krieger.jhu.edu/iae/files/2022/01/A-Literature-Review-and-Meta-Analysis-of-the-Effects-of-Lockdowns-on-COVID-19-Mortality.pdf. Acesso em: 12 fev. 2022.

33. JORNALISMO TV CULTURA. Qual a diferença entre segurança e eficácia de uma vacina? *Youtube*, 23 dez. 2020. Disponível em: https://www.youtube.com/watch?v=TGHv74X8m7I. Acesso em: 12 fev. 2022.

34. ESTADOS UNIDOS DA AMÉRICA. About The Vaccine Adverse Event Reporting System (VAERS). *Centers for Disease Control and Prevention (CDC)*. Disponível em: https://wonder.cdc.gov/controller/datarequest/D8. Acesso em: 14 fev. 2022.

09/02/2022, o Ministério Público Federal (MPF) ingressou com Ação Civil Pública perante a Justiça Federal de Minas Gerais solicitando, entre outros pedidos, que:

> Seja determinado à União Federal e à Anvisa, em todo o território nacional, que, enquanto não concluídas as fases III e IV e encerrados todos os estudos clínicos do processo de formação de vacinas, não seja incluída em qualquer calendário vacinal a obrigatoriedade e a compulsoriedade de se vacinar contra o vírus da Covid-19, SARS-coV-2, a exemplo do Plano Nacional de Operacionalização da Vacina contra a Covid-19, o Programa nacional de Imunização – PNI e do Calendário Básico de Vacinação da Criança, quer para recém-nascidos, crianças de qualquer idade e adolescentes menores de 18 anos.[35]

Segundo o MPF, na ação supracitada, todas as vacinas utilizadas no Brasil estão na fase III, que é a fase de teste de eficácia, efetividade e segurança, ainda faltando ser complementada com a fase IV, que é a fase de "detectar e definir efeitos colaterais previamente desconhecidos ou incompletamente qualificados, assim como os fatores de risco relacionados. Essa fase é conhecida como "Farmacovigilância".

Destaca ainda, que o estudo da vacina Comirnaty/Pfizer, embora esteja sendo produzida e comercializada, ainda continua com os estudos das fases I, II e III, com previsão de término apenas em 2 de maio de 2023.[36]

Digno de nota é ressaltar que as vacinas para crianças entre 5 e 11 anos não foram aprovadas na Suécia, na Noruega e no México, sendo que na Suécia a falta de aprovação foi até a idade de 12 anos.[37] Entre os motivos da não aprovação está a incerteza entre o benefício e os riscos da vacinação, uma vez que estes últimos são ainda desconhecidos e a gravidade da doença nessa faixa etária é considerado baixíssimo, a ponto de não justificar o uso experimental das vacinas.

Concluímos, portanto, que a segurança das vacinas contra a Covid-19 ainda é motivo de dúvidas razoáveis e de fortes discussões no meio científico, não sendo tolerável do ponto de vista da verdade científica a divulgação de um inexistente consenso científico sobre o tema, nem a designação de negacionistas àqueles que realizam críticas às vacinas, ou que têm receio na sua aplicação. A utilização da palavra negacionista é linguística e tecnicamente incorreta, servindo mais como expressão de ataque político e inconformismo com o desalinhamento de opinião do que de rejeição a ciência.

---

35. Ibidem.
36. ESTADOS UNIDOS DA AMÉRICA. Study to Describe the Safety, Tolerability, Immunogenicity, and Efficacy of RNA Vaccine Candidates Against Covid-19 in Healthy Individuals. *U.S. National Library of Medicine*. Disponível em: https://clinicaltrials.gov/ct2/show/NCT04368728. Acesso em: 14 fev. 2022.
37. GAZETA DO POVO. México segue Noruega e não recomenda vacinação para crianças de 5 a 11 anos. *Gazeta do Povo*, 28 jan. 2022. Disponível em: https://www.gazetadopovo.com.br/mundo/mexico-segue-noruega-e-nao-recomenda-vacinacao-para-criancas-de-5-a-11-anos/. Acesso em: 12 fev. 2022.

Habermas nos apresenta uma sugestão para um diálogo produtivo com base em pressupostos idealizantes. São eles: "(a) publicidade e total inclusão de todos os envolvidos; (b) distribuição equitativa dos direitos de comunicação; (c) caráter não violento de uma situação que admite apenas a força não coercitiva do melhor argumento; e (d) a probabilidade dos proferimentos de todos os participantes".[38]

O encontro da verdade ou da sua aproximação certamente não será procedimental, e não seguirá um caminho claro e sequencial definido pelo homem, mas decerto a sugestão acima seria um excelente início para essa jornada, uma vez que pressupõe a publicidade dos fatos e de envolvidos, a liberdade e a igualdade na comunicação e a força do argumento ao invés da física. De forma alguma a verdade será alcançada por meio do silenciamento das diferentes vozes que podem surgir em um diálogo.

## 5. CONSIDERAÇÕES FINAIS

Diante do acima articulado, concluímos que a utilização da palavra negacionista no Brasil, em seu uso corriqueiro durante a pandemia de Covid-19, não possui relação forte com o seu significado técnico e etimológico, servindo mais como ferramenta de ridicularização, descredenciamento intelectual e ataque político do que para definir pessoas ou grupos que rejeitam conceitos básicos, incontestáveis e apoiados por supostos consensos científicos.

O suposto consenso científico amplamente divulgado pela mídia e por agentes políticos em temas ainda abertos e controversos na comunidade científica, é um modelo mal construído e sem fundamentação do paradigma de Thomas Khun, o qual deve ser rejeitado por meio da busca pelas pessoas e pela comunidade científica da verdade aproximada, praticando o falibilismo de Popper e buscando informações e dados em plúrimas fontes, além do exercício da sua razoabilidade.

A prática de censura nos meios de comunicação, através da seleção do que deve e do que não deve ser abordado ou publicado (*gatekeeping*) em seus meios, e ainda na internet e nas redes sociais com o uso dos *fact-checkings*, podem contribuir com a criação do falso paradigma acima mencionado, atrasando o desenvolvimento da ciência na descoberta, no abandono de condutas ou pensamentos e na correção de equívocos, enfim, na evolução da ciência.

## 6. REFERÊNCIAS

ALEJO JL, MITCHELL J, CHANG A, et al. Prevalence and Durability of SARS-CoV-2 Antibodies Among Unvaccinated US Adults by History of Covid-19. *JAMA*, v. 327(11), p. 1085–1087,

---

38. HABERMAS, Jürgen. *Truth and justification*. Translated by Barbara Fultner. Massachusetts: MIT Press, 2003, p. 46.

2022. Disponível em: https://jamanetwork.com/journals/jama/fullarticle/2788894. Acesso em: 13 fev. 2022.

ATLAN, Henri. Será que a ciência cria valores? O bom, o verdadeiro e o poeta. *In*: PESSIS-PASTERNAK, Guitta. *A ciência*: Deus ou Diabo? Trad. Edgard de Assis Carvalho e Mariza Perassi Bosco. São Paulo: Unesp, 2001.

BMJ. Facebook versus the BMJ: when fact checking goes wrong. *BMJ*, v. 376, 2022. Disponível em: https://www.bmj.com/content/376/bmj.o95. Acesso em: 14 fev. 2022.

ESTADOS UNIDOS DA AMÉRICA. About The Vaccine Adverse Event Reporting System (VAERS). Centers for Disease Control and Prevention (CDC). Disponível em: https://wonder.cdc.gov/controller/datarequest/D8. Acesso em: 14 fev. 2022.

ESTADOS UNIDOS DA AMÉRICA. Study to Describe the Safety, Tolerability, Immunogenicity, and Efficacy of RNA Vaccine Candidates Against Covid-19 in Healthy Individuals. *U.S. National Library of Medicine*. Disponível em: https://clinicaltrials.gov/ct2/show/NCT04368728. Acesso em: 14 fev. 2022.

GAZETA DO POVO. México segue Noruega e não recomenda vacinação para crianças de 5 a 11 anos. *Gazeta do Povo*, 28 jan. 2022. Disponível em: https://www.gazetadopovo.com.br/mundo/mexico-segue-noruega-e-nao-recomenda-vacinacao-para-criancas-de-5-a-11-anos/. Acesso em: 12 fev. 2022.

HABERMAS, Jürgen. *Truth and justification*. Translated by Barbara Fultner. Massachusetts: MIT Press, 2003.

HERBY, Jonas; JONUNG, Lars; HANKE Steve H. A literature review and meta-analysis of the effects of lockdowns on Covid-19 mortality. *SAE*, n. 200, jan. 2022. Disponível em: https://sites.krieger.jhu.edu/iae/files/2022/01/A-Literature-Review-and-Meta-Analysis-of-the-Effects-of-Lockdowns-on-COVID-19-Mortality.pdf. Acesso em: 12 fev. 2022.

HESSEN, Johannes. *Teoria do conhecimento*. Trad. João Vergílio Gallerani Cuter. São Paulo: Martins Fontes, 2003.

JOHNSON, Mark. BMJ fights back against Facebook fact-checkers. *The Post*, 27 jan. 2022. Disponível em: https://unherd.com/thepost/bmj-fights-back-against-facebook-fact-checkers/. Acesso em: 14 fev. 2022.

JORNALISMO TV CULTURA. Qual a diferença entre segurança e eficácia de uma vacina? *Youtube*, 23 dez. 2020. Disponível em: https://www.youtube.com/watch?v=TGHv74X8m7I. Acesso em: 12 fev. 2022.

KUHN, Thomas S. *A estrutura das revoluções científicas*. Trad. Beatriz Vianna Boeira e Nelson Boeira. 9. ed. São Paulo: Perspectiva, 2005.

LIMA, Eudes. Bancada negacionista. *Isto É*, 11 fev. 2022. Disponível em: https://istoe.com.br/bancada-negacionista/. Acesso em: 13 fev. 2022

MACHADO SEGUNDO, Hugo de Brito. *O direito e sua ciência*. Uma introdução a epistemologia jurídica. 2. ed. Indaiatuba, São Paulo: Foco, 2021.

MACHADO SEGUNDO, Hugo de Brito. *Por que dogmática jurídica?* Rio de Janeiro: Forense, 2008.

ORGANIZAÇÃO MUNDIAL DA SAÚDE (OMS). *OMS afirma que COVID-19 é agora caracterizada como pandemia*. Genebra: WHO, 11 mar. 2020. Disponível em: https://www.paho.org/pt/news/11-3-2020-who-characterizes-covid-19-pandemic. Acesso em 02 fev. 2022.

PATROCÍNIO, Luana. Bolsonaristas voltam a espalhar *fake news* sobre vacina contra a Covid-19. Diário de Pernambuco, 07 jan. 2022. Disponível em: https://www.diariodepernambuco.com.br/noticia/politica/2022/01/bolsonaristas-voltam-a-espalhar-fake-news-sobre-vacina-contra--a-covid.html. Acesso em: 13 fev. 2022.

PESHEVA, Ekaterina. Unsung heroes. *Harvard Medical School*, 27 jan. 2022. Disponível em: https://hms.harvard.edu/news/unsung-heroes. Acesso em 13 fev. 2022.

POPPER, Karl. *Realismo e o objetivo da ciência*. Lisboa: Publicações Dom Quixote, 1987.

POPPER, Karl. O problema da indução. In: MILLER, David (Org.). *Popper*: textos escolhidos. Tradução de Vera Ribeiro. Rio de Janeiro: Contraponto, 2010.

REUTERS. White House slams Facebook as conduit for Covid-19 misinformation. *Reuters*, 15 jul. 2021. Disponível em: https://www.reuters.com/world/us/us-surgeon-general-warns-over-covid-19-misinformation-2021-07-15/. Acesso em: 14 fev. 2022.

UOL. Negacionismo e política da morte levam, novamente, à lotação de UTIs. *Uol*, 27 jan. 2022. Disponível em: https://noticias.uol.com.br/colunas/coluna-entendendo-bolsonaro/2022/01/27/negacionismo-e-politica-da-morte-levam-novamente-a-lotacao-de-utis.htm. Acesso em: 13 fev. 2022.

VELASCO, Clara et al. Vítimas do negacionismo: as mortes causadas pela desinformação na pandemia da Covid-19. *G1*, 18 out. 2021. Disponível em: https://g1.globo.com/saude/coronavirus/noticia/2021/10/18/vitimas-do-negacionismo-as-mortes-causadas-pela-desinformacao-na--pandemia-da-covid-19.ghtml. Acesso em: 12 fev. 2022.

VILARDAGA, Vicente; LAVIERI, Fernando. Por dentro da mente dos negacionistas. *Isto É*, 23 abr. 2021. Disponível em: https://istoe.com.br/por-dentro-da-mente-dos-negacionistas/. Acesso em: 12 fev. 2022.

# A (IN)CERTEZA CIENTÍFICA ENTRE A PREVENÇÃO E A PRECAUÇÃO AMBIENTAL: UM OLHAR EPISTEMOLÓGICO
## THE SCIENTIFIC (UN)CERTAINTY BETWEEN PREVENTION AND ENVIRONMENTAL PRECAUTION: AN EPISTEMOLOGICAL VIEW

*Gabriel Peixoto Dourado*

**Resumo:** Princípios gerais do Direito Ambiental, como a prevenção e a precaução, são diferenciados pela aferição de certeza ou incerteza científica em torno dos danos ambientais das atividades a serem analisadas. A partir de pesquisa bibliográfica, este artigo busca verificar se há obstáculo epistemológico nesse critério diferenciador com base no falibilismo que norteia o conhecimento científico contemporâneo.

**Palavras-chave:** Prevenção e precaução – Epistemologia – Certeza científica.

**Abstract:** General principles of environmental law, such as prevention and precaution, are differentiated by the scientific certainty of the environmental damage caused by the activities being analyzed. Based on bibliographic research, this article seeks to verify whether there is an epistemological obstacle in this differentiating criterion based on the fallibilism that contemporary science.

**Keywords:** Prevention and precaution – Epistemology – Scientific certainty.

**Sumário:** 1. Introdução – 2. Os sentidos humanos e o conhecimento; 2.1 Modos de conhecimento humano; 2.2 O papel da ciência; 2.3 Falibilismo: a provisoriedade e a inversão do ônus argumentativo – 3. A tutela preventiva dos danos ambientais: prevenção à precaução; 3.1 Princípio da prevenção; 3.2 Princípio da precaução; 3.2.1 *In dubio pro natura*; 3.2.2 Dimensão processual do princípio da precaução; 3.3 Da incompatibilidade epistemológica da (in)certeza científica como eixo distintivo de aplicação dos princípios da prevenção e da precaução; 3.4 Da ressignificação da certeza em graus: da adequação epistemológica da distinção entre os princípios da prevenção e da precaução – 4. Considerações finais – 5. Referências.

## 1. INTRODUÇÃO

O meio ambiente ecologicamente equilibrado é considerado um direito fundamental transindividual,[1] sendo reconhecido como direito humano na

---

1. BRASIL. Supremo Tribunal Federal. MS 22.164/SP. Rel. Celso de Mello, DJ 17.11.1995. Nesse julgado, o STF enfatiza o meio ambiente ecologicamente equilibrado, previsto no art. 225 da Constituição de 1988, como direito fundamental de terceira dimensão, sendo um momento importante na evolução e reconhecimento dos direitos humanos.

conferência de Estocolmo em 1972[2] e ratificado como tal na Declaração do Rio de Janeiro sobre Meio Ambiente e Desenvolvimento de 1992(Rio-92).[3]

Muitas vezes, os danos ambientais não são reparáveis após a sua constatação, de forma que a mera tutela repressiva não teria tanta utilidade. Nesse sentido, nas conferências ambientais internacionais mencionadas foram positivados, respectivamente, os princípios da prevenção e da precaução ambiental, buscando enfatizar a importância da proteção prévia do meio ambiente.

Apesar da sinonímia entre os termos, a doutrina[4] e a jurisprudência[5] distinguem, de forma irrefletida, tais formas de proteção prévia dos danos ambientais a partir da (in)certeza científica da ocorrência do dano ambiental.

O que se pretende nesse trabalho é apenas reavivar se há um obstáculo epistemológico desse critério distintivo, com base no papel que a ciência deve desempenhar, distinguindo-a de outras formas de conhecimento, especialmente o senso comum.

## 2. OS SENTIDOS HUMANOS E O CONHECIMENTO

A epistemologia, teoria filosófica do conhecimento, pode ser útil para reflexão e aperfeiçoamento de conceitos jurídicos, sobretudo no que tange ao modo de formação e limites humanos cognitivos em que eles estão embasados.

O conhecimento decorre da interação entre sujeito e objeto, sendo mediado pelos sentidos humanos como captador da imagem decorrente, que é externada por meio de uma linguagem.

---

2. "O homem tem o direito fundamental à liberdade, à igualdade, e ao desfrute de adequadas condições de vida em um meio cuja qualidade lhe permita levar uma vida digna e gozar de bem-estar e tem a solene obrigação de proteger e melhorar esse meio para as gerações presentes e futuras." Cf. ORGANIZAÇÃO DAS NAÇÕES UNIDAS. Declaração de Estocolmo sobre o Meio Ambiente Humano. Disponível em: portal.iphan.gov.br/uploads/ckfinder/arquivos/Declaracao%20de%20Estocolmo%201972.pdf. Acesso em: 15 jun. 2022.

3. Princípio I da Declaração da Rio 92: "Os seres humanos estão no centro das preocupações com o desenvolvimento sustentável. Têm direito a uma vida saudável e produtiva, em harmonia com a natureza". Cf. ORGANIZAÇÃO DAS NAÇÕES UNIDAS. Declaração do Rio sobre Meio Ambiente e Desenvolvimento. Disponível em: https://cetesb.sp.gov.br/proclima/wp-content/uploads/sites/36/2013/12/declaracao_rio_ma.pdf. Acesso em: 15 jun. 2022.

4. MACHADO, Paulo Affonso Leme. *Direito Ambiental brasileiro*. 21. ed. São Paulo: Malheiros, 2013, p. 112.

5. O princípio da precaução é um critério de gestão de risco a ser aplicado sempre que existirem incertezas científicas sobre a possibilidade de um produto, evento ou serviço desequilibrar o meio ambiente ou atingir a saúde dos cidadãos, o que exige que o estado analise os riscos, avalie os custos das medidas de prevenção e, ao final, execute as ações necessárias, as quais serão decorrentes de decisões universais, não discriminatórias, motivadas, coerentes e proporcionais Cf. BRASIL. Supremo Tribunal Federal. RE 627.189/SP. Rel. Min. Dias Toffoli, DJ 08.06.2016.

Na interação dialética entre sujeito-objeto que advém o conhecimento,[6] é importante lembrar que o ambiente que o sujeito está imerso influencia a sua análise,[7] uma vez que ele traz consigo pré-compreensões acerca do objeto e este, por sua vez, consiste apenas em parte da realidade a qual o sujeito dará maior ênfase,[8] não sendo assim compreendido em sua plenitude.

Além disso, os sentidos e o aparato neurológico são, por essência, imperfeitos, o que nos leva a inferir que os resultados da cognição humana que mediam o conhecimento são, aperfeiçoáveis.[9] Desta feita, só seria possível falar em conhecimento certo, definitivo, se o objeto de conhecimento fosse acessível em sua integralidade, o que não corresponde ao que ocorre.

Diante dessas razões, dúvidas passam a existir sobre o que seria verdade nessa interação. Para o relativismo, em razão da imperfeição dos sentidos tudo pode ser verdadeiro, por outra via a face reversa dessa postura é o ceticismo, que crê que todas as conclusões cognitivas podem ser falsas. Há ainda o dogmatismo, que a preocupação com o embasamento da verdade do conhecimento não é sequer questionada e é afirmada de modo autoritário, o que torna possível a afirmação que o problema do conhecimento sequer existiria para essa corrente.[10]

Apesar de todas as posições distintas narradas, indefinições não subsistem que atingir a certeza, aqui entendida como algo pleno e inquestionável, é algo impossível em razão do próprio limite dos sentidos humanos e da parcialidade que o objeto é visualizado pelo sujeito, portanto, não pode ser tido como um objetivo ou *standard* necessário para algo, uma vez que a dúvida é algo ontologicamente correlato ao nosso conhecimento.

## 2.1 Modos de conhecimento humano

O modo de conhecer varia em razão da postura do sujeito frente ao objeto em que está em contato, dando ensejo a classificação de alguns modos de conhecimentos: comum, científico, filosófico e religioso.

Antes de distinguir cada uma das formas do homem conhecer, é importante salientar que não há uma hierarquização entre as formas de conhecimento.[11]

---

6. MARQUES NETO, Agostinho Ramalho. *A ciência do direito*: conceito, objeto e método. 2. ed. Rio de Janeiro: Renovar, 2001, p. 47 e 48.
7. HESSEN, Johannes. *Teoria do Conhecimento*. 7. ed. Trad. Antônio Correia. Coimbra: Armênio Amado, 1978, p. 26
8. MACHADO SEGUNDO, Hugo de brito. *O Direito e sua ciência*: uma introdução à epistemologia jurídica. São Paulo: Malheiros, 2016, p. 40.
9. MARQUES NETO, op. cit., p. 14.
10. HESSEN, op. cit., p. 37.
11. Reforçando a ausência de hierarquização, sobretudo da ciência em relação aos demais campos de saber, cf. HAACK, Susan. *Seis sinais de cientificismo*. Publicações da Liga Humanista Secular do Brasil, 2012. Disponível em: http://lihs.org.br/cientificismo. Acesso em: 08 fev. 2022.

## GABRIEL PEIXOTO DOURADO

Há, portanto, uma relação de complementariedade entre elas, justamente pela impossibilidade da certeza ser algo ínsito ao conhecimento.

O conhecimento religioso é dogmático, uma vez que veicula revelações, não conclusões aferíveis de forma objetiva e, portanto, questionáveis, o que foge do escopo de análise do conhecimento humano à luz da racionalidade.

O conhecimento comum, vulgarmente chamado de senso comum, é assistemático, acrítico, de forma que é guiado por fins eminentemente práticos, sendo adquirido de forma causal a partir da exigência das circunstâncias diárias. Sob a presunção que os "fatos não mentem",[12] o conhecimento comum ganha maior precisão e legitimidade quando mais pessoas ratificam ou conhecem os fatos, buscando "um consenso de opiniões",[13] sob a ideia de que o conhecimento verdadeiro é aquele totalmente adequado ao seu objeto, sendo uma reprodução fiel dos fatos.

O conhecimento científico, por sua vez, sustenta-se a partir da distinção entre o objeto real e o objeto de conhecimento. No conhecimento comum, o objeto real é dado, aferível a partir da observação dos fatos, havendo uma equivalência entre este e o objeto do conhecimento. Para a ciência, o objeto é apenas parcialmente dado, sendo ele construído a partir de experiências, sendo parcialmente inacessível, de forma que o objeto do conhecimento – que trabalha à ciência – é construído. Assim, toda teoria científica é caracteriza por um conhecimento aproximado, não sendo mero reflexo dos fatos.[14]

O conhecimento científico e o filosófico,[15] por sua vez, introduzem no sujeito cognoscente, além da busca de sistematização, um elemento estranho ao conhecimento comum: a criticidade, que torna possível a retificação de erros, elemento individualizador da ciência.

Em que pese as diferentes formas de conhecimento e as suas incompletudes, é necessário minudenciar os pormenores do conhecimento dito pré-científico e do científico, delineando o que senso comum espero que a ciência seja e se isso corresponde aos ditames da epistemologia atual.

### 2.2 O papel da ciência

No senso comum, quando se fala em ciência, admite-se em tom místico e dogmático que o papel da ciência é terminar as discussões em torno do tema

---

12. HESSEN, op. cit., p. 44.
13. Ibidem, p. 45.
14. Ibidem, p. 47.
15. A distinção entre o saber científico e filosófico consiste que aquele se baseia em uma parcela específica da realidade, tendo um caráter eminentemente empírico, ao passo que este tem uma pretensão universalizante que viabiliza clarificar o objeto construído, conectá-lo com todo o seu redor e, cautelosamente, avaliar o que deve ser feito a partir das informações obtidas.

A (IN)CERTEZA CIENTÍFICA ENTRE A PREVENÇÃO E A PRECAUÇÃO AMBIENTAL

pesquisado, estabelecendo objetividade, neutralidade, clareza e sobretudo certeza às suas conclusões.[16]

Na epistemologia contemporânea, tais atributos não são ínsitos ao papel da ciência, seja por inadequações a essa forma de conhecimento ou por serem ininteligíveis. Nesse sentido, Popper salienta que "todo o conhecimento pré-científico, animal ou humano, é dogmático; e a ciência começa com a invenção do método crítico não dogmático".[17] Uma teoria tida por irrefutável sequer deve ser considerada científica, uma vez que não é passível de ser alvo de qualquer experiência apta a refutá-la, logo a obtenção da certeza não pode ser uma finalidade da ciência.

As ciências, naturais ou sociais, começam a sua abordagem em razão de problemas. Para resolvê-los, usam essencialmente o mesmo método que o senso comum, o método da tentativa e erro. Isto é, a partir da observação e da experimentação será verificado se uma solução, aparentes balões de ensaio ditos por Popper, é eficaz para o problema ou deve ser eliminado.

Assim, sob as premissas fixadas o que nos conduz a dividir a lógica da ciência[18] em um modelo de três fases iniciais:

1) Problema

2) As tentativas de solução[19]

3) Eliminação

As duas primeiras fases são compartilhadas entre o conhecimento pré-científico, exemplificado pelo senso comum, e o científico, mas afinal o que os distinguiria?

A postura do sujeito cognoscente na fase de eliminação, que diz respeito ao descarte das tentativas de solução inaptas, tidas por conjecturas ou hipóteses. No conhecimento pré-científico, o ambiente elimina as nossas tentativas de solução ineficazes, de forma que o sujeito é mero espectador da fase de eliminação em um viés nitidamente passivo. Tal postura é muito evidente na seleção natural de Darwin, se o ser vivo precisa desenvolver formas de lidar com o calor, caso suas

---

16. MACHADO SEGUNDO, Hugo de Brito. Por que dogmática jurídica? *Revista da Faculdade de Direito do Sul de Minas*, v. 27, p. 59-86, Pouso Alegre, jul./dez. 2008.

17. POPPER, Karl. *A vida é aprendizagem*: epistemologia evolutiva e sociedade aberta. Tradução de Paula Taipas, São Paulo: Edições 70, 2001, p. 22.

18. Ibidem, p. 18.

19. Importante salientar que os sentidos, tidos como imperfeitos, como já ditos, não podem ser vistos como gênese do conhecimento, uma vez que eles se põem como tentativas de solução de problemas que os precederam. A partir dessa premissa, Popper refuta a "teoria da mente como balde", a partir da qual nosso conhecimento consistiria em mera acumulação dos elementos que nossos sentidos nos oferecem, cf. POPPER, Karl. O problema da indução. In: MILLER, David (Org.). *Popper*: textos escolhidos. Trad. Vera Ribeiro. Rio de Janeiro: Contraponto, 2010, p. 101-115.

tentativas sejam em vão, a tendência é que o próprio ambiente o elimine em detrimentos de outros que consigam soluções que sanem o problema posto.

No conhecimento científico, em vez de se aguardar o ambiente mostrar se uma tentativa de solução é útil ou deve ser descartada, o sujeito busca ativamente aferir os resultados de suas próprias tentativas por meio de críticas, colocando as tentativas de solução à prova a fim de que se as teorias formuladas sejam falseadas, assim o sujeito poderá aprimorá-las até que a tentativa de solução consiga dirimir o problema vivenciado,[20] sem prejuízo de constantes e perenes submissão a críticas.

A ciência é essencialmente teoria, uma vez que a partir dela são construídos os objetos de conhecimento e estabelecidos os métodos aptos a desenvolvê-la a fim de conferir sentido a parcela específica da realidade analisada. Dessa maneira, diferente do conhecimento pré-científico, há uma reificação das tentativas de eliminação, uma vez que o que é descartado pelo ambiente a partir da postura proativa do cientista é a teoria, não o sujeito em si, como era comum no viés pré-científico, o que permite que mais teorias sejam formuladas, testadas e falseadas, acarretando uma evolução inequívoca do saber científico.

Nesse sentido, Karl Popper introduz o critério da falseabilidade como correlato à essência da ciência. Em que pese as diferentes formas de conhecimento e as suas incompletudes, decisões precisam ser tomadas cotidianamente para gerir a vida em sociedade. Sob esse dilema entre a necessidade premente de fundamentar as decisões, a imperfeição cognitiva humana e as diversas posições já narradas que buscam sanar, à sua maneira, esse obstáculo epistemológico, situa-se a filosofia do falibilismo.

## 2.3 Falibilismo: a provisoriedade e a inversão do ônus argumentativo

O falibilismo ou caráter conjectural do conhecimento humano aceita a limitação da cognição humana, mas isso não infirma a necessidade de fundamentar as decisões a serem adotadas, colocando-se como um ponto de equilíbrio entre o ceticismo e um relativismo extremado, que recai em um anarquismo metodológico que tudo pode ser verdadeiro a depender do ponto de vista adotado.[21] Sob a premissa que o *status de* certeza absoluta acerca de algo é inalcançável, o

---

20. A partir da postura ativa do sujeito que busca falsear ativamente as tentativas de solução formuladas, Popper sugere um redesenhar de seu modelo de 3 fases, com novas nomenclaturas, mas que o viés marcante seria a existência de uma quarta fase, marcada por novos problemas, que surgem da discussão crítica das nossas teorias, o que passa a ser a gênese da solução de novos problemas e reinício perene do ciclo em questão. Cf. POPPER, Karl, op. cit., p. 30.

21. MACHADO SEGUNDO, Hugo de Brito. *Poder Público e Litigiosidade*. São Paulo: Foco, 2021, p. 13 e 14. Como exemplo nesse anarquismo metodológico, o autor cita os extremos relativistas de Boaventura de Sousa Santos.

falibilismo admite o risco de estar errado, mantendo o sujeito aberto a críticas, mas não se esquiva do dever de decidir.

A grande característica dessa posição é que as decisões adotadas são, por essência, provisórias, pois o conhecimento assim o é, devendo estar sujeitas e receptivas a críticas a fim de que através do questionamento constante possa aprimorar, ratificar ou mesmo substituir decisões prévias, a partir da demonstração de erros que elas estejam baseadas.

Essa postura de abertura à crítica e de uma verdade provisória permite sanar satisfatoriamente o chamado Trilema de Fries,[22] que correlaciona a necessidade de fundamentação de conhecimento e o risco de regresso ao infinito como argumentação.

Para justificar que determinada afirmativa é verdadeira(A), utiliza-se um fundamento dela decorrente(A1). Posteriormente, questionar-se-á a própria validade desse fundamento e utilizar-se-á outro fundamento(A2). Após isso, questionam a própria validade dessa terceira afirmação(A3), surgindo o trilema citado e a busca de como solucioná-lo.

A solução pode ser apelar ao dogmatismo "porque sim!" e interromper a cadeia argumentativa. Os outros caminhos indicam para uma regressão ao infinito, ante a inesgotabilidade de questionamentos e, por fim, pode haver uma circularidade, invocando argumentos anteriores como premissas para embasar questionamentos posteriores.[23]

O falibilismo apresenta uma solução mais adequada para o dito trilema, deve-se fundamentar até que se chegue a uma certeza além da dúvida razoável,[24] e se impõe uma pergunta "por que não?" a quem almeje continuar discutindo, ensejando uma inversão do ônus argumentativo.

Dessa forma, até que as teorias formuladas sejam refutadas devem prevalecer e serem utilizadas para lastrear as decisões até serem substituídas por teorias vindouras, que comprovem a sua aptidão para substituir as anteriores.

## 3. A TUTELA PREVENTIVA DOS DANOS AMBIENTAIS: PREVENÇÃO À PRECAUÇÃO

Os riscos tecnológicos inerentes ao desenvolvimento de uma sociedade de massa desafiam a tutela preventiva dos danos ambientais, havendo uma ausência

---

22. POPPER, Karl. *A lógica da pesquisa científica*. Trad. Leônidas Hengenberg e Octanny Silveira da Mota. 12. ed. São Paulo: Cultrix, 2006, p. 111-112.
23. MACHADO SEGUNDO, 2016, p. 113.
24. A certeza além da dúvida razoável seria um standard probatório, na prática, sem muita cognoscibilidade, no entanto a sua menção nesse momento busca enfatizar que a cadeia argumentativa até a verdade provisória do falibilismo é prévia à certeza absoluta, ante o seu viés inalcançável.

de capacidade dos atores públicos e privados na perspectiva da atuação político-estatal[25] a fim de permitir o desenvolvimento de tecnologias aliada a uma sustentabilidade dos recursos naturais, o que nos inscreve em uma "sociedade de risco".[26]

O risco e a dúvida são inerentes aos limites da cognição humana, buscando conferir uma vertente jurídica de tutela ao meio ambiente, surgem princípios setoriais que buscam criar uma pressão normativa *pro natura* a partir dos princípios da prevenção e da precaução.

Tais princípios obrigam que atuações com efeitos sobre o meio ambiente devem ser consideradas de forma antecipada, visando-se à redução ou eliminação das causas que podem alterar a qualidade do ambiente.

## 3.1 Princípio da prevenção

O princípio da prevenção[27] busca evitar que danos ambientais graves e irreversíveis sejam concretizados a partir da adoção de medidas protetivas, visando a adoção de políticas de gerenciamento e a proteção do meio ambiente, de forma antecedente à degradação ambiental.[28]

O referido princípio se sustenta na certeza científica de que certas atividades acarretem um dano ambiental, o que permitiria presumir um nexo de causalidade entre a conduta e o dano, mesmo antes daquela ser iniciada.

Um exemplo claro constitucional de tais medidas é o Estudo Prévio de Impacto Ambiental (EIA), exigível do empreendedor pelo Estado para atividades com potencial de causar significativa degradação do meio ambiente, nos termos do art. 225, IV da Constituição Federal.

## 3.2 Princípio da precaução

O princípio da precaução surge na Alemanha na década de 1970, por meio do *Vorsorgeprinzip*, sendo expressamente utilizado na legislação germânica no ato de poluição do ar, editado em 1974. Na origem, não havia a preocupação de delimitar o grau do conhecimento científico na decisão ambiental. Posteriormente, a partir da edição da Convenção de Viena de 1985 que trata da proteção da camada

---

25. SARLET, I. W.; FENSTERSEIFER, T. *Direito Ambiental*: introdução, fundamentos e teoria geral. São Paulo: Saraiva, 2014, p. 98.
26. BECK, Ulrich. *La sociedad dei riesgo*: hacia una nueva modernidad. Barcelona: Paidós, 1998, p. 50.
27. Reconhecido na declaração de Estocolmo de 1972 (princípio 6 e 21) e na Declaração do Rio 92 (princípio 2).
28. BELCHIOR, Gemana Parente Neiva. *Fundamentos Epistemológicos do Direito Ambiental*. Tese (Doutorado – Programa de Pós-Graduação em Direito). Universidade Federal de Santa Catarina, Florianópolis, 2015, p. 159.

A (IN)CERTEZA CIENTÍFICA ENTRE A PREVENÇÃO E A PRECAUÇÃO AMBIENTAL **57**

de ozônio, o *status* do conhecimento científico passou a nortear a aplicação desse princípio diante dos riscos ambientais que permeia a sua incidência.

Tal perspectiva também foi encampada na Declaração da Rio 92, em seu princípio 15, cuja definição ampara é a seguinte: "Princípio 15 – Quando houver ameaças de danos graves ou irreversíveis, a ausência de certeza científica absoluta não será utilizada como razão para o adiamento de medidas economicamente viáveis para prevenir a degradação ambiental".

No Brasil, esse princípio fora utilizado como justificador de medidas ambientais profiláticas na comercialização de alimentos transgênicos e em limitações nas radiofrequências das telefonias celulares, por serem incertos os danos dessas atividades ao meio ambiente e à saúde humana.

A distinção[29] entre os princípios da prevenção e da precaução está, primordialmente, baseada na (in)certeza científica do dano ambiental. Em suma, ações que os efeitos ambientais fossem conhecidos e reconhecidos pela ciência ensejaria a aplicação do princípio da prevenção, ao passo que a precaução ensejaria medidas em desfavor do empreendedor mesmo em casos de incertezas científicas do dano ambiental, visando não deixar o meio ambiente desguarnecido frente a inovações.

### 3.2.1   In dubio pro natura

O *in dubio pro natura* é uma regra interpretativa utilizada no Direito Ambiental, muitas vezes conjugada ou sobreposta ao princípio da precaução, que na dúvida a intepretação deve priorizar o sentido da lei que melhor atenda à proteção do meio ambiente.

A despeito disso, não há de se interpretar tal regra hermenêutica a partir de uma concepção forte, que exige prova absolutamente segura de que não haverá dano além daqueles previstos para a liberação de uma nova atividade tecnológica, mas sim considerando os fatores envolvidos na atividade de forma mais ampla, os riscos, custos financeiros e benefícios sob uma lógica antropocêntrica responsável.[30]

A referida regra interpretativa há de ser usada com temperamentos, sendo inerente a análise em que o grau de dúvida acerca dos efeitos de certa atividade econômica não alcance o *standard probatório* exigível para aplicação do princípio da prevenção. Mesmo nesses casos há de ser ter uma análise holística, ponderando os diferentes efeitos positivos e negativos, em nítido juízo de proporcionalidade.

---

29.  Edis Milaré propõe outra distinção para os princípios, a partir da qual a prevenção seria mais genérica, aplicada abstratamente a situações postas e a precaução estaria voltada para medidas antecipatórias diante de casos concretos. Cf. MILARÉ, Edis. *Direito do Ambiente*. 4. ed. São Paulo: Ed. RT, 2006, p. 165.

30.  BELCHIOR, op. cit., p. 168.

# GABRIEL PEIXOTO DOURADO

Esta última análise holística entre as inovações tecnológicas-econômicas e o meio ambiente é a que se compatibiliza com a livre iniciativa e com a defesa do meio ambiente a partir de uma busca de um desenvolvimento econômico sustentável.

Eis a dimensão material do princípio da precaução: quando a dúvida – que sempre vai existir – não é sequer apta a criar uma verdade provisória, deve-se fazer uma análise sistemática de todos os aspectos complexos que envolvem a liberação ou não de determinada atividade econômica e os seus efeitos perante a sociedade e o meio ambiente.

Se após essa análise de proporcionalidade, não houver uma preponderância entre as vantagens ou as desvantagens, deve-se prestigiar a intocabilidade ambiental, uma vez que o erro nessa tomada de decisão é retificável, ao passo que eventuais danos ambientais, como já foi dito, por vezes é perene, ante a finitude dos recursos naturais que permeiam o meio ambiente, com isso há nítida ponderação do risco/erro.

## 3.2.2 Dimensão processual do princípio da precaução

A dimensão processual do princípio da precaução veicula os impactos probatórios da ausência de certeza científica do dano ambiental, consistindo na inversão do ônus da prova,[31] transferindo para o empreendedor da atividade potencialmente perigosa o ônus de demonstrar a segurança do empreendimento, a partir da intepretação do art. 6º, VIII, do Código de Defesa do Consumidor.[32]

Atente-se que, apesar de cabível, a inversão do ônus da prova não é automática em matéria ambiental, devendo haver fundamentação, nos moldes do art. 489, §1º do CPC, a fim de justificar a adoção da carga dinâmica da prova, imputando esse gravame maior ao empreendedor, mesmo em casos que as consequências da atividade que ele busca desenvolver não são, necessariamente, nocivas ao meio ambiente.

## 3.3 Da incompatibilidade epistemológica da (in)certeza científica como eixo distintivo de aplicação dos princípios da prevenção e da precaução

O conhecimento científico é o que guia a aplicação dos princípios da prevenção e da precaução. No entanto, a referida diferenciação implicitamente monopoliza a forma de conhecer, que não é unívoca, sobretudo em campos difusos de conhecimento com os relacionados ao meio ambiente.

---

31. Súmula 618-STJ – A inversão do ônus da prova aplica-se às ações de degradação ambiental.
32. O Código de Defesa do Consumidor juntamente com a Lei da Ação Civil Pública (Lei 7.347/85) e a da Política Nacional do Meio Ambiente (Lei 6.938/81) foram um microssistema de tutela coletiva, o que justifica a base normativa consumerista em matéria ambiental.

A partir dessa premissa, a primeira incompatibilidade epistemológica é em relação as características esperadas do conhecimento científico. Claramente, a tutela preventiva dos danos ambientais espera que a ciência confira objetividade, certeza, definitividade à sociedade de risco que se insere esse campo de saber. Essa concepção destoa do ideal de epistemologia contemporânea, que se alia a respostas provisórias, que serão válidas até serem infirmadas por teorias que demonstrem o contrário.

Verifica-se um contrassenso epistemológico no critério distintivo entre tais princípios, uma vez que a certeza absoluta é inalcançável, de forma que as verdades tidas como provisórias são e devem ser refutáveis e exigem que sejam estabelecidas após satisfazerem a dúvida razoável, *standard probatório* para adoção da prevenção ambiental, lastro probatório mínimo para confirmar as alegações em torno dos fatos que o circundam.

Assim, para fins de aplicação do princípio da prevenção, é impossível a exigência da certeza absoluta do conhecimento científico acerca de algo, mas sim que as afirmações em torno dos fatos satisfaçam o *standard probatório* exigível para tanto.

O obstáculo epistemológico em aceitar a ausência de certeza científica como traço distintivo da precaução frente à prevenção faz que a aplicação destes princípios seja de viés fluido, o que torna até confuso a sua interface político-jurídica. Sob essa análise da prevenção e da premissa da certeza científica ser algo inconcebível no ponto de vista epistemológico, verifica-se que a certeza científica é inalcançável, sendo plausível fala-se apenas em verdades provisórias, retificáveis por essência.

A precaução não tem ontologicamente natureza diversa da prevenção, sendo aplicável a bem da verdade às hipóteses que o *standard probatório* da prevenção não é atingível, desencadeando uma "pressão normativa" em prol da proteção ao meio ambiente.[33]

Quando o standard probatório não é atingido, parâmetro mínimo decisório que se pode tomar uma decisão diante dos fatos em análise, deve-se aplicar subsidiariamente as regras do ônus da prova.

Nesses casos, o ônus da prova surge como regra subsidiária com a finalidade de evitar o *non liquet*, "indicando ao julgador quem sofre a consequência por não de desincumbir do encargo probatório imposto"[34] em razão de para determinados fatos o *standard probatório* exigível para a prevenção ser inatingível

Mesmo que seja sob a diferenciação refutável da certeza científica, fala-se que diante da incerteza que ensejaria a aplicação desse princípio ambiental há a ênfase da chamada acepção processual do princípio da precaução, a inversão do ônus da prova.

---

33. PEIXOTO, Ravi. *Standards probatórios no Direito Processual Brasileiro*. Salvador: JusPodivm, 2021, p. 289.
34. Ibidem, p. 64.

A partir de nítida ponderação entre os bens jurídicos em discussão, norteada pela finitude dos recursos naturais, a pressão normativa em prol do meio ambiente é desencadeada em casos que a dúvida é tamanha que torna incapaz a concretização de uma verdade provisória popperiana, a partir de uma regra interpretativa e instrutória, o *in dubio pro natura e* a inversão do ônus da prova.

## 3.4 Da ressignificação da certeza em graus: da adequação epistemológica da distinção entre os princípios da prevenção e da precaução

A verdade,[35] em que pese as correntes já destacadas que a negam ou a relativizam ao extremo, é um conceito objetivo, dependendo da verificação do fato relacionando, distinguindo o modo como as coisas são e o modo como pensamos que estas seriam. Assim, determinada atividade econômica acarretará ou não danos ambientais, sendo essa uma premissa será verdadeira ou falsa.

A certeza, por sua vez, é um conceito eivado de subjetivismo, podendo ser definida como o grau de convencimento de um indivíduo quanto ao acontecimento ou não de um determinado fato.[36] A partir dessa essência subjetivista, percebe-se que a certeza pode ser alvo de gradações e que a falta de certeza já destacada não implica na ausência de verdade.[37] A distinção originária entre os princípios da precaução e da prevenção, portanto, é epistemologicamente inadequada, uma vez que a incerteza, ao menos em tons absolutos, é inerente à cognição humana.

Sob essa premissa da falibilidade cognitiva humana, a distinção dos princípios ambientais deve ser ressignificada a partir da própria readequação do conceito de certeza, o que pode ser vislumbrado a partir dos graus de convencimentos. A partir dessa premissa, conceitos jurídico-positivos definirão o grau necessário para atingir a certeza em matéria ambiental, que no caso da tutela preventiva dos danos ambientais será guiada pelo conhecimento científico.

Nessa premissa, o princípio da prevenção exige um grau mais elevado de convencimento que determinada atividade, por exemplo, irá causar degradação ambiental, de forma que as razões expostas para tanto não podem ser infirmadas no momento que foram propostas. Assim, a dita "certeza científica" simboliza, a bem da verdade, um grau de convencimento mais rígido, mais estável e aceito, que determinada atividade acarretará danos ambientais.

---

35. Não é objetivo deste trabalho versar sobre as diferenças teorias sobre a verdade, que é utilizada neste momento apenas para evidenciar a sua não identidade com a certeza, que no âmbito científico diferencia os princípios tratados no Direito Ambiental.
36. RIGUETTI, Gabriel Felipe Roqueto. *Processo e verdade*: brevíssimas considerações sobre funções e conceitos. *Revista de Processo*, v. 250, p. 61-90, 2015.
37. MARCONI, Diego. *Per la verità*. Relativismo e Filosofia. Torino: Einaudi, 2007, p. 36.

A (IN)CERTEZA CIENTÍFICA ENTRE A PREVENÇÃO E A PRECAUÇÃO AMBIENTAL | **61**

Por outra via, na precaução o grau de convencimento acerca do acontecimento ou não de um fato é mitigado, de forma que por escolha normativa e pela finitude dos recursos naturais, o *in dubio pro natura* passa a vigorar como técnica interpretativa, sendo uma mola propulsora em prol da proteção ambiental, de forma que ainda quando o convencimento científico está em grau incipiente o meio ambiente não ficaria desprotegido.

## 4. CONSIDERAÇÕES FINAIS

Diante do que foi exposto, pode-se concluir que:

i) a certeza científica inexiste, uma vez que a dúvida é inerente aos limites cognitivos humanos, de forma que as conclusões teóricas obtidas em torno de problemas, que a partir do método de tentativa e erro alcançam resultados satisfatórios, são essencialmente provisórias e retificáveis.

ii) a objetividade e a certeza não são aspectos finalísticos ou diferenciadores do conhecimento científico, cujo elemento diferenciador é a criticidade, ausente no conhecimento pré-científico, notadamente senso comum. Assim, a ciência busca através de conjecturas buscar soluções provisórias para problemas postos, participando ativamente do falseamento(eliminação) das experiências malsucedidas.

iii) a ausência ou obtenção de certeza científica absoluta não pode, sob um olhar epistemológico, ser critério distintivo entre os princípios da prevenção e da precaução da seara ambiental.

iv) o falsificacionismo, em vez de ignorar ou eternamente buscar a certeza, convive com o risco de estar errado, mas não deixa de decidir, buscando obter conclusões cujas fundamentações sejam aptas a alcançar verdades provisórias

v) a certeza é um conceito eivado de subjetivismo, podendo ser definida como o grau de convencimento de outrem acerca do acontecimento ou não de um determinado fato. Na seara ambiental, o convencimento se daria em torno da demonstração ou não da ocorrência do risco de danos ambientais a partir do exercício de certas atividades econômicas.

vi) em que pese a inexistência de certeza, esta pode ser ressignificada em graus de convencimento, de forma que a prevenção exigiria um grau mais rígido de convencimento acerca do liame atividade econômica e dano ambiental e a precaução atuaria nos casos em que o grau de convencimento ainda é incipiente, mas por escolhas normativas o *in dubio pro natura* o faz prevalecer diante de controvérsias mais robustas acerca da verdade ou não da premissa inicial que certas atividades acarretariam dano ambiental.

# 5. REFERÊNCIAS

BECK, Ulrich. *La sociedad dei riesgo*: hacia una nueva modernidad. Barcelona: Paidós, 1998.

BELCHIOR, Gemana Parente Neiva. *Fundamentos Epistemológicos do Direito Ambiental*. Tese (Doutorado – Programa de Pós-Graduação em Direito). Universidade Federal de Santa Catarina, Florianópolis, 2015.

BRASIL. Supremo Tribunal Federal. MS 22.164/SP. Rel. Celso de Mello, DJ 17.11.1995.

BRASIL. Supremo Tribunal Federal. RE 627.189/SP. Rel. Min. Dias Toffoli, DJ 08.06.2016.

HAACK, Susan. *Seis sinais de cientificismo*. Publicações da Liga Humanista Secular do Brasil, 2012. Disponível em: http://lihs.org.br/cientificismo. Acesso em: 08 fev. 2022.

HESSEN, Johannes. *Teoria do Conhecimento*. 7. ed. Trad. Antônio Correia. Coimbra: Armênio Amado, 1978.

MACHADO, Paulo Affonso Leme. *Direito Ambiental brasileiro*. 21. ed. São Paulo: Malheiros, 2013.

MACHADO SEGUNDO, Hugo de brito. *O Direito e sua ciência*: uma introdução à epistemologia jurídica. São Paulo: Malheiros, 2016.

MACHADO SEGUNDO, Hugo de Brito. *Poder público e litigiosidade*. São Paulo: Foco, 2021.

MACHADO SEGUNDO, Hugo de Brito. Por que dogmática jurídica? *Revista da Faculdade de Direito do Sul de Minas*, v. 27, p. 59-86, Pouso Alegre, jul./dez. 2008.

MARCONI, Diego. *Per la verità*. Relativismo e Filosofia. Torino: Einaudi, 2007.

MARQUES NETO, Agostinho Ramalho. *A ciência do direito*: conceito, objeto e método. 2. ed. Rio de Janeiro: Renovar, 2001.

MILARÉ, Edis. *Direito do AMBIENTE*. 4. ed. São Paulo: Ed. RT, 2006.

ORGANIZAÇÃO DAS NAÇÕES UNIDAS. Declaração de Estocolmo sobre o Meio Ambiente Humano. Disponível em: portal.iphan.gov.br/uploads/ckfinder/arquivos/Declaracao%20de%20Estocolmo%201972.pdf. Acesso em: 15 jun. 2022.

ORGANIZAÇÃO DAS NAÇÕES UNIDAS. Declaração do Rio sobre Meio Ambiente e Desenvolvimento. Disponível em: https://cetesb.sp.gov.br/proclima/wp-content/uploads/sites/36/2013/12/declaracao_rio_ma.pdf. Acesso em: 15 jun. 2022.

PEIXOTO, Ravi. *Standards probatórios no Direito Processual Brasileiro*. Salvador: JusPodivm, 2021.

POPPER, Karl. *A lógica da pesquisa científica*. Trad. Leônidas Hengenberg e Octanny Silveira da Mota. 12. ed. São Paulo: Cultrix, 2006.

POPPER, Karl. *A vida é aprendizagem*: epistemologia evolutiva e sociedade aberta. Trad. Paula Taipas, São Paulo: Edições 70, 2001.

POPPER, Karl. O problema da indução. In: MILLER, David (Org.). *Popper*: textos escolhidos. Trad. Vera Ribeiro. Rio de Janeiro: Contraponto, 2010.

RIGUETTI, Gabriel Felipe Roqueto. Processo e verdade: brevíssimas considerações sobre funções e conceitos. *Revista de Processo*, v. 250, p. 61-90, 2015.

SARLET, I. W.; FENSTERSEIFER, T. *Direito Ambiental*: introdução, fundamentos e teoria geral. São Paulo: Saraiva, 2014.

# ANÁLISE EPISTEMOLÓGICA ACERCA DA SUPERAÇÃO DO PRECEDENTE JUDICIAL: VERDADE CIENTÍFICA E O FALIBILISMO DE POPPER

## EPISTEMOLOGICAL ANALYSIS ABOUT THE OVERRULLING OF JUDICIAL PRECEDENT: SCIENTIFIC TRUTH AND POPPER'S FALIBILISM

*Marília Cruz Monteiro Cabral*

**Resumo:** O presente artigo visa analisar, de princípio, a teoria falsificacionista de Karl Popper e do progresso da ciência, pela possibilidade de refutação e substituição de hipóteses que possam ser falseadas, ante o surgimento de outras mais adequadas e que melhor respondam aos questionamentos que forem apresentados. Em seguida, a partir das ideias de provisoriedade e verossimilhança que impelem o progresso da ciência, inclusive do Direito, proceder-se-á à análise epistemológica da superação dos precedentes judiciais (*overruling*), método que garante o desenvolvimento da teoria dos precedentes e do ordenamento jurídico de forma ampla, restando demonstrada, por mais esse viés, a aplicabilidade do raciocínio falibilista à ciência do Direito. Foi adotada a metodologia de caráter descritivo, cuja abordagem é de natureza qualitativa, tendo sido efetivada análise bibliográfica, a partir da seleção de estudos e artigos relevantes sobre o presente tema.

**Palavras-chave:** Precedente – Superação – Epistemologia – Falibilismo – Karl Popper. Verdade científica.

**Abstract:** This article aims to analyze, from start, the falsificationist theory of Karl Popper and the progress of science, for the possibility of refuting and replacing hypotheses that can be falsified, in the face of the emergence of more adequate ones that better answer the questions that are presented. Then, based on the ideas of provisionality and verisimilitude that drive the progress of science, including Law, an epistemological analysis of the overruling of judicial precedents will be carried out, a method that guarantees the development of the theory of precedents and the legal system of broadly, remaining demonstrated, by this bias, the applicability of fallibilist reasoning to the science of Law. The methodology was adopted descriptive character, whose approach is of a qualitative nature, having been carried out bibliographical analysis, from the selection of relevant studies and articles on the present theme.

**Keywords:** Precedent – Overrruling. Epistemology – Fallibilism – Karl Popper – Scientific Truth.

---

**Sumário:** 1. Introdução – 2. O falibilismo de Karl Popper – 3. Aplicabilidade do falibilismo à ciência do direito – 4. Superação de precedentes: o *overruling* e a confirmação do falsificacionismo de Popper – 5. Considerações finais – 6. Referências.

# 1. INTRODUÇÃO

Há bastante tempo, busca-se demarcar o que é ciência e o que não é, sendo que tal critério de demarcação sempre foi bastante discutido. Para os pensadores gregos, dentre eles Aristóteles, Descartes e Pitágoras, fazia-se necessário satisfazer às exigências do rigor científico, o que só ocorreria por meio dos fenômenos e das conexões causais, cuja necessidade pudesse ser demonstrada.

Fato é que o pensamento filosófico ocidental tem buscado compreender a formação e a superação das teorias científica. Foi Karl Popper, em sua obra, "A Lógica da Pesquisa Científica", que alterou os termos da discussão epistemológica ao demonstrar que o erro, em vez de ser um mal que pode ser evitado e combatido, constitui inevitável componente de qualquer teoria científica, sendo a força motriz por meio da qual a ciência se movimenta.

Com o desenvolvimento de sua pesquisa, Popper colocou em xeque o princípio da indução como método de procedimento científico, estabelecendo, por meio da falseabilidade, que as teorias que não puderem ser refutadas pela experiência, devem ser consideradas como mitos, não como ciência.

No presente trabalho, serão analisados, ainda que tangencialmente, alguns dos principais tópicos do pensamento popperiano, como a falseabilidade, o princípio da indução e a concepção de ciência, estando aí incluído o Direito que pode ser estudado à luz do falibilismo.

É nessa esteira de pensamento, inclusive, que as decisões judiciais são proferidas, considerando-se a provisoriedade da certeza que se tem quanto a haver alcançado a verdade, em cotejo com a necessidade de que os conflitos sejam solucionados.

Nessa toada, importante reconhecer a relevância dos precedentes judiciais no sistema jurídico brasileiro, destacando seu papel como elemento de promoção da coerência do ordenamento, facilitando a identificação da resposta mais correta aos problemas jurídicos, o que, necessariamente, impõe a comunicação entre a Teoria do Conhecimento e a Teoria do Direito.

Desse modo, faz-se imperiosa a necessidade de aprofundamento epistemológico acerca dos precedentes judiciais, à medida em que a verdade (verossimilhança) dos enunciados jurídicos e das efetivas respostas que devem ser dadas quando da aplicação do Direito, são o resultado da interpretação de textos normativos.

Concluiu-se, ao final, pelo reconhecimento da aplicação da teoria falibilista de Karl Popper à ciência do Direito, o que se corrobora, por exemplo, quando há a superação dos precedentes judiciais, pela aplicação da técnica do *overruling*, haja vista que a decisão/tese anteriormente adotada para determinados casos concretos findou por ser refutada/superada pela nova hipótese/solução adotada pelos julgadores, de modo que o falibilismo poderia ser aqui aplicado por analogia, de modo a facilitar a compreensão do instituto da superação do precedente (o mesmo não ocorrendo com a técnica do *distinguishing*, posto se tratar da não aplicação do precedente apenas pela identificação de situação diversa, no momento do julgamento).

## 2. O FALIBILISMO DE KARL POPPER

É antigo o debate visando entender se "o problema epistemológico crucial que se colocava era o estabelecimento de uma distinção clara e segura entre o que era ciência por um lado e o que era opinião por outro. A noção que então se tinha se ciência coincidia com a busca, por assim dizer, do saber absoluto, que se pudesse dizer verdadeiro acima de qualquer dúvida".[1]

No entanto, já no século XX, com o perecimento do sistema da física newtoniana, teoria que seguiu hegemônica por muito tempo, considerada, inclusive, irrefutável, tiveram início as discussões no chamado "Círculo de Viena", onde Popper introduziu seus argumentos em prol da distinção entre o que é ciência, já se posicionando contra a postura indutivista.

A premissa mais importante do método popperiano é a de que o preceito científico não é capaz de determinar um conhecimento absoluto, somente provisório e que possa ser refutado, razão pela qual Popper defende que a ignorância é sóbria e ilimitada, percebendo que, a cada problema que é resolvido, descobrem-se outros problemas ainda não solucionados.[2]

Nas exatas lições de Popper:

> É, pois, justamente o conceito clássico de saber, a ideia de saber da linguagem comum, que é adotado pelo falibilismo, pela teoria da falibilidade, ao salientar que podemos enganar-nos sempre ou quase sempre e que, por conseguinte, no sentido tradicional do 'saber', não sabemos nada ou sabemos apenas muito pouco. Ou, como diz Sócrates, não sabemos 'nada de certo'.[3]

A possibilidade de uma teoria ser refutada constituía, para Popper, a própria essência da natureza científica. Logo, uma teoria somente pode ser considerada científica quando falseável, ou seja, sempre que for possível prová-la falsa, sendo tal conceito denominado de falseabilidade ou falsificacionismo.

De igual modo, em contraposição ao indutivismo, afirma que o conhecimento não começa com percepções ou observações, muito menos de coleção de

---

1. SCHMIDT, P.; SANTOS, J. L. O pensamento epistemológico de Karl Popper. *ConTexto*, v. 7, n. 11, Porto Alegre, 1º semestre 2007.
2. POPPER, Karl. *Lógica das ciências sociais*. 3. ed. Rio de Janeiro: Tempo Brasileiro, 2004, p. 14.
3. POPPER, Karl. *Em busca de um mundo melhor*. Trad. Tereza Curvelo. 2. ed. Lisboa: Editorial Fragmentos, 1989, p. 33-39.

fatos ou números. O conhecimento, à luz dos ensinamentos de Popper, "começa com os problemas, o que significa que o conhecimento começa da tensão entre o conhecido e o ignorado, na medida em que não há nenhum conhecimento sem problemas e vice-versa".[4]

Concordando com David Hume, Popper afirmou que a indução não pode levar à certeza, sendo certo que só se pode fundamentar a indução por meio de novas induções, o que ensejaria um círculo infinito de induções sucessivas.

Assim, afirma Popper, que: se tentarmos considerar sua verdade (do princípio da indução) como decorrente da experiência, surgirão de novo os mesmos problemas que levaram à sua formulação. Para justificá-lo, teremos de recorrer a inferências indutivas e, para justificar estas, teremos de admitir um princípio indutivo de ordem mais elevada, e assim por diante.[5]

Dessa forma, acrescenta o autor: "[...] a tentativa de alicerçar o princípio da indução na experiência malogra, pois conduz a uma regressão infinita".[6]

Pode-se verificar, então, que o método científico tem início onde termina a indução. Isso porque, a observação empírica sistemática é sempre uma etapa posterior à elaboração de uma hipótese original e tem a finalidade única de testar essa hipótese.

O conhecimento científico será, então, sempre hipotético, ou seja, um saber por conjecturas.[7] Só que, segundo Popper, como dito, tal conhecimento não nasce de observações ou percepções, mas sim de problemas que são oriundos da tensão entre conhecimento e ignorância.[8]

É fato que a relação de tensão é suscetível de gerar erros, que devem ser eliminados para se chegar à verdade. Logo: conhecimento depende da existência de problemas, que, por seu turno, existem em razão da existência do conhecimento, mas também por força da ignorância. Por tais razões, Popper afirma que a origem do conhecimento pode ser descortinada a partir do reconhecimento de problemas, que se revelam fundamentais no desenvolvimento do método lógico dedutivo. Até porque, é a partir dos problemas que soluções serão apresentadas, criticadas e refutadas ou acatadas, ainda que temporariamente.

O que caracteriza a ciência é, portanto, a possibilidade de falseamento de suas asserções, estas, se inabaláveis, não podem ser consideradas proposições científicas, pois resultam no dogmatismo. Um dogma encontra nele mesmo a

---

4. POPPER, 2004, p. 16.
5. POPPER, Karl. *A lógica da pesquisa científica*. São Paulo: Cultrix, 2001, p. 21.
6. Ibidem, p. 21.
7. POPPER, 1989, p. 6.
8. POPPER, 2004, p. 14.

# ANÁLISE EPISTEMOLÓGICA ACERCA DA SUPERAÇÃO DO PRECEDENTE JUDICIAL    67

"autoverificação incessante, ou seja, faz referência ao pensamento sacralizado dos fundadores, certeza de que a tese está definitivamente provada. O dogma é inatacável pela experiência".[9]

Em suma, com Popper, os limites da ciência se definem claramente. A ciência produz teorias falseáveis, que serão válidas enquanto não refutadas. Por este modelo, não há como a ciência tratar de assuntos do domínio da religião, que tem suas doutrinas como verdades eternas, ou da filosofia, que busca verdades absolutas. Para além disso, o falsificacionismo de Popper tem efetivo caráter progressista, à medida em que defende que a geração de conhecimento não é um processo cumulativo, mas sim progressivo. A ideia de se poder falsear uma teoria, a partir de outras que a ela se contraponham, preenchendo vazios deixados pela anterior, impõe que o debate esteja sempre em desenvolvimento, assim como a ciência.

O mais interessante é que o falibilismo de Karl Popper se aplica a ele próprio. Logo, se surgir uma teoria mais adequada sobre a definição de teoria científica, as ideias de Popper deverão ser substituídas, guardando seu lugar na história da ciência.

## 3. APLICABILIDADE DO FALIBILISMO À CIÊNCIA DO DIREITO

Como visto, Popper define que a função do cientista deve ser a de formular conjecturas para, em seguida, tentar refutá-las. O cientista formula, pois, hipóteses conjecturais para a solução dos problemas que busca resolver e, em seguida, submete-os a testes de falseamento, buscando encontrar falhas que possam demonstrar a sua falsidade.

As hipóteses que não passam pelo teste devem ser descartadas. Por outro lado, aquelas que vão "sobrevivendo" aos testes de falsificação devem ser consideradas como provisoriamente verdadeiras até que exsurja uma nova prova do erro. O processo de justificação de qualquer hipótese é, por natureza, contínuo e, portanto, nunca está plenamente acabado. Daí resulta o caráter essencialmente provisório da verdade científica.

Michelle Taruffo ensina que o conhecimento da verdade está relacionado com o contexto que se observa, com a qualidade e quantidade das informações às quais o sujeito cognoscente tem acesso e com o método de sua busca. Esclarece, ainda, que a verdade pode ser absoluta no sentido de que não admite graus, o enunciado ou é falso ou é verdadeiro, "não pode ser mais ou menos verdadeiro", o que pode variar é o grau de confirmação, a ser aferido com base nos conhecimentos disponíveis, a depender das circunstâncias.[10]

---

9. MORIN, Edgar. *Ciência com consciência*. 12. ed. Rio de Janeiro: Bertrand Brasil, 2008, p. 23.
10. TARUFFO, Michele. *Uma simples verdade*. O juiz e a construção dos fatos. Trad. Vitor Paula Ramos, São Paulo: Marcial Pons, 2012, p. 105.

E não é diferente com o estudo e a cientificidade do Direito.

Nesse sentido, é que Hugo de Brito Machado Segundo, em sua obra "o Direito e sua Ciência – Uma introdução à Epistemologia Jurídica", destaca ser possível aplicar o raciocínio falibilista à realidade jurídica e promover, por meio da crítica intersubjetiva, algum nível de objetividade epistemológica à interpretação do Direito para aproximação da verdade, ainda que não seja absoluta.

Importante dizer, todavia, que a referência à objetividade não significa afastamento da subjetividade, "mas apenas que existe alguma possibilidade de controle da pretensão de correção, o que se dá através da intersubjetividade, afastando o ceticismo e o relativismo absoluto".[11]

Ao adotar a teoria falibilista na análise científica do fenômeno jurídico, Machado Segundo observa que, muito embora não se possa ter certeza absoluta a respeito da verdade, em face da natural falibilidade humana, a crença "na existência de uma resposta correta" se mostra a melhor postura, "mesmo frente às questões relacionadas à moral".[12]

Ronald Dworking, ao valer-se da metáfora do juiz Hércules, defende a aplicação do raciocínio falibilista ao Direito, sendo certo que "uma solução apontada para determinado problema jurídico, portanto, pode ser considerada correta até que se apresentem razões pelas quais outra a deva substituir, da mesma forma como ocorre com as teorias referentes às ciências naturais", ainda nas palavras de Machado Segundo".[13]

Certamente, novos fatos ou argumentos podem surgir, capazes de infirmar a convicção inicialmente formada pelo julgador, o que não implica dizer que a provisoriedade dos juízos firmados, deve impedir a busca por outros que sejam mais acertados, até porque se faz necessário que decisões sejam tomadas, e que os conflitos sejam encerrados.

Essa mudança de entendimento judicial, a implicar na alteração de precedentes já estabelecidos, demonstra a concreta aplicabilidade do falsificacionismo de Popper, à medida em que, ante o surgimento de novas hipóteses (fatos ou argumentos), soluções melhores, mais aproximadas da verdade e da certeza, devem ser adotadas.

---

11. ALENCAR, Mário Soares de. *Jurisprudência e Racionalidade*: o precedente judicial como elemento de coerência do sistema jurídico brasileiro. Dissertação (Mestrado – Programa de Pós-graduação em Direito) – Universidade Federal do Ceará, Faculdade de Direito, Fortaleza, 2018.
12. MACHADO SEGUNDO, Hugo de Brito. *O direito e sua ciência*: uma introdução à epistemologia jurídica. São Paulo: Malheiros, 2016, p. 104.
13. Ibidem, p. 106.

## 4. SUPERAÇÃO DE PRECEDENTES: O *OVERRULING* E A CONFIRMAÇÃO DO FALSIFICACIONISMO DE POPPER

A Teoria dos Precedentes foi paulatinamente incorporada ao ordenamento jurídico brasileiro ao longo dos últimos anos, tendo a Emenda Constitucional 45/04 consagrado a figura da súmula vinculante e o Código de Processo Civil de 2015 disciplinado o estudo do tema de forma inédita, ao tratar os precedentes com autonomia e maior relevância na Teoria do Direito, de modo a superar o ancestral debate em torno da possibilidade de o aplicador criar ou não direito.

O tema possui relevo no estudo da hermenêutica, à medida em que os precedentes servem como mecanismo capaz de viabilizar a aplicação dos princípios constitucionais da segurança jurídica, da isonomia e da motivação das decisões judiciais.

É certo que uma teoria da argumentação jurídica que, porventura, deixasse de considerar a importância dos precedentes judiciais como objeto de reflexão perderia um de seus mais valiosos elementos.

Além dos escopos político e teórico, a função prática do discurso judicial deve oferecer subsídios úteis para o desempenho da tarefa de arrazoar, produzir, interpretar e aplicar o Direito. Desse modo, os precedentes judiciais ingressam na complexa seara do raciocínio jurídico como elemento paradigmático visando, sobretudo, a persuadir e a convencer, mas também, a estabilizar e tentar garantir a segurança do ordenamento jurídico.

Segundo Zaneti Jr., a teoria dos precedentes busca conferir racionalidade ao sistema, e os precedentes são "regras formadas racionalmente, com pretensão de universalização", ou, ainda, "o resultado da densificação de normas estabelecidas a partir da compreensão de um caso e suas circunstâncias fáticas e jurídicas", sendo que, por ocasião "da aplicação, deste caso-precedente, analisado no caso-atual, se extrai a *ratio decidendi* ou *holding* como o core do precedente".[14]

A doutrina mais abalizada sobre o tema, já estabeleceu que precedente não se confunde com jurisprudência e nem toda decisão judicial configura precedente, devendo ser considerada somente a decisão que agregue novos elementos com conteúdo relevante e potencialmente geradores de efeitos jurídico-normativos para o futuro.

Ensina Zaneti Jr. que:

> Serão precedentes apenas aqueles casos que constituírem acréscimos (ou glosas) aos textos legais relevantes para solução de questões jurídicas. Neste último caso, quando o precedente

---

14. ZANETI JR., Hermes. *O valor vinculante dos precedentes*: teoria dos precedentes normativos formalmente vinculantes. 2. ed. rev. e atual. Salvador: JusPodivm, 2016, p. 98.

aplicar a lei sem acrescentar conteúdo relevante, a vinculação decorrerá diretamente da lei. Nem toda decisão, portanto, será um precedente. Por tais razões, os precedentes devem ser tratados como norma – fonte do direito primária e vinculante – não se confundindo com o conceito de jurisprudência ou de decisão. Isso ocorre seja pela natureza distinta do direito jurisprudencial (reiteradas decisões dos tribunais que exemplificam o sentido provável de decisão, sem caráter obrigatório e vinculante), seja porque não se podem confundir precedentes com decisões de mera aplicação de lei ou de reafirmação de casos-precedentes.[15]

Na mesma senda, Juraci Mourão Lopes Filho, que desenvolveu uma teoria sobre os precedentes defendendo a ideia de direito como integridade – segundo o conceito de Dworkin –, bem como um modelo de sistema coerentista, afirma que o precedente deve ser a decisão judicial que acrescenta sentido, no cotejo que se faz entre o texto normativo e a realidade.

Considerando-se o pensamento de Ronald Dworkin, é de se concluir que a efetiva e permanente busca de coerência aumenta as possibilidades de encontrarem-se respostas corretas (ou mais corretas) em direito, sendo o precedente importante instrumento na obtenção de tais resultados. No entanto, o magistrado não pode se ater à repetição de decisões passadas (o que se poderia chamar de coerência estrita), como se fossem "respostas prontas e imodificáveis a serem encaixadas ainda que forçadamente em novos problemas semelhantes, o que configuraria um equívoco".[16]

Ensina Lopes Filho que "precedente, portanto, é uma resposta institucional a um caso (justamente por ser uma decisão), dada por meio de uma *applicatio*, que tenha causado um ganho de sentido para as prescrições jurídicas envolvidas (legais ou constitucionais), seja mediante a obtenção de novos sentidos, seja pela escolha de um sentido específico em detrimento de outros ou ainda avançando sobre questões não aprioristicamente tratadas em textos legislativos ou constitucionais".[17]

Importante a ressalva de que os precedentes podem ser superados, de modo a garantir-se o não engessamento do ordenamento jurídico, em atenção à modificação dos fatos, valores e normas, bem como visando acompanhar a evolução doutrinária. O denominado *overruling é o* mecanismo utilizado para fundamentar a superação de um precedente anteriormente firmado. Deixa-se de utilizar determinado entendimento jurisprudencial, adotando-se novo entendimento.[18]

Trata-se da revogação de um precedente em face de sua incompatibilidade com a realidade social, por força de mudanças culturais, econômicas ou políti-

---

15. Ibidem, p. 98.
16. ALENCAR, op. cit.
17. LOPES FILHO, Juraci Mourão. *Os precedentes judiciais no constitucionalismo brasileiro contemporâneo*. 2. ed. rev. e atual. Salvador: JusPodivm, 2016, p. 275.
18. MARINONI, Luiz Guilherme. *Precedentes obrigatórios*. São Paulo: Ed. RT, 2010, p. 203.

cas, ou, ainda, ante a evolução do Direito e de seus princípios jurídicos. Em tais situações, o precedente deixa de ter eficácia, equiparando-se, por assim dizer, ao processo de revogação ou ab-rogação da lei.

Segundo Cruz e Tucci, "nesses casos, no sistema de *common law*, o *precedente overruled* (revogação de sua *ratio*) é formalmente excluído das fontes e perde, por via de consequência, qualquer valor. No ambiente de *civil law* ocorre algo seme-lhante, na hipótese de *revirement* da jurisprudência, ou seja, quando determinado posicionamento pretoriano, até então dominante, é substancialmente alterado por um julgado que se transforma em novo precedente".[19]

Insta a ressalva de que precedentes somente deverão ser superados ante a argumentação firme que justifique a alteração proposta, não bastando meros argumentos ordinários, fazendo-se imprescindível que a decisão seja fundamentada em outras justificativas, de natureza complementar. Conforme ensina Marinoni, o *overruling* é a revogação do precedente, que somente pode ocorrer circunstâncias especiais, uma vez que não existiria sistema de precedentes se "as Cortes Supremas não se submeterem a critérios especiais para revogar os seus precedentes".[20]

De acordo com Juraci Mourão Lopes Filho, a superação do precedente pode ser parcial ou total, sendo de competência exclusiva da corte emissora, uma vez que corresponde ao "abandono do entendimento", seja "por uma alteração mais profunda dos elementos que incidiram no círculo hermenêutico que ensejou o precedente" ou por se perceber "a fragilidade do precedente formado".[21]

Do ponto de vista epistemológico e analisando o *overruling* sob a ótica po-pperiana, mais precisamente considerando-se o reconhecimento da demarcação do que seja ciência, a partir da possibilidade de falseamento de suas conclusões, tem-se a comprovação, por mais esse viés, da cientificidade do Direito.

Na verdade, a possibilidade do *overruling* é reflexo do método popperiano, capaz de garantir o desenvolvimento de um sistema de precedentes. Isso porque, parte-se da premissa da existência de um precedente vigente, que se constitui em solução dita como adequada para aquele momento específico, o que, segundo Popper, não impede que a solução encontrada seja discutida posteriormente, podendo ser, inclusive, refutada.

E isso de fato acontece quando há a superação de determinado precedente. Tal como com a "seleção natural" de Popper, quando há a necessidade de mudança de certo entendimento jurisprudencial, porque outro posicionamento melhor, mais

---

19. TUCCI, José Rogério Cruz e. *Precedente Judicial como Fonte do Direito*. São Paulo: Ed. RT, 2004, p. 16.
20. MARINONI, op. cit., p. 252-253.
21. LOPES FILHO, op. cit., p. 310.

adequado e consentâneo com a realidade surgiu, este se sobreporá ao anterior, tomando seu lugar no ordenamento jurídico.

Os magistrados, por meio de postura crítica (criticismo), irão proferir suas decisões considerando o precedente mais adequado, em detrimento daquele que foi, de certo modo, derrotado. É a aplicação do método de tentativa e erro, sendo certo que opção pelo novo precedente obedecerá à experimentação e refutação, sem que se possa falar em engessamento do sistema jurídico, ou restrição da liberdade dos magistrados, pelo contrário.

Defende-se, outrossim, aplicabilidade do falsicacionismo de Popper por analogia, quando se analisa a superação dos precedentes judiciais, uma vez que estes não se conformam exatamente como teorias científicas. Inclusive, importante ressalvar que o mesmo não ocorre com o *distinguishing*, uma vez que tal técnica implica na não aplicação do precedente por distinção/diferenciação na situação fática posta à análise do julgador, não se havendo que falar em superação de decisão anteriormente proferida.

O que se pode inferir, portanto, é que o *overruling* confirma os critérios lógicos de Popper, na busca pelo progresso da ciência, no presente caso, da ciência do Direito, ou, mais especificamente do próprio sistema de precedentes judiciais.

## 5. CONSIDERAÇÕES FINAIS

Como observado no presente trabalho, muito se discutiu, ao longo do tempo, acerca da demarcação do que deveria ser considerado ciência, bem como de que maneira se efetiva e se reconhece seu progresso. A partir dos estudos implementados por Karl Popper, e sob a ótica deste, a ciência passou a ser pensada a partir de dois pontos fundamentais, quais sejam, sua racionalidade e o *caráter hipotético das teorias científicas*.

Popper, defendeu que a ciência deve-se pautar pela utilização de critérios biológico e evolutivo, tendo proposto a utilização do método hipotético dedutivo, por meio do qual se procura a solução para determinado problema, por meio de tentativas (conjecturas, hipóteses, teorias) e eliminação de erros.

Para Popper, é a possibilidade de falseamento das hipóteses apresentadas que se chega à melhor resposta (verossimilhança), sendo essa a verdade que deve prevalecer, até que outra melhor exsurja, após novos testes e estudos.

Viu-se que o raciocínio falibilista de Karl Popper é inquestionavelmente aplicável às ciências sociais, inclusive à Ciência do Direito, sendo certo que, a partir da aproximação da Teoria do Conhecimento à Teoria do Direito, deve importar aos juristas aferir a verossimilhança dos enunciados sobre o conteúdo das normas jurídicas e a correção das respostas normativas aos problemas práticos. Fato é que o Direito também deve se importar com a busca do verdadeiro conhecimento, assim como com a obtenção das melhores respostas (as mais "corretas"), para obtenção da solução dos problemas que lhe são apresentados, devendo considerar "verdadeira" a "crença justificada".

Nesse tocante, importante reiterar que a expressão "verdade", dessa forma, deve indicar uma espécie de "ideal regulativo", uma vez que as verdades, enquanto crenças justificadas, devem ser consideradas provisórias e sujeitas à falsificação, por meio da crítica intersubjetiva e da continuidade dos estudos. Inconteste, pois, a aplicabilidade do raciocínio falibilista à realidade jurídica, visando a objetividade epistemológica na interpretação do direito para aproximação da verdade, ainda que esta nunca seja absoluta.

Viu-se, também, que o sistema dos precedentes favorece a segurança jurídica, a previsibilidade e estabilidade de comportamentos e a isonomia, devendo ser a coerência considerada um critério fundamental de aceitabilidade de enunciados. Logo, à medida em que não se pretende obter verdades absolutas, mas verossimilhança, importa admitir que a teoria coerentista fornece um importante critério para o teste de hipóteses verossimilhantes, sendo a coerência proposta por Dworkin e encampada por Juraci Mourão Lopes Filho, ao aprofundar o estudo dos precedentes, vetor relevante para o estabelecimento de um ordenamento jurídico mais íntegro e coeso.

No entanto, de modo a que não haja o engessamento e a estagnação do sistema jurídico, respeitando-se a dinamicidade da vida e da sociedade, que evolui rapidamente exigindo respostas mais adequadas aos novos panoramas e problemas que surgem constantemente, é que se estabeleceu a possibilidade da superação dos precedentes judiciais, por meio do denominado *overruling*. Dessa forma, resguarda-se, também, a possibilidade criativa e o pensamento crítico dos magistrados.

Pode-se dizer, portanto, que a possibilidade de superação de um precedente, tal como previsto, é reflexo do método popperiano. Tem-se a confirmação, por assim dizer, da teoria falibilista, cuja aplicabilidade é facilmente identificada nestes casos, ainda que por analogia. Isso porque, da mesma forma que uma teoria científica pode ser válida em determinado momento, um precedente pode representar a solução mais adequada em um determinado período e em face de determinadas circunstâncias. Isso não quer dizer, todavia, que tanto a teoria científica quanto o precedente não possam ser discutidos posteriormente, e possivelmente falseados.

Vê-se que, de maneira análoga a uma teoria, um precedente pode ser exposto a determinadas pressões, modificações sociais, alteração das circunstâncias fáticas ou jurídicas, o que, para Popper, nada mais é do que o surgimento de novas hipóteses, pressões ou problemas capazes de gerar novas teorias.

## 6. REFERÊNCIAS

ALENCAR, Mário Soares de. *Jurisprudência e Racionalidade*: o precedente judicial como elemento de coerência do sistema jurídico brasileiro. Dissertação (Mestrado – Programa de Pós-graduação em Direito) – Universidade Federal do Ceará, Faculdade de Direito, Fortaleza, 2018.

LOPES FILHO, Juraci Mourão. *Os precedentes judiciais no constitucionalismo brasileiro contemporâneo*. 2. ed. rev. e atual. Salvador: JusPodivm, 2016.

MACHADO SEGUNDO, Hugo de Brito. *O direito e sua ciência*: uma introdução à epistemologia jurídica. São Paulo: Malheiros, 2016.

MARINONI, Luiz Guilherme. *Precedentes obrigatórios*. São Paulo: Ed. RT, 2010.

MORIN, Edgar. *Ciência com consciência*. 12. ed. Rio de Janeiro: Bertrand Brasil, 2008.

POPPER, Karl. *A lógica da pesquisa científica*. São Paulo: Cultrix, 2001.

POPPER, Karl. *Em busca de um mundo melhor*. Trad. Tereza Curvelo. 2. ed. Lisboa: Editorial Fragmentos, 1989.

POPPER, Karl. *Lógica das Ciências Sociais*. 3. ed. Rio de Janeiro: Tempo Brasileiro, 2004.

SCHMIDT, P.; SANTOS, J. L. O pensamento epistemológico de Karl Popper. *ConTexto*, v. 7, n. 11, Porto Alegre, 1º semestre 2007.

TARUFFO, Michele. *Uma simples verdade*. O juiz e a construção dos fatos. Tradução de Vitor Paula Ramos, São Paulo: Marcial Pons, 2012.

TUCCI, José Rogério Cruz e. *Precedente judicial como fonte do direito*. São Paulo: Revista dos Tribunais, 2004.

ZANETI JR., Hermes. *O valor vinculante dos precedentes*: teoria dos precedentes normativos formalmente vinculantes. 2. ed. rev. e atual. Salvador: JusPodivm, 2016.

# DIMENSÃO ECOLÓGICA DA DIGNIDADE HUMANA: ANÁLISE DO RESP 1.797.175/SP À LUZ DA EPISTEMOLOGIA SOCIAL DA MUDANÇA DE PARADIGMA DE THOMAS KUHN
## *ECOLOGICAL DIMENSION OF HUMAN DIGNITY: ANALYSIS OF RESP 1.797.175/SP IN THE LIGHT OF THE SOCIAL EPISTEMOLOGY OF THOMAS KUHN'S PARADIGM CHANGE*

*Érica Valente Lopes*

**Resumo:** A proteção ao meio ambiente ecologicamente equilibrado é um direito fundamental previsto no artigo 225 da Constituição Federal Brasileira de 1988. Contudo, ainda prevalecente de uma visão antropocêntrica, quando menciona ser um "bem" de uso comum do povo, ou seja: uma necessidade apropriável. A dignidade humana inserta nesse conceito é influência de uma visão Kantiana individualista. Porém, com o desenvolver da sociedade nos anos subsequentes, fez-se inserir em uma nova realidade social: complexa, não linear e sistêmica. Um exemplo dessa mudança é observado no Judiciário, mais precisamente na decisão do Superior Tribunal de Justiça (REsp 1797175/SP) de 2019, no qual o entendimento sobre a natureza jurídica dos animais não humanos modificou-se, sob o amparo da dimensão ecológica da dignidade humana. Desta forma, o objetivo deste artigo é analisar o citado *case* jurídico, a fim de observar a epistemologia social apresentada, a partir da mudança da matriz disciplinar ambiental antropocêntrica para a biocêntrica. Nesse intuito, a metodologia envolve pesquisa interdisciplinar, com orientação epistemológica na teoria crítica, para aprofundar o fundamento da atribuição de direitos a animal não humano, a partir de um redimensionamento ecológico. Utiliza-se o raciocínio dedutivo, a partir de fontes bibliográficas, documentais, para desenvolver pesquisa de caráter exploratório e abordagem qualitativa. Inicialmente, analisa-se a racionalidade científica presente no redimensionamento da dignidade humana e na consideração dos animais não humanos como sujeitos de direitos para que se possa compreender sua epistemologia social. Em seguida, analisa-se o vanguardismo do acórdão do Recurso Especial 1.797.175/SP, sob o olhar da teoria desenvolvida por Thomas Kuhn. São tecidas considerações sobre a influência desse *stare decisis* sobre outros semelhantes que se sucederam para averiguar a ocorrência ou não da mudança do paradigma.

**Palavras-chave:** Animal silvestre – Dimensão ecológica da dignidade humana – REsp 1.797.175/SP – Mudança de paradigma – Thomas Kuhn.

**Abstract:** The protection of an ecologically balanced environment is a fundamental right provided for in article 225 of the Brazilian Federal Constitution of 1988. However, an anthropocentric vision still prevails, when it mentions to be a "good" for the common use of the people like an appropriable need. The human dignity inserted in this concept is influenced by a more individualistic Kantian vision that with the development of society in the subsequent years was inserted in a new reality: complex, non-linear and systemic. An example of this change is observed in judiciary cases, more precisely in the decision of the Superior Court of Justice (Resp 1797175/SP) of 2019, in which the understanding of the legal nature of non-human animals has changed, under the support of the ecological dimension of human dignity. Thus, the objective of the article is to analyze the aforementioned legal case, in order to observe the social epistemology presented by the change from the anthropocentric to the biocentric environmental disciplinary matrix. For this, the methodology involves interdisciplinary research, with an epistemological orientation in critical theory, to deepen the foundation of the attribution of rights to non-human animals, based on an ecological resizing. Deductive reasoning is used based on bibliographic and documentary sources for developing a research of an exploratory nature and a qualitative approach. Initially, the scientific rationality present in the resizing of human dignity and the consideration of non-human animals as subjects of rights is analyzed in order to understand their social epistemology. Then, the avant-garde of the judgment of the Special Appeal 1.797.175/SP is analyzed, under the perspective of the theory developed by Thomas Kuhn. Considerations are made about the influence of this stare decisis on other similar ones that followed one another to verify the occurrence or not of the paradigm shift.

**Keywords:** Wild animal – Ecological dimension of human dignity – Rep 1.797.175/SP – Paradigm shift – Thomas Kuhn.

---

**Sumário:** 1. Introdução – 2. A racionalidade científica no redimensionamento da dignidade humana: do antropoceno ao biocentrismo; 2.1 "O fim em si mesmo" da dignidade humana de Immanuel Kant; 2.2 A Epistemologia social nas mudanças de paradigma de Thomas Kuhn – 3. O giro holístico socioambiental em sede do REsp 1.797.175/SP; 3.1 A dimensão ecológica da dignidade humana e o reconhecimento dos animais não humanos como sujeitos de direito; 3.2 Precedente judicial ou mudança de paradigma? Análise do REsp 1.797.175/SP a partir dos ensinamentos de Thomas Kuhn – 4. Considerações finais – 5. Referências.

---

## 1. INTRODUÇÃO

A literatura científica tem avançado no debate sobre a transição da proteção jurídica do meio ambiente, inserida num parâmetro teórico do Estado de Direito Ambiental, para a construção de um modelo jurídico-político mais eficiente em termos de proteção aos ciclos de vida da Terra e de seus seres, denominado de Estado de Direito Ecológico.[1]

Alguns países, como Suíça e Alemanha, no continente Europeu; Equador e Bolívia, na América Latina, normatizaram os direitos relacionados à natureza e/ou a seres não vivos em suas Constituições. Nesse mesmo sentido, a Corte Interamericana de Direitos Humanos (CIDH), mediante a Opinião Consultiva 23 de 2017 (OC 23/17),[2] esclareceu o que seria o direito ao meio ambiente saudável

---

1. DINNEBIER, Flávia França; LEITE, José Rubens Morato. *Estado de direito ecológico*: Conceito, conteúdo e novas dimensões para a proteção da natureza. São Paulo: Inst. O direito por um Planeta Verde, 2017; LEITE, José Rubens Morato; SILVEIRA, Paula Galbiatti; BETTEGA, Belisa, O Estado de Direito para a natureza: Fundamentos e conceitos. In: LEITE, José Rubens Morato; DINNEBIER, Flávia França (Org.). *Estado de direito ecológico*: Conceito, conteúdo e novas dimensões para a proteção da natureza. São Paulo: Inst. O direito por um Planeta Verde, 2017.

2. CORTE INTERAMERICANA DE DIREITOS HUMANOS. Opinião Consultiva 23/2017. Meio Ambiente e Direitos Humanos. Solicitada pela República de Colômbia, 15 nov. 2017.

e equilibrado, como disposto no artigo 26 da Convenção Americana de Direitos Humanos (CADH)[3] e no artigo 11 do Protocolo de São Salvador.[4]

A Constituição Federal Brasileira, apesar de garantir o direito fundamental ao meio ambiente ecologicamente equilibrado, estabelecer o dever do Poder Público em preservar, restaurar e prover processos e manejos ecológicos, além da proteção da fauna e flora de práticas que coloquem em risco sua função ecológica,[5] ainda possui uma visão antropocêntrica no art. 225 da CF/88. A Lei Magna considera o meio ambiente como "bem de uso comum do povo" e, portanto, coisa a ser apropriada conforme a necessidade humana.

Ressalta-se que este entendimento é o mesmo extraído do conceito de desenvolvimento sustentável[6] presente no Relatório Brundtland, datado de 1983, assinado na Comissão Mundial sobre Meio Ambiente e Desenvolvimento da ONU. Com o passar dos anos, essa concepção adquiriu novos redimensionamentos, a exemplo da inclusão do meio ambiente dentre os direitos ornados no Pacto de Direitos Econômicos, Sociais e Culturais (DESCA).[7]

---

3. Artigo 26, CADH Desenvolvimento progressivo. Os Estados Partes comprometem-se a adotar providências, tanto no âmbito interno como mediante cooperação internacional, especialmente econômica e técnica, a fim de conseguir progressivamente a plena efetividade dos direitos que decorrem das normas econômicas, sociais e sobre educação, ciência e cultura, constantes da Carta da Organização dos Estados Americanos, reformada pelo Protocolo de Buenos Aires, na medida dos recursos disponíveis, por via legislativa ou por outros meios apropriados. Comissão Interamericana de Direitos Humanos. Convenção Americana sobre Direitos Humanos. São José, Costa Rica, 22 nov. 1969. Disponível em: https://www.cidh.oas.org/basicos/portugues/c.convencao_americana.htm Acesso em: 10 fev. 2022.
4. Artigo 11, Protocolo de São Salvador. Direito ao Meio Ambiente Sadio. 1. Toda pessoa tem direito a viver em meio ambiente sadio e a dispor dos serviços públicos básicos. 2. Os Estados-Partes promoverão a proteção, preservação e melhoramento do meio ambiente. BRASIL. Decreto 3321, DE 30 DE dezembro de 1999. Promulga o Protocolo Adicional à Convenção Americana sobre Direitos Humanos em Matéria de Direitos Econômicos, Sociais e Culturais "Protocolo de São Salvador", concluído em 17 de novembro de 1988, em São Salvador, El Salvador. Disponível em: http://www.planalto.gov.br/ccivil_03/decreto/d3321.htm. Acesso em: 14 fev. 2022.
5. Art. 225, CF/88. Todos têm direito ao meio ambiente ecologicamente equilibrado, bem de uso comum do povo e essencial à sadia qualidade de vida, impondo-se ao Poder Público e à coletividade o dever de defendê-lo e preservá-lo para as presentes e futuras gerações.
   § 1º Para assegurar a efetividade desse direito, incumbe ao Poder Público:
   I – preservar e restaurar os processos ecológicos essenciais e prover o manejo ecológico das espécies e ecossistemas; [...]
   VII – proteger a fauna e a flora, vedadas, na forma da lei, as práticas que coloquem em risco sua função ecológica, provoquem a extinção de espécies ou submetam os animais a crueldade. BRASIL. [Constituição (1988)]. Constituição da República Federativa do Brasil de 1988. Brasília, DF: Presidência da República, [2022]. Disponível em: http://www.planalto.gov.br/ccivil_03/constituicao/constituicao.htm. Acesso em: 18 abr. 2022.
6. "Aquele que atende às necessidades do presente sem comprometer a possibilidade de as gerações futuras atenderem às suas necessidades". BRUNDTLAND, Gro Harlem. *Nosso futuro comum*: Relatório Brundtland. United Nations, 1987.
7. Antigamente mencionava-se a sigla DESC. A inclusão do meio ambiente dentre os direitos protegidos pelo Pacto de Direitos Econômicos, Sociais e Culturais fez incluir a letra "A" ao final, passando a ser

No Brasil, a jurisprudência tem avançado na aplicação de uma nova racionalidade científica[8] nos julgados em que o bem tutelado é o meio ambiente. Os julgadores têm passado a assumir uma nova atitude crítica quando defronte causas ambientais, no propósito consciente de aplicar às decisões a preocupação com a proteção integral dos ecossistemas. Trata-se de uma nova abordagem epistemológica jurídica referente aos direitos dos animais, antes não considerados sujeito de direitos e, até então, classificados como seres sencientes.

Nesta análise, destaca-se o Recurso Especial 1797175/SP, o qual redimensionou a proteção jurídica conferida a animais não humanos, conferindo-lhes direitos inerentes às pessoas. Para tanto, a decisão externou como fundamento a dignidade humana, contudo elevada a um patamar ecológico, em uma abordagem holística e axiológica.

Portanto, a partir da situação fática apresentada, objetiva-se analisar o REsp 1797175/SP, a fim de observar a epistemologia social levantada, da aplicabilidade pelo julgador do direito ambiental ecológico em vez do direito ambiental. Desse modo, levanta-se a questão problema: É o REsp 1797175/SP uma mudança de paradigma quanto ao tratamento dos animais silvestres no Brasil ou trata-se de um precedente jurídico?

Nesse intuito, a metodologia envolve pesquisa interdisciplinar, com orientação epistemológica na teoria crítica. Utiliza-se o raciocínio dedutivo, por meio de pesquisa bibliográfica e documental, de caráter exploratório e qualitativo mediante busca no sítio do Superior Tribunal de Justiça de processos anteriores e posteriores ao REsp 1797175/SP, completando o interregno de 5 anos, acerca do tratamento dispensado aos animais silvestres.

Inicialmente, analisa-se a racionalidade científica presente no redimensionamento da dignidade humana, em uma releitura dos escritos de Immanuel Kant e Thomas Kuhn. Na segunda seção, adentra-se o vanguardismo do Recurso Especial 1797175/SP, tecendo considerações da influência desse *stare decisis* sobre outros semelhantes que o sucederam, sob a fundamentação de conceitos pertinentes ao quadro da teoria do Estado de Direito Ecológico. A partir da análise dos julgados selecionados, serão expostas as conclusões sobre a efetiva existência de uma mudança de paradigma quanto ao tratamento do animal não humano ou se está diante de um precedente jurídico.

---

referenciado como DESCA em documentos oficiais e na literatura científica, sem que o Pacto tenha sido alterado, mas num novo redimensionamento dos direitos envolvidos

8. Karl Popper entende por racionalidade como "apenas uma atitude crítica face aos problemas – a presteza em aprender com os erros e o propósito consciente de assinalar erros e preconceitos. Portanto, 'racionalidade' quer dizer uma atitude consciente e crítica de eliminação de erros. Cf. POPPER, Karl. *O conhecimento e o problema corpo-mente*. Lisboa: Edições 70, 1996, p. 156.

## 2. A RACIONALIDADE CIENTÍFICA NO REDIMENSIONAMENTO DA DIGNIDADE HUMANA: DO ANTROPOCENO AO BIOCENTRISMO

Pode-se dizer que a dignidade da pessoa humana é um dos fundamentos do Estado Democrático de Direito, disposto no art. 1º, III, da Constituição Federal de 1988. Característica inerente ao gênero a todo e qualquer ser humano, independente de raça, credo, gênero ou opção sexual, valor universal. Ingo Sarlet a conceitua como sendo:

> [...] uma qualidade intrínseca e distintiva de cada ser humano que o faz merecedor do mesmo respeito e consideração por parte do Estado e da comunidade, implicando, neste sentido, um complexo de direitos e deveres fundamentais que assegurem a pessoa tanto contra todo e qualquer ato de cunho degradante e desumano, como venham a lhe garantir as condições existenciais mínimas para uma vida saudável, além de propiciar e promover sua participação ativa e corresponsável nos destinos da própria existência e da vida em comunhão com os demais seres humanos.[9]

Contudo, essa concepção de que a dignidade é o fundamento e o fim de todos os seres humanos tem sido redimensionada, não mais persistindo a visão antropocêntrica Kantiana. Houve uma mudança estrutural de interpretação e ressignificação do conceito, de forma a abranger outras formas de vida que não somente as humanas.

### 2.1 "O fim em si mesmo" da dignidade humana de Immanuel Kant

Pela teleologia de Immanuel Kant, a dignidade humana possui como elemento finalístico o "homem como fim em si mesmo", expressada pela autonomia da vontade, expressão da liberdade humana, presente nos direitos de 1ª dimensão. Por meio da utilização da razão pura, ou *a priori*, a qual exclui as experiências adquiridas pelos seres humanos e, portanto, opiniões preconcebidas destes para que a prática de uma ação não sofra enviesamento.

O filósofo defende que o dever tem seu valor moral na máxima de um imperativo categórico, e não no propósito que se quer atingir. A razão, portanto, seria pura, um valor absoluto e que, como fim em si mesmo, serviria de fundamento a leis determinadas, base do imperativo categórico, a universalização da regra que dita as ações individuais.

Logo, para Kant a ação "boa" é a que, além de poder ter a sua máxima universalizada, cumpre-se por dever puro, e não por temor em atingir qualquer finalidade ou motivos egoístas.[10] Portanto, fica claro que a motivação pelo dever

---

9. SARLET, Ingo Wolfgang. *Dignidade (da Pessoa) Humana e Direitos Fundamentais na Constituição Federal de 1988*. Fortaleza: Livraria do Advogado Editora, 2001, p. 60.

10. RIBEIRO, Bruno Quiquinato Dignidade humana em Kant. Disponível em: https://jus.com.br/artigos/21605/a-dignidade-da-pessoa-humana-em-immanuel-kant. Acesso em: 14 fev. 2022.

é a seguinte: a ação deve ser praticada conforme estabelece o dever; a ação deve ser praticada por amor ao dever (dever puro), não por sentimentos de satisfação, que logo pendem para uma ação egoísta.

Cumpre ressaltar que a estrutura da dignidade em Immanuel Kant pauta-se numa racionalidade humana absoluta, ao passo em que as influências anteriores ao filósofo foram construídas essencialmente numa plataforma metafísica (Deus como fundamento principal da dignidade da pessoa humana).[11] Conceitua-a, como:

> [...] a vontade é concebida como a faculdade de se determinar a si mesmo a agir em conformidade com a representação de certas leis. Ora aquilo que serve à vontade de princípio objectivo da sua autodeterminação é o fim (Zweck), e este, se é dado pela só razão, tem de ser válido igualmente para todos os seres racionais.[12]

Não obstante a importância da interpretação de Kant à dignidade humana, com o passar dos anos, algumas mudanças sociais estruturais incitaram a revisitação do conceito da dignidade humana, se estritamente humana ou se pertencente à coletividade de seres existentes? A partir do momento em que o Estado de Direito Ambiental, evolui a outra categoria a considerar o homem como centro dos ecossistemas, surge o Direito Ecológico, aquele em que o ser humano é parte da complexa teia de seres vivos e não vivos. Surge, assim a necessidade de revisitação da epistemologia social de Thomas Kuhn para averiguar o surgimento de um novo paradigma.

## 2.2 A Epistemologia social nas mudanças de paradigma de Thomas Kuhn

A investigação científica e o conhecimento já eram estudados por Thomas Kuhn até que na obra "A estrutura das revoluções científicas" de 1962, o filósofo abordou a polissemia do termo paradigma, usado por si. Em 1969, no Posfácio da referida obra, Kuhn reavalia o uso da palavra. Em verdade, indicou haver dois significados principais: como matriz disciplinar e como um elemento desta matriz, o que ele chamou de exemplares, sentido pelo qual o filósofo sustenta ter originalmente introduzido o termo em sua obra.[13]

Quanto à matriz disciplinar, esta se refere a uma estrutura composta de vários tipos de elementos compartilhados por um grupo de cientistas. Esses elementos da matriz disciplinar são compostos por quatro componentes: as "generalizações

---

11. Ibidem.
12. KANT, Immanuel. *Fundamentação da metafísica dos costumes*. Trad. Paulo Quintela. Lisboa: Edições 70, 2007, p. 67.
13. COSTA, Ana Clarice Rodrigues. Os paradigmas de Thomas Kuhn. *Primeiros Escritos*, n. 10, p. 10-33, 2020.

simbólicas", que se referem às expressões empregadas pela comunidade sem que haja debate e discussão; os compromissos coletivos com crenças; os valores compartilhados por determinada comunidade; e, por último, os "exemplos compartilhados", "shared example".[14]

Alguns estudiosos permaneceram confusos sobre o real significado do termo paradigma, o que instigou o filósofo a se posicionar em suas obras posteriores pela existência de dois usos principais. O primeiro significado de paradigma de Kuhn é: "a constelação de crenças, valores, técnicas etc., partilhadas pelos membros de uma comunidade determinada", a já citada "matriz disciplinar". O segundo, é apenas um elemento dessa matriz: "as soluções concretas de quebra-cabeças que, empregadas como modelos ou exemplos, podem substituir regras explícitas como base para a solução dos restantes quebra-cabeças da ciência normal", isto é, como exemplares. Este último, segundo Kuhn, foi o sentido principal de aplicação do termo e, apenas neste caso, é totalmente apropriado.[15]

> Esses problemas concretos, com as respectivas soluções, são aquilo a que chamei "exemplares", os exemplos padronizados de uma comunidade. Constituem a terceira classe principal de componentes cognitivos da matriz disciplinar, e ilustram a segunda função principal do termo "paradigma" em A Estrutura das Revoluções Científicas.[16]

Contudo, diante de diferentes teorias, qual utilizar? A escolha, por um lado, é explicada pela aplicação de critérios epistêmicos, como acurácia e consistência. Como Paulo Pirozelli[17] menciona, esses valores não prescrevem uma única escolha, pois as pessoas envolvidas podem ter tido experiências diferentes. Por conseguinte, "a formação de consenso, por outro lado, é explicada por meio de uma série de mecanismos socio epistêmicos, a saber: pedagogia científica, difusão e produção de conhecimento na comunidade (o "movimento das ondas") e reestruturação do campo científico".

Esses mecanismos são a base da epistemologia social[18] de Kuhn, na medida em que não se restringem à sociologia nem à epistemologia, abrangendo tanto as interações sociais quanto as avaliações epistêmicas das teorias. Parâmetros de

---

14. Ibidem, p. 16.
15. KUHN, Thomas. *A estrutura das revoluções científicas*. Trad. Beatriz Vianna Boeira e Nelson Boeira. 13. ed. São Paulo: Perspectiva, 2017, p. 323.
16. KUHN, Thomas. Reconsiderações acerca dos paradigmas. In: KUHN, T. S. A tensão essencial. Trad. Rui Pacheco. Lisboa: Edições 70, 2009, p. 349.
17. PIROZELLI, Paulo. The structure of scientific controversies: Thomas Kuhn's social epistemology. *Filosofia Unisinos*, v. 22(3), p. 1-17, 2021.
18. *Epistemologia Social* refere-se a um amplo conjunto de abordagens que podem ser utilizadas no estudo do conhecimento que interpreta o conhecimento humano como um coletivo de realização. Outra forma de caracterização da epistemologia social é a avaliação das dimensões *sociais* do conhecimento ou da informação.

análise que serão observados na no julgamento do Recurso Especial 1797175/SP, o qual será analisado a seguir.

## 3. O GIRO HOLÍSTICO SOCIOAMBIENTAL EM SEDE DO RESP 1.797.175/SP

O Recurso Especial 1797175, proveniente do Tribunal de Justiça do Estado de São Paulo, possuía como objeto a anulação dos autos de infração emitidos pelo Ibama cujo objeto eram a detenção ilegal de espécime da fauna silvestre em cativeiro e por maus tratos (devido a insalubridade da gaiola), além do pedido de restituição da guarda de um papagaio.

O "Verdinho" convivia há mais de 23 anos com sua detentora, estando totalmente domesticado e sem condições de retorno à fauna silvestre, por não mais se igualar às características dos animais livres no ecossistema. A decisão também menciona que o seu retorno à natureza poderia ser um risco a sua própria sobrevivência.

O Relator, Min. Og Fernandes, observou que o papagaio também sofreu falta de cuidados necessários enquanto esteve sob a guarda do Ibama, além do sofrimento imposto ao animal pela mudança constante de habitat e afastamento do convívio de sua detentora. Concluiu ser inviável a destinação do animal ao órgão público competente, nos moldes do § 1º do art. 25, da Lei 9. 605/98.

O julgador considerou que a aplicabilidade da norma legal, como feita pelo Ibama, traduziria sofrimento tanto ao animal, como à própria recorrente/detentora que se via na incerteza de saber se continuaria a ter o convívio ou não com o papagaio, como se pode observar do trecho destacado:

> [...] ao determinar a retirada do animal silvestre do convívio com a recorrente, o aresto combatido vulnerou a previsão dos arts. 8º do Código de Processo Civil/2015 e 5º da Lei de Introdução ao Direito Brasileiro (LINDB), tendo em vista que a convivência data de mais de 23 anos e que o acórdão estabeleceu uma guarda provisória que induz expectativa e ansiedade, desestabilizando o emocional e o físico da recorrente. Pondera que a retirada animal silvestre depois de largo período de domesticação implica, inclusive, violação dos direitos do próprio animal.

O ministro considerou que reintegrar "Verdinho" ao seu habitat natural poderia ocasionar medida inversa da proteção legal, pois o papagaio, apesar de animal da fauna silvestre, contava com hábitos de ave de estimação devido ao longo período domesticado. Ponderou, ainda, que as múltiplas mudanças de ambiente da ave estavam a provocar estresse ao animal. Concomitantemente, a constante indefinição de sua destinação final, violaria a dignidade da pessoa humana da recorrente pelo fim do vínculo afetivo e pela incerteza de uma futura separação.

DIMENSÃO ECOLÓGICA DA DIGNIDADE HUMANA **83**

O julgado enumera exemplos de constituições de outros países, além da menção de precedentes internacionais provenientes de vizinhos latino-americanos, como: Equador, Colômbia, Argentina. Com base na epistemologia social apresentada, o julgado afastou a normatividade do Código Civil Brasileiro em relação à coisificação do que é não humano, presente no art. 82 CC/02,[19] e aplicou uma interpretação axiológica do art. 225 da Constituição Federal de 1988, redimensionando o princípio da dignidade humana, sob o um novo paradigma ambiental, o ecológico.

Nesse fim, a decisão *a quo* utilizou da razoabilidade para atender os fins sociais a que a norma se dirige. Considerou a ocorrência da violação da dimensão ecológica da dignidade humana e reconheceu os animais não humanos como sujeitos de direito, aplicando os artigos 8º do CPC/15 e 5º da LINDB.[20]

Com base na fundamentação citada, concedeu provimento parcial ao julgado, determinando o afastamento das multas judiciais do art. 1.026, do CPC/15 e concedeu a guarda definitiva do papagaio à recorrente, mediante visitas de veterinário para repasse de instruções quanto ao cuidado adequado do animal. Colaciona-se:

> Administrativo. Ambiental. Recurso especial. Não configurada a violação do art. 1.022/CPC. Inexistência de omissão, obscuridade ou contradição. Multa judicial por embargos protelatórios. Inaplicável. Incidência da súmula 98/STJ. Multa administrativa. Rediscussão de matéria fática. Impossibilidade. Súmula 7/STJ. Invasão do mérito administrativo. *Guarda provisória de animal silvestre. Violação da dimensão ecológica do princípio da dignidade humana.* 1. Na origem, trata-se de ação ordinária ajuizada pela recorrente no intuito de anular os autos de infração emitidos pelo Ibama e restabelecer a guarda do animal silvestre apreendido. 2. Não há falar em omissão no julgado apta a revelar a infringência ao art. 1.022 do CPC. O Tribunal a quo fundamentou o seu posicionamento no tocante à suposta prova de bons tratos e o suposto risco de vida do animal silvestre O fato de a solução da lide ser contrária à defendida pela parte insurgente não configura omissão ou qualquer outra causa passível de exame mediante a oposição de embargos de declaração. 3. Nos termos da Súmula 98/STJ: "Embargos de declaração manifestados com notório propósito de prequestionamento não têm caráter protelatório". O texto sumular alberga a pretensão recursal, posto que não são protelatórios os embargos opostos com intuito de prequestionamento, logo, incabível a multa imposta. 4. Para modificar as conclusões da Corte de origem quanto aos laudos veterinários e demais elementos de convicção que levaram o Tribunal a quo a reconhecer a situação de maus-tratos, seria imprescindível o reexame da matéria fático-probatória da causa, o que é defeso em recurso especial ante o que preceitua a Súmula 7/STJ: "A pretensão de simples reexame de

---

19. Art. 82, CC São móveis os bens suscetíveis de movimento próprio, ou de remoção por força alheia, sem alteração da substância ou da destinação econômico-social.
20. Art. 8º, CPC Ao aplicar o ordenamento jurídico, o juiz atenderá aos fins sociais e às exigências do bem comum, resguardando e promovendo a dignidade da pessoa humana e observando a proporcionalidade, a razoabilidade, a legalidade, a publicidade e a eficiência.
Art. 5º, LINDB Na aplicação da lei, o juiz atenderá aos fins sociais a que ela se dirige e às exigências do bem comum.

prova não enseja recurso especial." Precedentes. *5. No que atine ao mérito de fato, em relação à guarda do animal silvestre, em que pese a atuação do Ibama na adoção de providências tendentes a proteger a fauna brasileira, o princípio da razoabilidade deve estar sempre presente nas decisões judiciais, já que cada caso examinado demanda uma solução própria. Nessas condições, a reintegração da ave ao seu habitat natural, conquanto possível, pode ocasionar-lhe mais prejuízos do que benefícios, tendo em vista que o papagaio em comento, que já possui hábitos de ave de estimação, convive há cerca de 23 anos com a autora. Ademais, a constante indefinição da destinação final do animal viola nitidamente a dignidade da pessoa humana da recorrente, pois, apesar de permitir um convívio provisório, impõe o fim do vínculo afetivo e a certeza de uma separação que não se sabe quando poderá ocorrer. 6. Recurso especial parcialmente provido.* (STJ – REsp: 1797175 SP 2018/0031230-0, Relator: Ministro Og Fernandes, Data de Julgamento: 21.03.2019, T2 – Segunda Turma, Data de Publicação: DJe 28.03.2019)[21] (Grifos nossos)

Menciona ainda, o relator, que "o fator mais importante desta reflexão assenta-se em um redimensionamento do ser humano com a natureza a partir de um enfoque do direito biocêntrico e não somente antropocêntrico".[22] Transcreve-se:

> Essa visão da natureza como expressão da vida na sua totalidade possibilita que o Direito Constitucional e as demais áreas do direito reconheçam o meio ambiente e os animais não humanos como seres de valor próprio, merecendo, portanto, respeito e cuidado, de sorte que pode o ordenamento jurídico atribuir-lhes titularidade de direitos e de dignidade.[23]

A partir da constatação de que a aplicabilidade das normas legais não traduzia a finalidade da tutela de proteção à fauna, o Min. Og Fernandes trouxe ao julgado uma interpretação sistêmica e holística da questão jurídica por intermédio da principiologia da racionalidade do Estado de Direito Ecológico, que será desenvolvido na subseção que se avizinha.

## 3.1 A dimensão ecológica da dignidade humana e o reconhecimento dos animais não humanos como sujeitos de direito

Por mais que a dignidade humana tenha sido abordada na seção anterior, neste momento faz-se possível reanalisá-la sob a ótica da racionalidade científica externada no Recurso Especial 1797175/SP.

A epistemologia social utilizada em julgados anteriores correspondia à visão antropocêntrica da dignidade conforme Kant, na qual o homem é parte central no meio ambiente. O próprio julgado suscita essa reflexão para, após, fundamentar os motivos da mudança de interpretação a uma nova racionalidade, dita ecológica, quando o homem é parte do meio ambiente e tão importante quanto os outros seres vivos e não vivos para o funcionamento sistêmico dos ecossistemas.

---

21. BRASIL. Superior Tribunal de Justiça. REsp 1.797.175-SP. Rel. Min. Og Fernandes, julgado em 21.03.2019.
22. Ibidem, p. 18.
23. Ibidem, p. 13.

DIMENSÃO ECOLÓGICA DA DIGNIDADE HUMANA **85**

Melanie Mitchell descreve como a história, a ciência e a física tomaram contornos diferentes com o passar dos anos, desde uma concepção linear, planificada à saída do ser humano do centro do universo mediante as inovações heliocêntricas de Copérnico, Galileu e, posteriormente, Kepler.[24]

A cientista norte-americana afirma que sistemas isolados não refletem resultados fidedignos. Em verdade, qualquer experimento está inserido em sistemas complexos, imbuídos de eventos imprevisíveis e da dependência sensível das condições iniciais. Por mais que se tente quantizar taxa de nascimento, morte etc. em mapas logísticos, os números são possibilidades de que o resultado alcance a finalidade, ou seja, não há necessariamente a certeza de que será alcançado, pois inexistem sistemas lineares.

André Folloni[25] debate sobre o normativismo fechado, linear, pois muitos aplicadores do Direito Tributário ainda possuem o pensamento de que a matéria possa ser separada e possua seus próprios enunciados de forma isolada. Enquanto os cientistas de outras áreas afirmam o contrário: "diante da complexidade de um sistema, o método científico frequentemente não pode ser o reducionismo!"[26]

Continua o autor relatando que, nas últimas décadas, as Ciências Complexas ganharam campo tratando-se "de uma revolução científica que abalou os alicerces da ciência normal quando esta se mostrou impotente para tratar dos sistemas complexos".[27] Demonstram-se, assim, as insuficiências do paradigma reducionista, pois rompe a cadeia de interações e retroações responsáveis pelas qualidades emergentes do sistema. Transcreve-se:

> Separar é eliminar a emergência e, com isso, perder a qualidade que deveria ser compreendida. O que resta é a incompreensão, a não ciência. Note-se a oposição: reduzir, em muitos casos, impede a compreensão e, portanto, inviabiliza a Ciência dos sistemas complexos, inclusive do Direito.[28]

O físico Fritjof Capra e o jurista Ugo Mattei, no livro "A Revolução Ecojurídica", defendem o mesmo posicionamento em sede do Direito Ambiental. As relações com a natureza na antiguidade partiam de um conhecimento holístico, porém metafísico. Após a apropriação pela civilização romana dos *Commons*[29]

---

24. MITCHELL, Melanie. *Complexity?* A guided tour. Oxford: Oxford University Press, 2009.
25. FOLLONI, André. Reflexões sobre complexity science no direito tributário. In: MACEI, Demetrius Nichele et. al. (Coord.). *Direito tributário e filosofia*. Curitiba: Instituto Memória, 2014, p. 27.
26. Ibidem.
27. Ibidem, p. 26.
28. Ibidem, p. 26 e 27
29. Fritjof Capra e Ugo Mattei conceituam *commons*, como sendo "bens, recursos ou espaços comuns a todos". Cf. CAPRA, Fritjof; MATTEI, Ugo. *A revolução ecojurídica*: o direito sistêmico em sintonia com a natureza e a comunidade. São Paulo: Cultrix, 2018, p. 32. É um princípio organizador da nova ordem ecojurídica.

pela propriedade privada e na instituição da soberania no Estado de Direito, o homem passou a ocupar uma posição de *praetor*[30] frente ao meio ambiente.

Mais adiante, na física, Descartes assumia o sistema cartesiano, linear, fragmentado como o adequado à ciência. Surgiam-se, assim, Leis da natureza, instituídas por homens, a exemplo das três Leis de Newton. Em igual movimento, o domínio humano sobre a natureza justificava o viés exploratório de seus "recursos naturais" em prol do desenvolvimento da Revolução Industrial Inglesa.

A escassez dos ditos "recursos" naturais e o aumento de mudanças e desastres ambientais em curto espaço temporal, fez com que a comunidade científica repensasse esses padrões. A nova racionalidade defendida pelos autores, pauta-se: na percepção ecológica da sociedade a fim de derrotar o individualismo economicamente induzido; a contestação da visão mecanicista, objetiva, independente, de concentração de poder e conhecimento artificial do direito; além da visão holística do Direito, analisando as leis naturais sistematicamente de baixo para cima, em um comunalismo de valores e intenções.

Compartilham os professores do mesmo entendimento de Melanie Michell de que as propriedades e o comportamento das partes determinam os do todo na mecânica clássica, enquanto na mecânica quântica inverte-se o raciocínio: é o todo que determina o comportamento das partes, ou seja, o sucesso de cada membro depende do sucesso da comunidade como um todo.[31]

A ecologia do direito busca uma qualidade de vida econômica que vise ao fomento e à preservação da natureza, em benefício das gerações futuras e da sobrevivência humana em geral. O direito deve reproduzir as estratégias naturais de sobrevivência ecológica de longo prazo, tal como garantido no art. 225 da CF/88.[32]

Desse modo, a ecologia do direito objetiva dar soberania à comunidade e desconectar o direito do poder e da violência.[33] O Estado de Direito Ecológico representa um modelo mais avançado de organização da vida humana na Terra,[34] tendo em vista que possibilita interpretar, executar, gerir, controlar, fiscalizar e proteger a integridade ecológica dos ecossistemas do planeta em uma escala

---

30. *Praetor* eram políticos eleitos que recebiam do Senado Romano grande poder administrativo, inclusive a manutenção das propriedades públicas, sendo responsáveis, dentre outras atribuições, pela solução de conflitos sobre a propriedade e seus limites.
31. CAPRA; MATTEI, op. cit., p. 141.
32. Ibidem, 41.
33. Ibidem, p. 187
34. NUNES, César Augusto R. et. al. (Org.). *Temas de Direitos Humanos do VI CIDHCoimbra 2021*. Ed. Brasílica: Edições Brasil, Jundiaí, 2021, p. 811. Disponível em: https://www.cidhcoimbra.com/_files/ugd/8f3de9_d80395af397d4405957f5f54fa3a24c8.pdf Acesso em: 10 fev. 2022.

DIMENSÃO ECOLÓGICA DA DIGNIDADE HUMANA **87**

normativa multinível, em colaboração a uma teia de atores sociais, estatais e não estatais, unidos num processo de governança socioecológica.[35]

Por esse motivo, quando o referido acórdão do STJ reconheceu a *dimensão ecológica da dignidade da pessoa humana*, atribuindo, ainda, *dignidade e direitos aos animais não humanos, avançou este* rumo a um *paradigma jurídico biocêntrico*.[36]

## 3.2 Precedente judicial ou mudança de paradigma? Análise do REsp 1.797.175/SP a partir dos ensinamentos de Thomas Kuhn

O acórdão, que foi acompanhado por unanimidade pela 2ª Turma do STJ ressalta a necessidade em "repensar uma nova racionalidade distinta da lógica hegemonicamente traçada e reproduzida nas instâncias ordinárias que apreciam demandas".[37] Isto, para que o debate na Corte Superior impulsione o Estado e a Sociedade a pensarem de maneira radicalmente distinta dos padrões jurídicos postos.[38]

Essas mudanças de entendimento comumente são mencionadas como uma mudança de paradigma. Contudo, deve-se analisar se a decisão é um caso judicial isolado ou se ele refletiu em uma mudança estrutural a ponto de padronizar os julgados semelhantes ulteriores para um novo posicionamento diferente do anterior adotado.

Sabe-se, a partir das obras de Thomas Kuhn, que este se posicionou sobre o real significado da expressão por si criada. Paradigma, apesar de vulgarmente utilizada para qualquer mudança de entendimento, é o elemento de uma nova matriz disciplinar. Conforme já estudado em seção própria, são "as soluções concretas de quebra-cabeças que, empregadas como modelos ou exemplos, podem substituir regras explícitas como base para a solução dos restantes quebra-cabeças da ciência normal".[39]

No intuito de responder ao questionamento levantado, fez-se uma pesquisa de caráter exploratório dentre os julgados do Superior Tribunal de Justiça, desde junho de 2022 a junho de 2017, um pouco antes e depois da decisão analisada, a qual data de 2019, completando o interregno de 5 anos. Inicialmente, foram

---

35. BELCHIOR, Germana Parente Neiva; MATIAS, João Luis Nogueira. *Fundamentos Teóricos do Estado de Direito Ambiental.* p. 2284-2314.
36. SARLET, Ingo Wolfgang; FERSTENSEIFER, Thiago. *A dimensão ecológica da dignidade e direitos do animal não humano.* Disponível em: https://www.conjur.com.br/2019-mai-10/direitos-fundamentais-stj-dimensao-ecologica-dignidade-direitos-animal-nao-humano. Acesso em: 15 fev. 2022.
37. BRASIL. Superior Tribunal de Justiça. REsp 1.797.175/SP (2018/0031230-0). Rel. Min. Og Fernandes, julgado em 21.03.2019, p. 18.
38. Ibidem, p. 39.
39. KUHN, 2017, p. 323.

utilizadas as palavras-chave: "dimensão ecológica da dignidade humana" ou "animal" e "sujeito de direitos".

Em 2017, as decisões da Corte relacionadas a animais resumiam-se a averiguação da responsabilidade objetiva do Departamento Nacional de Infraestrutura e Transporte – DNIT por conta de animal presente na pista de rolagem como gravame para a ocorrência de sinistros entre veículos. Nessas decisões, não houve a preocupação com a manutenção da vida do animal, muitas vezes morto nesses acidentes.[40]

Ainda nesse ensejo, em 2018, o REsp 1713167 SP, de relatoria do Ministro Luis Felipe Salomão, julgado em 19.06.2018, aplicou o Código Civil ao classificar a natureza jurídica dos animais como "coisas" a serem a apropriadas, não dotadas de personalidade jurídica e, portanto, não sendo sujeitos de direitos.[41]

Ressalta, ainda, a situação específica dos animais de companhia, os quais classifica como sencientes, pois dotados de sensibilidade. Contudo, ao decidir, enfatizou que a resolução do caso deve-se atender aos fins sociais para proteger o ser humano e o seu vínculo com o animal. Deferiu, neste julgado, o direito de visitação, após o rompimento de uma união estável.[42]

Alguns elementos dessa matriz disciplinar pautada no direito ambiental antropocêntrico (art. 225, CF/88) começaram a mudar a partir do jugado sob análise, o REsp 1797175/SP, datado de 21 de março de 2019, sob relatoria do Ministro OG Fernandes.[43] Neste, sob fundamento da perspectiva ecológica do princípio da

---

40. BRASIL. Superior Tribunal de Justiça. REsp 1632985/PE. Rel. Min. Paulo de Tardo Sanseverino, julgado em 04.09.2017.

41. BRASIL. Superior Tribunal de Justiça. REsp 1713167/SP. Rel. Min. Luis Felipe Salomão, julgado em 19.06.2018.

42. BRASIL. Superior Tribunal de Justiça. REsp 1713167/SP. Rel. Min Luis Felipe Salomão, julgado em 19.06.2018. [...] 2. O Código Civil, ao definir a natureza jurídica dos animais, tipificou-os como coisas e, por conseguinte, objetos de propriedade, não lhes atribuindo a qualidade de pessoas, não sendo dotados de personalidade jurídica nem podendo ser considerados *sujeitos de direitos*. Na forma da lei civil, o só fato de o *animal* ser tido como de estimação, recebendo o afeto da entidade familiar, não pode vir a alterar sua substância, a ponto de converter a sua natureza jurídica. [...]
6. Os animais de companhia são seres que, inevitavelmente, possuem natureza especial e, como ser senciente – dotados de sensibilidade, sentindo as mesmas dores e necessidades biopsicológicas dos animais racionais –, também devem ter o seu bem-estar considerado.
7. Assim, na dissolução da entidade familiar em que haja algum conflito em relação ao *animal* de estimação, independentemente da qualificação jurídica a ser adotada, a resolução deverá buscar atender, sempre a depender do caso em concreto, aos fins sociais, atentando para a própria evolução da sociedade, com a proteção do ser humano e do seu vínculo afetivo com o *animal*.
8. Na hipótese, o Tribunal de origem reconheceu que a cadela fora adquirida na constância da união estável e que estaria demonstrada a relação de afeto entre o recorrente e o *animal* de estimação, reconhecendo o seu direito de visitas ao *animal*, o que deve ser mantido.

43. BRASIL. Superior Tribunal de Justiça. REsp 1.797.175-SP. Rel. Min. Og Fernandes, julgado em 21.03.2019.

dignidade da pessoa humana, foi afastada a aplicabilidade do Código Civil para reconhecer os animais não humanos como sujeitos de direito.

Entendimento espelhado no segundo julgado encontrado na pesquisa no sítio do STJ: o REsp 1795349/SC, votado em 06 de junho de 2019, com a mesma relatoria.[44] O mesmo entendimento foi externado no Agravo em REsp 1523520, em 16 de setembro de 2019, sob relatoria do Ministro Mauro Campbell Marques.[45]

Em seguida, visando obter o maior número de julgados que lidassem com o direito animal silvestre, pesquisou-se pelas palavras-chave: "guarda" e "animal silvestre". Constatou-se haver o entendimento consolidado na Colenda Corte, desde 2017, de que o animal silvestre domesticado poderia permanecer na guarda de seu detentor por não ser recomendado o seu retorno ao habitat natural.[46]

Contudo, os julgados não mencionam o animal como sujeito de direitos e não guarnecem a proteção do silvestre, mas sim, o desejo humano em permanecer com o animal. Isso, pois, no sistema de refaunação, é observado que animais postos em cativeiro, conseguem adaptar-se e retornar ao convívio comum a partir de transições realizadas por biólogos antes do retorno ao convívio à natureza.

A partir dos julgados selecionados, faz-se a análise quanto a existência de uma mudança de paradigma ou de precedentes sobre o assunto. Quanto ao primeiro, é preciso adotar uma estratégia de longo prazo que ponha a mudança sistêmica de paradigma na ordem do dia a dia da política.[47] Sabe-se, conforme explanado na subseção 1.2, que a palavra paradigma é vulgarmente utilizada de forma que

---

44. BRASIL. Superior Tribunal de Justiça. REsp 1.795.349/SC. Rel. Min. Og Fernandes, julgado em 06.06.2019.

45. Dessa forma, a violação da norma ambiental e do equilíbrio sistêmico não comporta a ideia de inexpressividade da conduta para aplicação do princípio da insignificância, pois o interesse protegido envolve toda a sociedade e, em nome do bem-estar desta, é que deve ser aplicada. 4. Em qualquer quantidade que seja derramamento de óleo é poluição, seja por inobservância dos padrões ambientais (inteligência do art. 3º, III, "e", da Lei 6.938/1981, c/c o art. 17 da Lei 9.966/2000), seja por conclusão lógica dos princípios da solidariedade, *dimensão ecológica da dignidade* humana, prevenção, educação ambiental e preservação das gerações futuras. BRASIL. Superior Tribunal de Justiça. Agravo em REsp 1523520-RS. Rel. Min. Mauro Campbell Marques, julgado em 16.09.2019.

46. BRASIL. Superior Tribunal de Justiça. Agravo Interno no Agravo em REsp 668359/RS. Rel. Min. Napoleão Nunes Maia Filho, julgado em 28.11.2017. Processo civil e administrativo. Agravo interno no agravo em recurso especial. Ambiental. *Guarda* doméstica de papagaios. Animais adaptados ao convívio doméstico. Possibilidade de manutenção da posse. Agravo interno do Ibama desprovido. 1. Esta Corte Superior consolidou entendimento da possibilidade de manutenção de *animal silvestre* em ambiente doméstico quando já adaptado ao cativeiro por muitos anos, em especial, e quando as circunstâncias fáticas não recomendarem o retorno ao seu habitat natural, como ocorreu no caso dos autos. Precedentes: AgInt no REsp. 1.389.418/PB, Rel. Min. Og Fernandes, DJe 27.09.2017; AgInt no REsp. 1.553.553/PE, Rel. Min. Napoleão Nunes Maia Filho, DJe 28.08.2017. 2. Agravo Interno do Ibama desprovido.

47. CAPRA; MATTEI, op. cit., p. 187.

Thomas Kuhn posicionou-se no Posfácio da obra "A Estrutura das Revoluções Científicas", para ir além do atual entendimento comum.

Nota-se que houve uma aplicação de uma nova matriz disciplinar nos julgados que sucederam o REsp 1797175/SP, o direito ambiental ecológico. A inovação da decisão foi elevar os animais não humanos à categoria de sujeito de direitos. Quanto à dimensão ecológica da dignidade humana, outros anteriores, já haviam decidido nesse sentido.

Apesar de apresentar-se como uma decisão "paradigmática", este não é o sentido cujo Kuhn desenvolveu em seus estudos. Pode-se mencionar ser a decisão vanguardista, inovadora a ponto de criar precedentes aos tribunais, entretanto, não deixaram de ser os animais considerados pelo modo civilista imputado. Um caso ou outro esparso adota e referencia o julgado, mas este não criou elementos de uma matriz, não gerou uma mudança de paradigma.

Por fim, biólogos e outros especialistas no trato com animais silvestres consideram o REsp 1797175/SP como uma violação do direito do papagaio, pois, há inúmeros estudos e exemplos de que animais domesticados consigam retornar ao habitat natural mediante adaptações aos costumes selvagens próprios de seu ecossistema. Reclamam que a decisão, apesar de fundamentar-se nos direitos subjetivos do papagaio Verdinho, apenas considerou a vontade íntima de sua detentora na manutenção da posse.

## 4. CONSIDERAÇÕES FINAIS

O presente estudo expôs o vanguardismo do Recurso Especial 1797175/SP, proveniente do Estado de São Paulo, na aplicação de uma nova racionalidade científica nos julgados em que o bem tutelado são animais não humanos e o meio ambiente. Nesse intuito, a pesquisa de caráter exploratório e abordagem qualitativa, buscou analisar se o REsp 1797175/SP trouxe uma mudança de paradigma quanto ao tratamento dos animais silvestres no Brasil ou se pode ser considerado um precedente jurídico?

Ao redimensionar a dignidade humana a um patamar ecológico e estender ao papagaio "Verdinho" direitos inerentes à personalidade, o Ministro Og Fernandes analisou a demanda de uma forma holística, interpretando axiologicamente os ditames legais. Com base nesse novo posicionamento do STJ, ao aplicar o Direito Ambiental Ecológico em face do ambiental antropocêntrico, questiona-se se este modificou o paradigma antes existente a partir da leitura do criador da expressão: Thomas Kuhn.

O filósofo defende no Posfácio de sua obra "A Estrutura das Revoluções Científicas" que, apesar das inúmeras atribuições ao termo "paradigma", sua aplicabilidade refere-se aos elementos da matriz disciplinar, substituindo "regras" explícitas como base para a solução dos restantes quebra-cabeças da ciência normal.

Para tanto, julgados do Superior Tribunal de Justiça foram delimitados, desde junho de 2022 a junho de 2017, um pouco antes e depois da decisão analisada, a qual data de 2019, completando o interregno de 5 anos. Utilizaram-se as palavras-chave: "dimensão ecológica da dignidade humana" ou "animal" e "sujeito de direitos". Em seguida, visando obter o maior número de julgados que lidassem com o direito animal silvestre: "guarda" e "animal silvestre".

Notou-se a aplicação de uma nova matriz disciplinar nos julgados que sucederam o REsp 1797175/SP, o direito ambiental ecológico. A inovação da decisão delimitou-se na elevação dos animais não humanos à categoria de sujeito de direitos sob o fundamento da dimensão ecológica da dignidade humana, expressão já evidenciada e utilizada em julgados anteriores.

Concluiu-se que apesar do REsp 1797175/SP apresentar-se como uma decisão "paradigmática", este não é o sentido desenvolvido por Thomas Kuhn em suas obras. Pode-se mencionar ser a decisão vanguardista, inovadora a ponto de criar precedentes aos tribunais. Entretanto, a jurisprudência brasileira, como um todo, não deixou de considerar os animais como bens apropriáveis, sencientes, conforme disposição do Código Civil. Um caso ou outro esparso adota e referencia o julgado, mas este não criou elementos de uma matriz, não gerando, portanto, uma mudança de paradigma.

## 5. REFERÊNCIAS

BELCHIOR, Germana Parente Neiva; MATIAS, João Luis Nogueira. *Fundamentos Teóricos do Estado de Direito Ambiental.*

BRASIL. Decreto 321, DE 30 DE dezembro de 1999. Promulga o Protocolo Adicional à Convenção Americana sobre Direitos Humanos em Matéria de Direitos Econômicos, Sociais e Culturais "Protocolo de São Salvador", concluído em 17 de novembro de 1988, em São Salvador, El Salvador. Disponível em: http://www.planalto.gov.br/ccivil_03/decreto/d3321.htm. Acesso em: 14 fev. 2022.

BRASIL. Superior Tribunal de Justiça. Agravo em REsp 1523520-RS. Rel. Min. Mauro Campbell Marques, julgado em 16.09.2019.

BRASIL. Superior Tribunal de Justiça. Agravo Interno no Agravo em REsp 668359/RS. Rel. Min. Napoleão Nunes Maia Filho, julgado em 28/11/2017.

BRASIL. Superior Tribunal de Justiça. REsp 1632985/PE. Rel. Min. Paulo de Tardo Sanseverino, julgado em 04.09.2017.

BRASIL. Superior Tribunal de Justiça. REsp 1713167/SP. Rel. Min. Luis Felipe Salomão, julgado em 19.06.2018.

BRASIL. Superior Tribunal de Justiça. REsp 1.795.349/SC. Rel. Min. Og Fernandes, julgado em 06.06.2019.

BRASIL. Superior Tribunal de Justiça. REsp 1.797.175-SP. Rel. Min. Og Fernandes, julgado em 21.03.2019.

BRUNDTLAND, Gro Harlem. *Nosso futuro comum*: Relatório Brundtland. United Nations, 1987.

CAPRA, Fritjof; MATTEI, Ugo. *A revolução ecojurídica*: o direito sistêmico em sintonia com a natureza e a comunidade. São Paulo: Cultrix, 2018.

COMISSÃO INTERAMERICANA DE DIREITOS HUMANOS. Convenção Americana sobre Direitos Humanos. São José, Costa Rica, 22 nov. 1969. Disponível em: https://www.cidh.oas.org/basicos/portugues/c.convencao_americana.htm Acesso em: 10 fev. 2022.

CORTE INTERAMERICANA DE DIREITOS HUMANOS. Opinião Consultiva 23/2017. Meio Ambiente e Direitos Humanos. Solicitada pela República de COLÔMBIA, 15 nov. 2017.

COSTA, Ana Clarice Rodrigues. Os paradigmas de Thomas Kuhn. *Primeiros Escritos*, n. 10, p. 10-33, 2020.

DINNEBIER, Flávia França; LEITE, José Rubens Morato. *Estado de direito ecológico*: Conceito, Conteúdo e Novas Dimensões para a Proteção da Natureza. São Paulo: Inst. O direito por um Planeta Verde, 2017.

FOLLONI, André. Reflexões sobre complexity science no direito tributário. *In*: MACEI, Demetrius Nichele et al. (Coord.). *Direito tributário e filosofia*. Curitiba: Instituto Memória, 2014.

KANT, Immanuel. *Fundamentação da metafísica dos costumes*. Trad. Paulo Quintela. Lisboa: Edições 70, 2007.

KUHN, Thomas. *A estrutura das revoluções científicas*. Trad. Beatriz Vianna Boeira e Nelson Boeira. 13. ed. São Paulo: Perspectiva, 2017.

KUHN, Thomas. *Reconsiderações acerca dos paradigmas*. In: KUHN, T. S. A tensão essencial. Trad. Rui Pacheco. Lisboa: Edições 70, 2009.

LEITE, José Rubens Morato; SILVEIRA, Paula Galbiatti; BETTEGA, Belisa, O Estado de Direito para a natureza: Fundamentos e conceitos. In: LEITE, José Rubens Morato; DINNEBIER, Flávia França (Org.). *Estado de direito ecológico*: Conceito, Conteúdo e Novas Dimensões para a Proteção da Natureza. São Paulo: Inst. O direito por um Planeta Verde, 2017.

MITCHELL, Melanie. *Complexity?* A guided tour. Oxford: Oxford University Press, 2009.

NUNES, César Augusto R. et al (Org.). *Temas de Direitos Humanos do VI CIDHCoimbra 2021*. Ed. Brasílica: Edições Brasil, Jundiaí, 2021.

PIROZELLI, Paulo. The structure of scientific controversies: Thomas Kuhn's social epistemology. *Filosofia Unisinos*, v. 22(3), p. 1-17, 2021.

POPPER, Karl. *O conhecimento e o problema corpo-mente*. Lisboa: Edições 70, 1996.

RIBEIRO, Bruno Quiquinato. *Dignidade humana em Kant*. Disponível em: https://jus.com.br/artigos/21605/a-dignidade-da-pessoa-humana-em-immanuel-kant. Acesso em: 14 fev. 2022.

SARLET, Ingo Wolfgang. *Dignidade (da Pessoa) Humana e Direitos Fundamentais na Constituição Federal de 1988*. Fortaleza: Livraria do Advogado Editora, 2001.

SARLET, Ingo Wolfgang; FERSTENSEIFER, Thiago. *A dimensão ecológica da dignidade e direitos do animal não humano*. Disponível em: https://www.conjur.com.br/2019-mai-10/direitos-fundamentais-stj-dimensao-ecologica-dignidade-direitos-animal-nao-humano. Acesso em: 15 fev. 2022.

# A IMPORTÂNCIA DA EPISTEMOLOGIA PARA O ESTUDO DA VERDADE E DA PROVA NO PROCESSO JUDICIAL[1]

## THE IMPORTANCE OF EPISTEMOLOGY FOR THE STUDY OF TRUTH AND PROOF IN THE LEGAL PROCESS

*Amanda Simões da Silva Batista*

**Resumo:** O presente artigo aborda as contribuições da Epistemologia (ou Teoria do Conhecimento) para o Direito, que auxiliam na descoberta da verdade dos fatos e no tratamento da prova no processo, fundamentais para a correta incidência da norma jurídica e a justeza da decisão judicial. A provisoriedade e a falibilidade do conhecimento humano impedem o alcance de uma verdade absoluta e incontestável em qualquer área científica, inclusive no Direito. No processo judicial, por ser também impossível encontrar a verdade real, limites jurídicos devem ser estabelecidos para evitar abusos na produção da prova dos fatos. Acredita-se que uma postura falibilista deve ser adotada, por entender que afirmações sobre a realidade devem ser consideradas presumidamente verdadeiras, se estiverem suficientemente fundamentadas e caso não se consiga demonstrar o contrário. Desse modo, conclui-se que a prova produzida em juízo deve ser reconhecida como instrumento de alcance de um conhecimento aproximado – certeza razoável – sobre os fatos.

**Palavras-chave:** Epistemologia – Falibilismo – Verdade – Prova – Processo judicial.

**Abstract:** This article discusses the contributions of Epistemology (or Theory of Knowledge) to the application of Law, which can help in discovering the truth of the facts and in the treatment of proof in the process, fundamental for the correct application of the legal norm and the fairness of the judicial decision. The provisionality and fallibility of human knowledge prevent the achievement of an absolute and incontestable truth in any scientific area, including in Law. In the legal process, because it is also impossible to find the real truth, legal limits must be established to avoid abuses in the production of proof of the facts. It is believed that a fallibilist stance should be adopted, as it understands that statements about reality should be considered presumably true, if they are sufficiently substantiated and if the contrary cannot be demonstrated. Thus, it is concluded that the proof produced in court must be recognized as an instrument for reaching approximate knowledge – reasonable certainty – about the facts.

**Keywords:** Epistemology – Fallibilism – Truth – Proof – Legal process.

---

**Sumário:** 1. Introdução – 2. Falibilidade do conhecimento, verdade como correspondência e sua relação com o processo; 2.1 Verdade e processo – 3. Busca da verdade por meio da prova processual; 3.1 Breves aspectos concernentes ao convencimento do juiz e à fundamentação da decisão judicial – 4. Considerações finais – 5. Referências.

---

1. Este artigo contou com o apoio financeiro da FUNCAP (Fundação Cearense de Apoio ao Desenvolvimento Científico e Tecnológico).

## 1. INTRODUÇÃO

O tema da *verdade* tem grande relevância no âmbito do Direito, uma vez que as afirmações sobre os fatos alegados pelas partes em um processo podem ou não ser verdadeiras, mostrando-se necessária a sua averiguação para que haja correta incidência da norma no caso concreto e, assim, seja oferecida uma tutela jurisdicional justa à parte que tenha razão. Desse modo, as demandas judiciais prendem-se a um ou mais fatos relevantes e as dúvidas sobre a veracidade dessas afirmações feitas em juízo devem ser analisadas pelo magistrado a partir das provas que lhe são apresentadas.[2-3]

No Estado Democrático de Direito, a normatização de condutas e sua respectiva consequência garante previsibilidade e segurança jurídica às pessoas, garantindo-lhes que as penalidades somente sejam aplicadas quando os fatos efetivamente tiverem ocorrido. De modo contrário, ou seja, caso se atribuíssem consequências sem a devida ocorrência do ato correspondente (exemplo: condenar André por sequestrar Carla, sem que ele, em realidade, tenha cometido o crime), o Direito deixaria de exercer sua função de manutenção da ordem pública e de pacificação de conflitos.

Nesse contexto, segundo as lições de Michele Taruffo,[4] a verdade dos fatos, de tal modo, é necessária tanto em si mesma, pois uma decisão tomada em versão falsa ou equivocada dos fatos realmente não pode ser considerada justa, como porque a apuração verdadeira dos fatos constitui premissa fundamental para a aplicação correta da lei que regulamenta o caso.

Todavia, a busca da verdade deve levar em consideração a falibilidade do conhecimento humano. É ilusório pensar na busca da chamada 'verdade absoluta e incontornável' em qualquer área do conhecimento científico, inclusive, na Ciência do Direito. Ensina Marques Neto[5] que a ciência é caracterizada pela falsificabilidade, pois asserções inabaláveis e irrefutáveis não são proposições científicas, mas pertencem ao domínio do dogma. Assim, o conhecimento científico é antes *aproximado* do que verdadeiro, sempre buscando a superação de erros.

Aqui repousa a importância da Epistemologia ou Teoria do Conhecimento, a qual tem como missão esclarecer o que envolve a concepção de conhecimento,

---

2. DINAMARCO, Cândido Rangel; BADARÓ, Gustavo Henrique Righi Ivahy; LOPES, Bruno Vasconcelos Carrilho. *Teoria Geral do Processo*. 32. ed. São Paulo: Malheiros, 2020, p. 426.

3. Aftalión, Vilanova e Rafo explicam que "ao jurista não lhe interessa a lei, mas naquela a que se refere a lei, isto é, a conduta dos homens". Cf. AFTALIÓN, Enrique R.; VILANOVA, José; RAFFO, Julio. *Introducción al derecho*. Buenos Aires: Abeledo-Perrot, 2004, p. 163.

4. TARUFFO, Michele. *Uma Simples Verdade*. Trad. de Vitor de Paula Ramos. São Paulo: Marcial Pons, 2012, p. 142 e 143.

5. MARQUES NETO, Agostinho Ramalho. *A ciência do Direito*: conceito, objeto, método. 2. ed. Rio de Janeiro: Renovar, 2001, p. 49 e 50.

A IMPORTÂNCIA DA EPISTEMOLOGIA PARA O ESTUDO DA VERDADE E DA PROVA **95**

aquilo que é essencial a todo conhecimento, em sua estrutura geral (não de um determinado conhecimento).[6]

Conforme Hugo de Brito Machado Segundo, no campo jurídico, além da própria compreensão da Ciência do Direito, a Epistemologia pode trazer grandes contribuições no estudo da cognição humana, que traz desdobramentos na interpretação dos textos normativos, no plano probatório, na determinação da verdade quanto aos fatos necessários à incidência da norma e no estudo dos valores.[7] Dar-se-á destaque, neste artigo, à verdade das alegações de fato e à prova judicial.

Para Leonardo Greco,[8] é imprescindível que o jurista empenhe-se no estudo epistemológico da verdade, não daquela verdade metafísica de conceitos abstratos ou da fé, mas sim daquela verdade acessível ao conhecimento racional a respeito dos fatos do mundo em que o ser humano vive e age.

Demonstrar a verdade está atrelada ao estudo da prova,[9] porquanto esta é o meio de fundamentação da verdade das alegações sobre os fatos. Contudo, apesar da impossibilidade prática de o processo asseverar uma verdade absoluta a partir do conjunto probatório disponível, não podendo o processo aguardar um tempo indefinido para se chegar a uma conclusão, decisões necessitam ser tomadas, de modo a considerar as imagens da realidade das quais se dispõe como provisoriamente corretas.[10]

O presente artigo, assim, tem o objetivo de analisar brevemente a importância da compreensão da imperfeição da cognição humana, da não definitividade da verdade e da sua relação com a prova no âmbito do processo judicial. Para tanto, no que diz respeito à metodologia, o artigo terá natureza descritivo-explicativa, com viés qualitativo, mediante o uso de fontes de informação bibliográfica, como livros, artigos, dissertações e outras pesquisas sobre a temática.

---

6. RESCHER, Nicholas. *Epistemology*: an introduction to the theory of knowledge. Albany: State University of New York Press, 2003, p. 13; HESSEN, Johannes. *Teoria do conhecimento*. Trad. João Vergílio Gallerani Cuter. São Paulo: Martins Fontes, 2003, p. 19.

7. MACHADO SEGUNDO, Hugo de Brito. Epistemologia Falibilista e Teoria do Direito. *Revista do Instituto do Direito Brasileiro da Faculdade de Direito da Universidade de Lisboa – RIDB*, n. 1, p. 198 e 199. Lisboa, 2014.

8. GRECO, Leonardo. *Instituições de Processo Civil*: processo de conhecimento. v. 2. 3. ed. Rio de Janeiro: Forense, 2015, p. 111 e 112.

9. O direito à prova não está previsto de forma explícita na Constituição Federal de 1988 (CRFB/88), mas decorre das garantias do devido processo legal e do contraditório (artigo, 5º, LV – *aos litigantes, em processo judicial ou administrativo, e aos acusados em geral são assegurados o contraditório e ampla defesa, com os meios e recursos a ela inerentes*), bem como do princípio da inafastabilidade da jurisdição (artigo, 5º, XXXV – *a lei não excluirá da apreciação do Poder Judiciário lesão ou ameaça a direito*).

10. FERNANDES, Lara Teles. *Standards probatórios e epistemologia jurídica*: uma proposta interdisciplinar para a valoração do testemunho no processo penal. 2019. Dissertação (Mestrado – Programa de Pós-graduação em Direito) –Universidade Federal do Ceará, Faculdade de Direito, Fortaleza, 2019, p. 39.

## 2. FALIBILIDADE DO CONHECIMENTO, VERDADE COMO CORRESPONDÊNCIA E SUA RELAÇÃO COM O PROCESSO

O acesso do ser humano à realidade é intermediado pelos sentidos, que são imperfeitos; pela linguagem, que é usada para reconstruir a realidade na mente; e por uma série de elementos, naturais e culturais, que exercem influência no modo como essa reconstrução ocorre em cada indivíduo. De tal maneira, não é possível ter acesso direto à realidade exatamente como ela é, pois a imperfeição da imagem da realidade pode ser sempre retificada, o que corrobora para a impossibilidade em se ter certeza absoluta sobre a veracidade de uma afirmação.[11]-[12]

Conforme Johannes Hessen,[13] o conhecimento aparece como uma relação entre o sujeito que conhece e o objeto a ser conhecido. A partir da função cognoscitiva, surge no sujeito uma "figura" com as determinações do objeto, ou seja, uma "imagem" do objeto. A verdade do conhecimento consistiria na concordância entre essa "figura" e o objeto, sendo, portanto, a verdade um conceito relacional. Assim, o objeto em si não pode ser nem verdadeiro nem falso, estando além da verdade e da inverdade. Por sua vez, uma representação, ainda que incompleta, pode ser verdadeira, se as características até então observadas existirem efetivamente no objeto.

Entretanto, diante desse conhecimento imperfeito, Hugo de Brito Machado Segundo explica que não se pode aderir a uma posição cética[14] ou relativista[15] da verdade, onde aqueles acreditam que nada é verdadeiro e estes acreditam que tudo pode ser verdadeiro. Assim, o ideal seria a adoção de uma postura intermediária, denominada falibilista, na qual uma afirmação pode ser considerada provisoriamente verdadeira, se estiver razoavelmente fundamentada e até que se demonstre o contrário, ou seja, pressupõe uma realidade ainda não completamente conhecida.

---

11. MACHADO SEGUNDO, Hugo de Brito; MACHADO, Raquel Cavalcanti Ramos. Prova e verdade em questões tributárias. *Revista do Instituto do Direito Brasileiro da Faculdade de Direito da Universidade de Lisboa – RIDB*, n. 2, p. 1249. Lisboa, 2014.
12. Para Gastón Bachelard, "É imensa a distância entre o livro impresso e o livro lido, entre o livro lido e o livro compreendido, assimilado, sabido! Mesmo na mente lúcida, há zonas obscuras, cavernas onde ainda vivem sombras". Cf. BACHELARD, Gaston. *A formação do espírito científico*. Contribuição para uma psicanálise do conhecimento. Trad. Estela dos Santos Abreu. Rio de Janeiro: Contraponto, 1996, p. 10.
13. HESSEN, op. cit., p. 20-23.
14. "Para o ceticismo, o sujeito não seria capaz de apreender o objeto. O conhecimento como apreensão efetiva do objeto seria, segundo ele, impossível. Por isso não poderíamos fazer juízo algum: ao contrário, devemos nos abster de toda e qualquer formulação de juízos". Cf. Ibidem, p. 31.
15. "O relativismo tem parentesco com o subjetivismo. Também para ele, não há qualquer validade geral, nenhuma verdade absoluta. Toda verdade é relativa, tem validade restrita. (...) o relativismo enfatiza mais a dependência que o conhecimento tem de fatores externos. Como fatores externos considera sobretudo a influência do meio ambiente e do espírito da época, bem como a pertinência a um determinado círculo cultural e os fatores determinantes nele contidos". Cf. Ibidem, p. 37.

A IMPORTÂNCIA DA EPISTEMOLOGIA PARA O ESTUDO DA VERDADE E DA PROVA **97**

Mais precisamente: por reconhecer a falibilidade do conhecimento, não vê como definitivamente verdadeiras as afirmações feitas em torno da realidade, sendo seus partidários adeptos do realismo crítico.[16]

O falibilismo epistemológico (consequência da teoria falsificacionista da ciência defendida por Karl Popper) afirma ser possível a aquisição do conhecimento, mas que, durante esse processo de apreensão do mundo, pode haver erros. Como não há procedimento suficientemente seguro que permita estabelecer o alcance de uma verdade incontestável, pode-se, caso adotado certos cuidados, encontrar os erros e buscar uma teoria que seja mais próxima da verdade.[17]

Frise-se que a Ciência do Direito deve também adotar um raciocínio falibilista, porquanto "suas proposições não podem revestir-se de caráter absoluto, mas aproximado e essencialmente retificável".[18]

A partir de uma visão realista do mundo, Karl Popper também difundiu a teoria da verdade como correspondência, segundo a qual "uma asserção, proposição, declaração, ou crença, é verdadeira se, e apenas se, corresponder aos fatos".[19] Em razão da impossibilidade de se apreender total e absolutamente a realidade ao nosso redor, tal correspondência não será integral, o que nos permitiria apenas obter uma melhor aproximação da descrição dessa mesma realidade.[20]

Para Karl Popper,[21] embora cada enunciado seja simplesmente verdadeiro ou falso, um enunciado pode representar uma melhor aproximação da verdade do que um outro enunciado. Isto pode acontecer se, por exemplo, um enunciado tiver consequências lógicas "mais" verdadeiras e "menos" falsas do que outro. Assim, poder-se-ia dizer, por exemplo, que a teoria de Newton é uma melhor aproximação da verdade – bem como possui maior poder explicativo – do que a de Kepler.

Cabe aqui mencionar, rapidamente, outras duas teorias da verdade: a teoria da verdade como coerência e a teoria da verdade como consenso. A primeira ensina que uma proposição é verdadeira se e só se for um membro de um conjunto coerente, ou seja, a proposição é verdadeira na medida em que exista um conjunto coerente do qual seja membro;[22] e a segunda, desenvolvida por Habermas, explica

---

16. MACHADO SEGUNDO, op. cit., p. 224-226.
17. ROSARIO, Fernando Ruiz. O falibilismo epistemológico de Karl Popper. *Revista Sofia da Universidade Federal do Espírito Santo*, v. 7, n. 2, p. 300. Vitória, jul./dez. 2018.
18. MARQUES NETO, 2001, p. 129.
19. POPPER, Karl. *The Open Society and Its Enemies*. Princeton University Press, 2013, p. 486.
20. POPPER, Karl. *A vida é aprendizagem* – Epistemologia evolutiva e sociedade aberta. Trad. Paula Taipas, São Paulo: Edições 70, 2001, p. 39.
21. POPPER, Karl. *Lógica das ciências sociais*. Trad. Estévão de Rezende Martins. 3. ed. Rio de Janeiro: Tempo Brasileiro, 2004, p. 29 e 30.
22. DANCY, Jonathan. *Epistemologia Contemporânea*. Rio de Janeiro: Edições 70, 2002, p. 144.

que a verdade pode ser medida por meio da argumentação, por razões justificadoras, mediante procedimento de consideração de todas as vozes (discurso).[23]

*Levando em consideração o exposto, qual dessas teorias da verdade pode ser melhor aplicada ao processo judicial?*

## 2.1 Verdade e processo

Gustavo Badaró menciona que as teorias da verdade como coerência e como consenso se mostram pouco viáveis para o processo. Aquela pode funcionar bem para verdades lógicas e matemáticas, mas, quando se trata de narrativas factuais, a "verdade" dependeria exclusivamente da sua coerência narrativa, ou seja, o critério para a sua aferição estaria no interior da própria narração e não em um referencial externo. Já na teoria consensualista, visualiza-se que o consenso produz resultados aceitáveis sobre condições que não dependem, necessariamente, da correspondência entre o fato e a realidade, pois se pode obtê-lo a partir de uma ideia que se revele falsa. Ademais, referido autor ressalta que, no âmbito processual penal, por exemplo, há grande risco de que o consenso social seja identificado com uma "verdade midiática alternativa à verdade processual", levando à culpabilização de um sujeito sem que haja qualquer instrução processual em contraditório.[24]

Para Michele Taruffo,[25] a teoria da verdade como correspondência parece ser a que melhor pode trazer resultados no contexto do processo, sendo difícil aceitar uma concepção consensualista e coerentista da verdade. Nessa esteira, Gustavo Badaró[26] explica ser necessário que haja uma relação de correspondência entre uma entidade linguística (o enunciado que contém o fato a ser provado) e uma entidade extralinguística (o fato real objeto do julgamento).

Destaque-se que o critério da correspondência não contesta que a coerência narrativa seja, em alguma medida, significativa no contexto judicial, funcionando até mesmo como um critério complementar para eleição entre diferentes reconstruções dos fatos. Entretanto, afastar a ideia de correspondência com a realidade traria grandes dificuldades para o processo.[27]

---

23. "Pressuposto da práxis da argumentação: (a) publicidade e total inclusão de todos os envolvidos, (b) distribuição equitativa dos direitos de comunicação, (c) caráter não violento de uma situação que admite apenas a força não coerciva do melhor argumento, e (d) a probidade dos proferimentos de todos os participantes". Cf. HABERMAS, Jürgen. *Verdade e justificação*: ensaios filosóficos. Trad. Milton Camargo Mota. São Paulo: MIT Edições Loyola, 2004, p. 46 e 47.
24. BADARÓ, Gustavo Henrique. *Epistemologia judiciária e prova penal*. 4. ed. São Paulo: Thomson Reuters, 2019, p. 88-90.
25. TARUFFO, Michele. *La prueba de los hechos*. 4. ed. Trad. Jordi Ferrer Beltrán. Madrid: Trotta, 2011, p. 174 e 175
26. BADARÓ, op. cit., p. 88.
27. MATIDA, Janaína Roland. *O problema da verdade no processo*: a relação entre fato e prova. Dissertação (Mestrado – Programa de Pós-graduação em Direito) – Pontifícia Universidade Católica do Rio de Janeiro, Departamento de Direito, Rio de Janeiro, 2009, p. 28.

A IMPORTÂNCIA DA EPISTEMOLOGIA PARA O ESTUDO DA VERDADE E DA PROVA **99**

Conforme assevera Taruffo,[28] a verdade como correspondência absoluta de uma descrição com o estado de coisas do mundo real é inalcançável com procedimentos cognitivos concretos, servindo apenas como um valor limite teórico da verdade da descrição. Contudo, pode haver diferentes graus de *aproximação* de um estado teórico de correspondência absoluta, partindo-se de um grau "0", onde não existem elementos que tornem a afirmação credível, com aumento dessa gradação, a medida em que surgem elementos a favor da hipótese de que a descrição corresponde à realidade. Assim, a assunção da verdade absoluta como valor limite, permite que, na esfera processual, possa-se falar de verdade (relativa) dos fatos como aproximação à realidade.

Por conseguinte, a verdade do processo é relativa, não no sentido de que dependa de opções individuais dos sujeitos, mas sim no sentido de que é relativo o *conhecimento* da verdade.[29] Dessa maneira, o conhecimento dos fatos objetos do enunciado, e não a verdade dos fatos que compõem tal enunciado, detém a característica de ser aproximativo, relativo, gradual ou probabilístico.[30]

Taruffo também rebate que possa existir uma verdade dentro e outra fora do processo, afirmando ser a dicotomia entre a verdade processual e a verdade real falaciosa. A verdade dos enunciados sobre fatos da causa é determinada pela própria realidade dos fatos, o que acontece seja no interior ou no exterior do processo, não havendo diferentes espécies de verdade. E continua:

> Quanto às regras que concernem à admissão, à produção – e, por vezes, até mesmo a valoração das provas – pode-se observar que essas podem limitar ou condicionar de modos diferentes a busca da verdade; isso não implica, entretanto, que essas determinem a descoberta de uma verdade *diferente* daquela que se poderia descobrir fora do processo.[31]

Vitor de Paula Ramos[32] menciona que "o fato de não se poder atingir a verdade em todos os casos – ou o fato do conhecimento e da busca no processo serem limitados – não traz como consequência direta nem necessária que a verdade deva ser abolida dos estudos da processualística como um fim central e concreto (e não meramente lateral e utópico)".

Inclusive, a apuração verdadeira dos fatos no processo é extremamente necessária para a justeza do pronunciamento judicial. De acordo com Taruffo,[33] a decisão para ser justa deve atender, conjuntamente, a três condições: 1) ser

---

28. TARUFFO, 2011, p. 180 e 181.
29. TARUFFO, 2012, p. 105 e 106.
30. BADARÓ, op. cit., p. 91.
31. TARUFFO, 2012, p. 107.
32. RAMOS, Vitor de Paula. *Ônus da Prova no Processo Civil*: do ônus ao dever de provar. São Paulo: Ed. RT, 2015a, p. 30.
33. TARUFFO, 2012, p. 142.

resultado de um processo em que as garantias fundamentais são respeitadas; 2) a norma utilizada como critério de decisão deve ter sido corretamente interpretada e aplicada, em homenagem ao princípio da legalidade; e 3) fundar-se em uma apuração verdadeira dos fatos da causa.

Desse modo, para melhor investigar a veracidade das afirmações sobre os fatos levados para o magistrado, o próximo tópico deste artigo busca analisar de forma sintética alguns aspectos referentes à prova no processo.

## 3. BUSCA DA VERDADE POR MEIO DA PROVA PROCESSUAL

A palavra *prova* possui multiplicidade de sentidos. Conforme ensinamentos de Hugo de Brito Machado Segundo e Raquel Cavalcanti Ramos Machado,[34] no contexto jurídico, a *prova* pode indicar:

> (i) elemento por meio do qual se busca fundamentar uma afirmação sobre fatos; (ii) o ato ou a série de atos destinados a trazer esse elemento aos autos de um processo ou ao ambiente onde está havendo a discussão em torno da qual se põe em dúvida a veracidade de uma afirmação sobre fatos; e, finalmente, (iii) a crença do julgador de que a controvertida afirmação sobre fatos é verdadeira.

Nesse sentido, Marcelo Lima Guerra designa de 'prova-meio' a noção de meio probatório (exemplo: prova documental e prova pericial); de 'prova-atividade' a própria atividade probatória; e de 'prova-resultado' a noção de convencimento judicial sobre os fatos. Ademais, explica que a prova-atividade e a prova-meio são funcionalmente vinculadas à prova-resultado, pois aquela é voltada à obtenção da prova-resultado e esta serve como instrumento para a obtenção da prova-resultado.[35]

Consoante Janaína Matida, tratar da verdade no ambiente do processo é o mesmo que se falar em prova, sendo a função desta averiguar se determinados fatos tiveram ou não ocorrência no caso em análise.[36] Sabe-se que o juiz, no início do processo, tem apenas uma hipótese sobre os fatos, pois ele não os presenciou, não sabendo como as coisas aconteceram,[37] devendo avaliar todo o material probatório levado ao processo pelas partes.

Gustavo Badaró afirma que aceitar uma teoria da verdade como correspondência, em detrimento da verdade como coerência, significa dar prevalência ao aspecto demonstrativo da prova sobre sua vertente persuasiva. Isso não impede que as partes do processo judicial possam ter uma visão persuasiva da prova, mas

---

34. MACHADO SEGUNDO; MACHADO, op. cit., p. 1247.
35. GUERRA, Marcelo Lima. *Prova judicial:* uma introdução. Boulesis Editora, 2015, p. 9-11.
36. MATIDA, 2009, p. 15.
37. CARNELUTTI, Francesco. *Como se faz um processo*. São Paulo: EDIJUR, 2012, p. 51.

A IMPORTÂNCIA DA EPISTEMOLOGIA PARA O ESTUDO DA VERDADE E DA PROVA **101**

sua função em relação ao juiz seria demonstrar como os fatos se passaram, permitindo-lhe conhecer a verdade empírica do que julga, porquanto é com base na prova que se verifica a veracidade ou falsidade dos enunciados fáticos formulados pelas partes.[38] Assim, a prova serve para estabelecer a verdade de um ou mais fatos que sejam relevantes para a decisão judicial,[39] ou seja, para que o juiz possa dar uma resposta justa e de qualidade para a demanda.

Cabe destacar que o objeto da prova não são os fatos em si, mas as afirmações feitas sobre tais fatos. Taruffo ensina que, "no processo, o *fato* é em realidade o que se disse acerca de um fato: é a afirmação de um fato, não o objeto empírico que se afirma".[40]

Conforme Fredie Didier Jr., Paula Sarno Braga e Rafael Alexandria de Oliveira,[41]

> Realmente, não se pode dizer, de um fato, que ele é verdadeiro ou falso; a rigor, ou o fato existiu, ou não. O que se pode adjetivar de verdadeiro ou falso é o que se diz sobre esse fato, a proposição que se faz sobre ele. O algo pretérito está no campo ôntico, do ser: existiu, ou não. A verdade, por seu turno, está no campo axiológico, da valoração: as afirmações é que podem ser verdadeiras ou falsas.

Entretanto, não é qualquer alegação de fato que deve ser objeto do processo. Estão excluídos da necessidade de prova: a) os fatos incontroversos; b) os fatos confessados; c) fatos em cujo favor milita presunção legal de existência ou de veracidade; d) os fatos notórios; e) os fatos irrelevantes; e f) os fatos impossíveis (embora se admita prova dos fatos improváveis).[42]

Ademais, Vitor de Paula Ramos explicita ser a relação entre prova e verdade teleológica/instrumental, ou melhor, que a verdade é considerada o objetivo último da atividade probatória. Entretanto, a presença do meio (prova) não garante a obtenção do fim (a verdade). O autor oferece o seguinte exemplo retirado da obra de Ferrer Beltrán: o exame de DNA, apesar da altíssima probabilidade de acerto, possui uma margem de erro, o que pode levar, em alguns casos, a um resultado falso (atestar a paternidade quando ela não corresponde à realidade – o sujeito não é o pai).[43]

Nessa perspectiva, Hugo de Brito Machado Segundo e Raquel Cavalcanti Ramos Machado dizem que, "por mais robusta que seja a prova, ou o meio de

---

38. BADARÓ, op. cit., p. 121 e 122.
39. TARUFFO, 2011, p. 89.
40. Ibidem, p. 114.
41. DIDIER JR., Fredie; BRAGA, Paula Sarno; OLIVEIRA, Rafael Alexandria de. *Curso de Direito Processual Civil*. 11. ed. Salvador: JusPodivm, 2016, v. 2, p. 52.
42. Vide art. 374, CPC/2015. Cf. DINAMARCO; BADARÓ; LOPES, op. cit., p. 433.
43. RAMOS, 2015a, p. 32 e 33.

prova, será sempre possível, em tese, que o enunciado que ele visa a provar não seja verdadeiro".[44]

Taruffo também afirma:

(...) dizer que um enunciado fático foi provado (ou seja, que é provavelmente verdadeiro) não equivale a dizer que esse é verdadeiro, visto que não resta, de qualquer modo, excluída a eventualidade (talvez improvável) de que esse seja falso; ao contrário, dizer que um enunciado carece de confirmação probatória (e, portanto, provavelmente inverídico) não exclui a eventualidade de que, na realidade, seja verdadeiro.[45]

Desse modo, a prova deve ser vista como o instrumento de busca da verdade *possível* e *juridicamente admissível* no processo.[46]

Quanto a ser juridicamente admissível, dizia-se, anteriormente, que a prova deveria alcançar a verdade material/real, o que servia de justificativa para abusos e opressões. Todavia, no Estado Democrático de Direito, como a prova no processo está submetida a limitações e, mesmo no plano empírico, é sempre contingente, a busca dessa "verdade" é um objetivo simbólico, não sendo possível a prática de atos ilegais e abusivos em seu nome.[47]

Conforme Gustavo Badaró, não significa impedir a descoberta da verdade, mas sim de não aceitar que ela possa ser inquirida a todo custo, como se fosse o único fim do processo.[48] De tal modo, em nome de outros valores fundamentais ao Direito – por exemplo, a dignidade da pessoa humana, o devido processo legal, a presunção de inocência – o ordenamento criou normas que impedem ou dificultam a obtenção da verdade.

Nessa esteira, a CRFB/88, em seu artigo 5º, inciso LVI, prevê que são inadmissíveis, no processo, as provas obtidas por meios ilícitos.[49] Para Juarez Tavares e Rubens Casara, os fins [a verdade] não justificam os meios [de prova que ofendam outros valores basilares da ordem jurídica], uma vez que, a pretexto de responsabilizar quem violou a lei, o Estado não pode também violá-la e aceitar uma prova produzida ou obtida em confronto à legalidade estrita.[50] As provas, portanto, devem ser obtidas com respeito às normas constitucionais e infraconstitucionais.

---

44. MACHADO SEGUNDO; MACHADO, 2014, p. 1255.
45. TARUFFO, 2012, p. 114.
46. TAVARES, Juarez; CASARA, Rubens. *Prova e Verdade*. São Paulo: Tirant lo Blanch, 2020, p. 21.
47. TAVARES; CASARA, op. cit., p. 21.
48. BADARÓ, op. cit., p.176.
49. No mesmo sentido, o art. 157 do Código de Processo Penal (CPP): "Art. 157. São inadmissíveis, devendo ser desentranhadas do processo, as provas ilícitas, assim entendidas as obtidas em violação a normas constitucionais ou legais § 1º São também inadmissíveis as provas derivadas das ilícitas, salvo quando não evidenciado o nexo de causalidade entre umas e outras, ou quando as derivadas puderem ser obtidas por uma fonte independente das primeiras (...)".
50. TAVARES; CASARA, op. cit., p. 61.

A IMPORTÂNCIA DA EPISTEMOLOGIA PARA O ESTUDO DA VERDADE E DA PROVA **103**

No que tange a busca da verdade possível, como já explicitado, é impossível termos acesso à realidade na sua integralidade, situação que também ocorre dentro do processo. A inviabilidade de se obter a absoluta certeza sobre a veracidade das afirmações feitas pelas partes no processo demonstra que não é racional que elas sejam demonstradas de forma inconteste, pois levaria o processo à paralisação,[51] ferindo até mesmo o princípio constitucional da razoável duração do processo. A preclusão, a título de exemplo, é um instituto processual que funciona como limitador da busca da verdade em prol de um processo que não se prolongue eternamente. Para Cândido Dinamarco, as preclusões, por serem empregadas para dar celeridade ao processo, constituem fontes de risco assumido pelo legislador, na medida em que a não efetividade do contraditório pode ser prejudicial à perfeição do conhecimento (por isso, no processo penal, o rigor das preclusões é menor em relação ao acusado).[52]

*Sendo assim, em qual momento se deverá entender que o enunciado é verdadeiro?*

Segundo Ferrer Beltrán,[53] a verdade de um enunciado probatório ("está provado que *p*") não depende do que resolver o juiz, o tribunal ou um jurado, pois eles podem decidir ter aquele como provado; mas a verdade do enunciado depende exclusivamente de sua correspondência com o mundo. Depende, assim, de que efetivamente existam ou não elementos de juízo *suficientes* a favor de *p*, que tenham sido levados ao processo.

Em tal caso, será possível apenas se obter uma certeza razoável, de acordo com o que foi produzido. Então, haverá uma presunção de que a alegação é verdadeira, até que se demonstre o contrário. Assim, "a presunção não é um meio de prova. A presunção é uma consequência de se considerar que algo foi "provado"".[54]

Eduardo Cambi ensina que:

Pelas presunções, pode-se deduzir do fato provado (conhecido) a existência do fato relevante para o processo; logo, não é meio de prova, mas apenas uma *operação mental* pela qual se pode raciocinar a partir do fato demonstrado, por outros meios de prova. (...) o que se prova são os fatos-base (v.g. o dano causado por um animal), a partir dos quais é possível, por dedução lógica, que é uma operação mental a qual não requer nenhum meio de prova, chegar-se à consequência jurídica pretendida (vg. a culpa do proprietário animal).[55]

---

51. MACHADO SEGUNDO; MACHADO, op. cit., p. 1255.
52. DINAMARCO, Cândido Rangel. *A instrumentalidade do processo*. 15. ed. São Paulo: Malheiros Editores, 2013, p. 290.
53. FERRER BELTRÁN, Jordi. *Prueba y verdad en el Derecho*. 2. ed. Madrid: Marcial Pons, 2005, p. 78.
54. MACHADO SEGUNDO; MACHADO, op. cit., p.1254 e 1255.
55. CAMBI, Eduardo. *Prova Civil*: Admissibilidade e Relevância. São Paulo: Ed. RT, 2006, p. 360.

De acordo com Nicholas Rescher,[56] a presunção está intimamente ligada à ideia do ônus da prova (*onus probandi*) e funciona no contexto de um processo em que uma das partes está se esforçando para estabelecer e a outra para refutar alguma acusação perante um tribunal neutro. Uma presunção indica que, na ausência de contraindicações, deve-se aceitar, no caso em questão, como as coisas são "como regra", e, assim, coloca-se o ônus da prova no lado do adversário para mostrar que essa aceitação não seria adequada.

Há muitas especificidades quanto ao ônus da prova, que não serão aqui delineadas, mas, de forma sucinta, temos: a parte que alega deve buscar os meios necessários para convencer o juiz da veracidade dos fatos apresentados como base da sua pretensão/exceção, por ser a maior interessada no seu reconhecimento e acolhimento. Assim, cabe ao autor o ônus da prova do fato constitutivo do seu direito e ao réu do fato extintivo, impeditivo ou modificativo deste mesmo direito, consoante art. 373 do CPC/2015.[57] Contudo, o processo não pode esperar indefinidamente até que se obtenha uma certeza absoluta sobre as alegações, ou seja, que elas sejam provadas definitivamente. Por isso, caso o conjunto probatório apresentado, por exemplo, pelo autor seja suficiente, suas afirmações serão consideradas presumidamente verdadeiras, cabendo à outra parte trazer argumentos que as afastem. Caso não consiga apresentá-los, passa-se a ter uma certeza razoável.

Por fim, o conhecimento, dentro ou fora de um processo, é sempre presumidamente verdadeiro, até que se demonstre o contrário. E, até essa demonstração contrária consistirá em uma presunção, vista com mais substancialidade por ter desconstituído a anterior, mas, ainda assim, uma presunção.[58]

## 3.1 Breves aspectos concernentes ao convencimento do juiz e à fundamentação da decisão judicial

Hugo de Brito Machado Segundo e Raquel Cavalcanti Ramos Machado explicam que a prova diz respeito à fundamentação de uma crença na veracidade de uma afirmação feita sobre fatos. Se o sujeito está firme na crença de que determinados fatos aconteceram, a prova é o meio de fundamentação racional dessa crença, servindo para que outras pessoas possam avaliar a sua plausibilidade, ou sua proximidade com a verdade.

Além disso, os referidos autores advertem que:

---

56. RESCHER, Nicholas. *Presumption and the practices of tentative cognition*. Cambridge: Cambridge University Press, 2006, p. 13-14.
57. DIDIER JR.; BRAGA; OLIVEIRA, op. cit., p. 114.
58. MACHADO SEGUNDO; MACHADO, op. cit., p. 1256.

## A IMPORTÂNCIA DA EPISTEMOLOGIA PARA O ESTUDO DA VERDADE E DA PROVA | 105

No caso de um processo, como a crença do julgador precisa, também ela, ser fundamentada (CF/88, art. 93, IX), pode-se dizer que a prova, em última análise, é essa fundamentação, ou os elementos nela utilizados, seja pelas partes – no embasamento das versões eventualmente conflitantes que apresentam –, seja pelo julgador, na fundamentação do julgado que acolhe uma delas.[59]

Tanto as partes como o juiz são destinatários da prova. As partes porque detentoras do direito de produzir todas as provas necessárias ou úteis para demonstrar a veracidade do alegado e de discutir o que foi produzido em contraditório com os sujeitos do processo; e o juiz porque precisa apreciar o conjunto probatório para prolatar uma decisão.[60]

Consoante Gustavo Badaró, ao valorar os elementos de prova apresentados e considerar como verdadeiras certas afirmações em confronto com outras em diferentes sentidos, a motivação judicial se mostra, não apenas possível, como necessária para possibilitar um controle de tal atividade de convencimento. Por conseguinte, a exigência racional de que o juiz justifique as suas decisões, que se traduz no dever constitucional de fundamentar todas as decisões judiciais,[61] é essencial para reduzir a discricionariedade judicial em matéria de valoração das provas.[62]

Para Vitor de Paula Ramos, em um modelo objetivo de corroboração das hipóteses fáticas, ter-se-ia, em resumo, que: 1) a admissão da prova é feita com critérios objetivos de relevância e que privilegiam a possibilidade da maior completude possível do material probatório; 2) a produção da prova coloca todos os elementos em confronto, podendo as partes "controlar" intersubjetivamente os raciocínios formulados pelo juiz, apontando falhas, omissões ou imprecisões, que deverão ser corrigidas; 3) a valoração da prova leva em consideração as provas que dizem respeito ao caso em análise e as inferências do raciocínio devem ser logicamente válidas e justificáveis; e, ainda, 4) a motivação sobre a prova precisa enfrentar todos os pontos arguidos pelas partes, além de todos os pontos surgidos ao longo da produção das provas, mostrando quais delas corroboram ou refutam cada uma das hipóteses.[63]

---

59. Ibidem, p. 1247.
60. GRECO, op. cit., p. 107.
61. Art. 93, IX, da CRFB/88: *todos os julgamentos dos órgãos do Poder Judiciário serão públicos, e fundamentadas todas as decisões, sob pena de nulidade*, podendo a lei limitar a presença, em determinados atos, às próprias partes e a seus advogados, ou somente a estes, em casos nos quais a preservação do direito à intimidade do interessado no sigilo não prejudique o interesse público à informação.
62. BADARÓ, op. cit., p. 267.
63. RAMOS, Vitor de Paula. O procedimento probatório no novo CPC: Em busca de interpretação do sistema à luz de um modelo objetivo de corroboração das hipóteses fáticas. p. 123 e 124. *In*: DIDIER JR, Fredie; FERREIRA, William Santos; JOBIM, Marco Félix (Org). *Direito Probatório*: Grandes temas do Novo CPC. v. 5. Salvador: JusPodivm, 2015b.

Elucida Janaína Matida que "cabe ao julgador compartilhar das operações inferenciais que o levaram à hipótese vencedora – a mais provável –, mas sobretudo, externalizar a insuficiência probatória da hipótese perdedora".[64] Assim, uma crença que consubstancia uma decisão judicial, quanto à ocorrência de fatos ou à interpretação de textos normativos, só está fundamentada de maneira aceitável quando rebate todas as objeções que lhe são dirigidas, e que sejam capazes de infirmá-la.[65]

Desse modo, o convencimento do juiz não pode ser reduzido a uma crença subjetiva, ou seja, não se deve esperar que o juiz tão somente chegue a uma "aceitação" de um fato como real, ou de uma alegação como verdadeira.[66]

No modelo subjetivo, "a "verdade" é aquilo que o magistrado decidir que é".[67] Ferrer Beltrán ensina que, para a convicção que alude a um estado psicológico do juiz, ter-se-ia que a convicção (ou a crença) do juiz de que uma proposição é verdadeira seria condição suficiente para que a proposição fosse considerada como provada. Isso leva ao problema de uma suposta infalibilidade do juiz, permitindo que a decisão não tenha um controle racional.[68] Assim, a admissão, a produção e a valoração das provas ficariam a critério do juiz.

Nesse jaez, a crítica de Leonardo Greco a um modelo subjetivista:

> A convicção do julgador como função ou finalidade da prova corresponde a uma concepção subjetivista de uma realidade objetiva, os fatos. Essa concepção faz do juiz um soberano absoluto e incontrolável, por mais que a lei lhe imponha exclusões probatórias, critérios predeterminados de avaliação ou a exigência de motivação. Há sempre uma enorme margem ineliminável de arbítrio, especialmente na avaliação das provas casuais ou inartificiais, como a prova testemunhal, que pode redundar e redunda em frequentes injustiças. (...) Não disciplinada epistemologicamente, nem preocupada com a maior fidelidade possível à realidade objetiva, a convicção do juiz, como fenômeno psicológico, reduz a prova a um ato de fé, à crença subjetiva do juiz na existência dos fatos, que a lei transforma num juízo de certeza com validade apenas no caso concreto, mas do qual podem resultar a negativa da tutela do direito de quem o tem ou a sua concessão a quem não o tem.[69]

Por fim, ao analisar os dois tipos de modelo (objetivo x subjetivo), compreende-se que o modelo subjetivo não tem condições de propiciar uma busca adequada da verdade, levando à prolação de decisões menos justas pelo Judiciário.

---

64. MATIDA, op. cit., p. 99.
65. MACHADO SEGUNDO, Hugo de Brito. Uma crença não está fundamentada se subsistem objeções sem resposta – ou a obviedade necessária do art. 489, § 1º, IV, do CPC. *Revista Eletrônica de Direito Processual – REDP*, ano 15, v. 22, n. 2, p. 400. Rio de Janeiro, maio a agosto, 2021.
66. GUERRA, op. cit., p. 104.
67. RAMOS, 2015b, p. 117.
68. FERRER BELTRÁN, op. cit., p.34.
69. GRECO, Leonardo. *O conceito de prova*: Estudos de direito processual. Campos dos Goytacazes: Faculdade de Direito de Campos, 2004, p. 231 e 232.

A IMPORTÂNCIA DA EPISTEMOLOGIA PARA O ESTUDO DA VERDADE E DA PROVA **107**

Já o modelo objetivo, por preocupar-se com a efetiva busca da verdade, tem mais aptidão de tornar o processo mais justo,[70] além de propiciar um maior controle da sociedade quando constatados erros.

## 4. CONSIDERAÇÕES FINAIS

Diante dos apontamentos epistemológicos apresentados durante este artigo, identificou-se que o acesso à realidade ao nosso redor é precário e imperfeito. Assim, a correspondência entre a "figura" do objeto e o objeto não será integral, sendo possível apenas obter uma melhor aproximação de uma descrição daquele, a qual pode ser substituída por outra descrição que possa melhor explicá-lo. Em virtude disto, a adoção de uma visão falibilista parece a mais adequada (inclusive na Ciência do Direito), uma vez que pressupõe uma realidade ainda não conhecida e entende que uma afirmação pode ser considerada provisoriamente verdadeira, se estiver razoavelmente fundamentada e até que se demonstre o contrário.

Além disso, a teoria da verdade como correspondência (o conteúdo é verdadeiro se e apenas se corresponder aos fatos) parece ser a que melhor se coaduna com o processo judicial, pois necessária se faz a averiguação acerca da ocorrência do fato para que haja correta incidência da norma no caso em discussão. Mesmo que não se possa obter a verdade absoluta sobre determinada alegação de um fato, isto não deve ser motivo para que a verdade não seja buscada no processo, porquanto a apuração verdadeira dos fatos é extremamente necessária para a justeza do pronunciamento judicial.

É a partir da análise do material probatório produzido pelas partes, em contraditório, que o juiz verifica a veracidade ou falsidade dos enunciados fáticos formulados no processo. Frise-se que a prova deve ser vista como o instrumento de busca da verdade possível, porquanto, como dito, inviável a busca da certeza absoluta de uma alegação.

Assim, caso haja provas suficientes que comprovem, por exemplo, a ocorrência de um fato, haverá uma presunção de que a alegação é verdadeira, até que se demonstre o contrário, porquanto não cabe mais a parte ter que comprovar o fato de forma inconteste. Caso não haja argumento contrário que afaste a alegação, alcança-se uma certeza razoável, que permite ao juiz prolatar uma decisão.

A busca dessa verdade é melhor obtida a partir de um modelo objetivo, onde há uma fundamentação racional, com argumentos que demonstrem a conclusão a que o juiz chegou, devendo ser rebatidas todas as objeções apresentadas pelas partes, para que haja um melhor controle da decisão.

---

70. RAMOS, 2015b, p. 124.

# 5. REFERÊNCIAS

AFTALIÓN, Enrique R.; VILANOVA, José; RAFFO, Julio. *Introducción al derecho*. Buenos Aires: Abeledo-Perrot, 2004.

BADARÓ, Gustavo Henrique. *Epistemologia Judiciária e Prova Penal*. 4. ed. São Paulo: Thomson Reuters, 2019.

CAMBI, Eduardo. *Prova civil*: admissibilidade e relevância. São Paulo: Ed. RT, 2006.

CARNELUTTI, Francesco. *Como se faz um processo*. São Paulo: EDIJUR, 2012.

BACHELARD, Gaston. *A formação do espírito científico*. Contribuição para uma psicanálise do conhecimento. Trad. Estela dos Santos Abreu. Rio de Janeiro: Contraponto, 1996.

DANCY, Jonathan. *Epistemologia Contemporânea*. Rio de Janeiro: Edições 70, 2002.

DIDIER JR., Fredie; BRAGA, Paula Sarno; OLIVEIRA, Rafael Alexandria de. *Curso de Direito Processual Civil*. 11. ed. Salvador: JusPodivm, 2016. v. 2.

DINAMARCO, Cândido Rangel. *A instrumentalidade do processo*. 15. ed. São Paulo: Malheiros Editores, 2013.

DINAMARCO, Cândido Rangel; BADARÓ, Gustavo Henrique Righi Ivahy; LOPES, Bruno Vasconcelos Carrilho. *Teoria Geral do Processo*. 32. ed. São Paulo: Malheiros, 2020.

FERNANDES, Lara Teles. *Standards Probatórios e Epistemologia Jurídica*: uma proposta interdisciplinar para a valoração do testemunho no processo penal. 2019. Dissertação (Mestrado – Programa de Pós-graduação em Direito) –Universidade Federal do Ceará, Faculdade de Direito, Fortaleza, 2019.

FERRER BELTRÁN, Jordi. *Prueba y verdad en el Derecho*. 2. ed. Madrid: Marcial Pons, 2005.

GRECO, Leonardo. *Instituições de Processo Civil*: processo de conhecimento. 3. ed. Rio de Janeiro: Forense, 2015. v. 2.

GRECO, Leonardo. *O conceito de prova*: Estudos de direito processual. Campos dos Goytacazes: Faculdade de Direito de Campos, 2004.

GUERRA, Marcelo Lima. *Prova judicial*: uma introdução. Boulesis Editora, 2015.

HABERMAS, Jürgen. *Verdade e justificação*: ensaios filosóficos. Trad. Milton Camargo Mota. São Paulo: MIT Edições Loyola, 2004.

HESSEN, Johannes. *Teoria do conhecimento*. Trad. João Vergílio Gallerani Cuter. São Paulo: Martins Fontes, 2003.

MACHADO SEGUNDO, Hugo de Brito. Epistemologia Falibilista e Teoria do Direito. *Revista do Instituto do Direito Brasileiro da Faculdade de Direito da Universidade de Lisboa – RIDB*, n. 1, Lisboa, 2014.

MACHADO SEGUNDO, Hugo de Brito; MACHADO, Raquel Cavalcanti Ramos. Prova e verdade em questões tributárias. *Revista do Instituto do Direito Brasileiro da Faculdade de Direito da Universidade de Lisboa – RIDB*, n. 2, Lisboa, 2014.

MACHADO SEGUNDO, Hugo de Brito. Uma crença não está fundamentada se subsistem objeções sem resposta – ou a obviedade necessária do art. 489, § 1º, IV, do CPC. *Revista Eletrônica de Direito Processual – REDP*. ano 15, v. 22, n. 2, Rio de Janeiro, maio/ago. 2021.

MARQUES NETO, Agostinho Ramalho. *A ciência do Direito*: conceito, objeto, método. 2. ed. Rio de Janeiro: Renovar, 2001.

MATIDA, Janaína Roland. *O problema da verdade no processo*: a relação entre fato e prova. Dissertação (Mestrado – Programa de Pós-graduação em Direito) – Pontifícia Universidade Católica do Rio de Janeiro, Departamento de Direito, Rio de Janeiro, 2009.

POPPER, Karl. *A vida é aprendizagem* – Epistemologia evolutiva e sociedade aberta. Trad. Paula Taipas, São Paulo: Edições 70, 2001.

POPPER, Karl. *Lógica das ciências sociais*. Trad. Estévão de Rezende Martins. 3. ed. Rio de Janeiro: Tempo Brasileiro, 2004.

POPPER, Karl. *The Open Society and Its Enemies*. Princeton University Press, 2013.

RAMOS, Vitor de Paula. *Ônus da Prova no Processo Civil*: Do ônus ao dever de provar. São Paulo: Ed. RT, 2015a.

RAMOS, Vitor de Paula. O procedimento probatório no novo CPC: Em busca de interpretação do sistema à luz de um modelo objetivo de corroboração das hipóteses fáticas. p. 123 e 124. In: DIDIER JR, Fredie; FERREIRA, William Santos; JOBIM, Marco Félix (Org.). *Direito probatório*: grandes temas do Novo CPC. v. 5. Salvador: JusPodivm, 2015b.

RESCHER, Nicholas. *Epistemology*: an introduction to the theory of knowledge. Albany: State University of New York Press, 2003.

RESCHER, Nicholas. *Presumption and the practices of tentative cognition*. Cambridge: Cambridge University Press, 2006.

ROSARIO, Fernando Ruiz. O falibilismo epistemológico de Karl Popper. *Revista Sofia da Universidade Federal do Espírito Santo*, v. 7, n. 2, Vitória, jul./dez. 2018.

TARUFFO, Michele. *La prueba de los hechos*. 4. ed. Trad. Jordi Ferrer Beltrán. Madrid: Trotta, 2011.

TARUFFO, Michele. *Uma Simples Verdade*. Trad. de Vitor de Paula Ramos. São Paulo: Marcial Pons, 2012.

TAVARES, Juarez; CASARA, Rubens. *Prova e verdade*. São Paulo: Tirant lo Blanch, 2020.

# O VALOR DA VERDADE EM UM PROCESSO PENAL ORIENTADO PELO GARANTISMO: UM PERCURSO EPISTEMOLÓGICO
## *THE VALUE OF TRUTH IN THE CRIMINAL PROCEEDING. AN EPISTEMOLOGICAL JOURNEY*

*Rafhael Ramos Nepomuceno*

**Resumo:** O presente artigo analisa o valor da verdade quando inserida em um processo penal orientado por premissas garantistas. Como metodologia, foi utilizada uma pesquisa bibliográfica onde buscamos compreender a verdade dentro da Epistemologia, ou Teoria do Conhecimento, para a partir daí explorarmos esse valor no processo penal moderno através de posições plurais de estudiosos nacionais e estrangeiros. Como resultado, verificamos que o tema ainda está em plena construção, pois inexiste consenso doutrinário sobre a ideal medida que o valor da verdade deve ocupar no processo penal quando em coexistência com outra gama de valores que também devem orientador os procedimentos penais.

**Palavras-chave:** Verdade – Processo Penal – Epistemologia jurídica.

**Abstract:** This article analyzes the value of truth when inserted in a criminal process guided by guaranteeist premises. As a methodology, a bibliographic research was used where we seek to understand the truth within Epistemology, or Theory of Knowledge, so that from there we can explore this value in modern criminal proceedings through the plural positions of national and foreign scholars. As a result, we found that the topic is still under construction, as there is no doctrinal consensus on the ideal measure that the value of truth should occupy in criminal proceedings when in coexistence with another range of values that should also guide criminal proceedings.

**Keywords:** Truth – Criminal proceedings – Legal epistemology.

---

**Sumário:** 1. Introdução – 2. A verdade na epistemologia – 3. A verdade e o processo penal – 4. Considerações finais – 5. Referências.

---

## 1. INTRODUÇÃO

A compreensão da verdade é uma das questões mais complexas que envolvem a Epistemologia, também chamada de Teoria do Conhecimento. Dentre as inúmeras indagações que despontam desse assunto, resolvemos explorar nesse artigo, ainda que de maneira perfunctória, como a compreensão da verdade adentra no universo do direito processual penal, onde existe outra gama de valores em disputa, principalmente relativas às garantias do acusado.

Para alcançar essa compreensão, iremos nos debruçar nos estudos epistemológicos para buscar entender as principais teorizações sobre a verdade, desenvolvendo uma premissa cognitiva necessária para que possamos seguir ao próximo passo, que é o direcionamento desse elemento axiológico dentro do Direito Processual Penal.

Sistematizamos os nossos estudos em dois blocos principais. No primeiro, iremos abordar moderadamente um estudo sobre a verdade dentro da Epistemologia. Introduzida as principais questões teóricas acerca da verdade, iremos introduzi-la dentro do processo penal, avaliando sua importância enquanto valor dentro do procedimento.

Diante da já anunciada profundidade do tema, advertimos o leitor que não temos a ambição de resolver a problemática que é objeto de estudo, mas tão somente explorar as ideias de grandes filósofos, teóricos, doutrinados e estudioso que, de forma bastante próspera, lograram êxito em difundir valiosas lições que orientam milhares de estudantes que, como nós, se valem desses ensinamentos para compreender melhor o mundo e o nosso sistema de justiça.

## 2. A VERDADE NA EPISTEMOLOGIA

É muito comum iniciar o estudo de um determinado termo ou instituto apresentando uma definição, ainda que sintética, para a partir disso podermos explorar os seus principais elementos. Outras vezes se opta pelo caminho oposto, ou seja, se realiza um desenvolvimento teórico para, na conclusão, ser apresentado o conceito.

A mesma metodologia não pode ser adotada com o estudo de um assunto tão complexo como a verdade. Não ousaremos, quer no início ou ao final, cravar uma conceituação deste termo, pois iríamos atuar na contramão de uma construção epistemológica que privilegia uma definição plural, através de estudos e teorias que, a despeito de se contraporem em algumas oportunidades, também se complementam e nos auxiliam na árdua tarefa de exercitar a referida compreensão. Nem muitas, nem poucas linhas

Para iniciar o nosso estudo, é importante trazer as lições de Johannes Hessen,[1] para quem a essência do conhecimento está intimamente ligada ao conceito de verdade, de forma que só o conhecimento verdadeiro é conhecimento efetivo.

---

1. Segundo Hessen, um *conhecimento não verdadeiro* não seria, em verdade, um conhecimento, mas um erro. A verdade deve consistir na concordância da "figura" com o objeto, sendo a verdade um conceito relacional. Não basta, assim, que um conhecimento seja verdadeiro, pois devemos ir além: chegar à certeza de que ele é verdadeiro. E o reconhecimento de um conhecimento enquanto verdadeiro é uma questão acerca do *critério de verdade*. Cf. HESSEN, Johannes. *Teoria do conhecimento*. Trad. João Vergílio Gallerani Cuter. São Paulo: Martins Fontes, 2003, p. 22 e 23.

O VALOR DA VERDADE EM UM PROCESSO PENAL ORIENTADO PELO GARANTISMO **113**

A partir disso, o autor trabalha as posturas do cientista perante o problema do conhecimento: enquanto o dogmático encara a possibilidade de possibilidade de contato do sujeito com o objeto como autoevidente, o cético a contesta, pois inexistiria possibilidade de conhecer. A visão cética é contraposta pelos adeptos do subjetivismo e relativismo.

Explica o autor: "Enquanto o ceticismo ensina que não há verdade alguma, o subjetivismo e o relativismo não vão tão longe. Para ambos, a verdade certamente existe, mas é limitada em sua validade. Não há verdade alguma *universalmente válida*".[2]

Para o autor, a despeito de as posturas subjetivistas e relativistas ambicionarem ser um ponto intermediário entre o ceticismo e o dogmatismo, elas entram em contradição e acabam convergindo com o ceticismo, pois também negam a existência da verdade, ainda que indiretamente, ao contestar sua validade universal. O autor arremata afirmando que o meio-termo entre o dogmatismo e o ceticismo estaria no *criticismo*: ele compartilha com o dogmatismo a confiança na razão humana, pois para ele o conhecimento é possível e a verdade existe. Porém, ao contrário da postura dogmática, que aceita de modo inconsciente toda afirmação da razão humana e não reconhece limites para a capacidade humana de conhecimento, o criticismo acaba por se aproximar do ceticismo quando, aliado à crença da verdade, agrega uma desconfiança com relação a qualquer conhecimento determinado, pondo à prova toda afirmação da razão humana e nada aceitando de forma inconsciente.[3]

Várias teorias foram desenvolvidas para buscar definir o que é a verdade por cientistas e filósofos. Grande parte delas foram trabalhadas por Susan Haack, em sua obra "Filosofia das Lógicas",[4] entre as quais: teoria da coerência, teoria da correspondência, pragmatista, semântica e da redundância.

Dessas teorias, duas delas parecem se destacar entre os estudiosos: a teoria da correspondência e a teoria semântica. Para os defensores da teoria da verdade

---

2. Ibidem, p. 36 e 37. Segundo o autor, o *subjetivismo* restringe a validade da verdade ao sujeito que conhece e que julga, dividindo-se em subjetivismo individual, no qual um juízo vale apenas para o sujeito individual que o formula; e o subjetivismo genérico, que reconhece a existência de verdades supraindividuais, mas nenhuma que tenha validade geral. Todo juízo tem validade apenas para o gênero humano. Já o relativismo compartilha com o subjetivismo a ideia de que não existe uma verdade universal. A verdade é relativa, restrita, mas aqui a interferência não é relacionada a pessoas, mas a fatores externos, como cultura, meio ambiente, espírito da época etc.
3. Ibidem, p. 43 e 44. Johannes Hessen atribui a Immanuel Kant a fundação da corrente criticista, e o qualifica como "aquele método da atividade de filosofar que investiga tanto a fonte de suas afirmações e objeções quanto os fundamentos sobre os quais repousam; um método que nos dá a esperança de atingir a certeza", e conclui afirmando que o criticismo é o único ponto de vista correto.
4. HAACK, Susan. *Filosofia das lógicas*. Trad. Cezar Augusto Mortari e Luiz Henrique de Araújo Dutra. São Paulo: Unesp, 2002.

enquanto correspondência, a verdade de uma proposição não é aferida em sua relação com outras proposições, mas em sua relação com o mundo, ou seja, sua correspondência com os fatos.[5]

Alan F. Chalmers ilustra com perfeição através do seguinte exemplo: a verdade da sentença "o gato está na esteira" somente é verdade se ela corresponder aos fatos, isso é, o gato estiver, de fato, na esteira.[6]

No entanto, uma grande dificuldade da teoria da verdade como correspondência é o fato de que ela pode fatalmente cair em paradoxos. Acerca dessa questão, Chalmers cita o exemplo do paradoxo do mentiroso, que pode ser exemplificado de duas formas:[7]

a) Na frase "eu nunca falo a verdade", se o que eu disse é verdade, o que eu disse é falso. Ou seja, minha proposição é verdadeira e falsa ao mesmo tempo. Eis um paradoxo.

b) Existe um cartão, onde de um lado está escrito "A sentença escrita no outro lado deste cartão é verdadeira", e, no outro, está escrito "A sentença escrita no outro lado deste cartão é falsa". Trata-se de mais um paradoxo, pois ambas as proposições não podem corresponder à verdade.

No entanto, Alan Tarski, defendendo a teoria semântica da verdade, demostrou como referidos paradoxos podem ser evitados. Sua teoria da verdade é a bastante influente e aceita, dividindo-se em duas partes:[8]

> Tarski fornece, primeiro, *condições de adequação*, i.e., condições que qualquer definição aceitável de verdade deve preencher; e, então, ele oferece uma definição de verdade (para uma linguagem formal especificada), que ele demonstra ser adequada segundo seus próprios padrões. Ambas as partes desse programa vão ser examinadas.

Segundo Chalmers, o passo crucial da teoria de Tarski foi a sua insistência de que, quando se fala em falsidade ou verdade das sentenças em algum sistema de linguagem, deve haver a distinção sistemática e cuidadosa da sentença no sistema de linguagem de que se fala, a "linguagem objeto", das sentenças no sistema de linguagem em que se fala a respeito da linguagem objeto, a "metalinguagem". Assim, no exemplo acima do cartão, devemos decidir se as sentenças estão dentro do sistema de linguagem de que se fala ou dentro do sistema de linguagem em que se está falando.[9]

---

5. Ibidem, p. 127.
6. CHALMERS, A. F. *O que é ciência afinal?* Trad. Raul Filker. Brasília: Editora Brasiliense, 1993, p. 180.
7. Ibidem, p. 194.
8. HAACK, op. cit., p. 143.
9. CHALMERS, op. cit., p. 180.

O VALOR DA VERDADE EM UM PROCESSO PENAL ORIENTADO PELO GARANTISMO **115**

Ainda sobre o estudo da verdade, entendemos que o raciocínio falibilista de Karl Popper é uma ferramenta essencial para nos conduzir à conclusão que, embora não seja possível atingir um grau de certeza categórica acerca da verdade, ela existe e deve ser buscada até o ponto em que seja possível dentro das nossas parcas percepções.

Refutando o conhecimento científico como indutivo, Popper[10] agrega à teoria do conhecimento a ideia de que a certeza da realidade não deve ser tomada meramente através de observações. Desenvolve, para isso, a teoria *falsificacionista* ou *falibilista*, segundo a qual não importa tanto de onde o cientista retirou as hipóteses da problemática, ou seja, as respostas da pergunta-problema. O importante é que essa resposta, ou melhor, essa teoria, possa ser testada posteriormente através de testes que visam confirmá-la ou falseá-la. Essa teoria deve estar sempre aberta ao processo de falseamento, pois não tem caráter dogmático.

O conhecimento científico é, dessa forma, sempre provisório e deve estar aberto à refutação. Enquanto sobrevive aos testes e ao processo de falseamento, devemos encarar o conhecimento obtido como verdadeiro.

Aproximando o falsificacionismo popperiano da Epistemologia Jurídica, Hugo de Brito Machado Segundo[11] elucida "que o ser humano tem acesso imperfeito e precário à realidade, que tanto é mais complexa do que a humana capacidade de compreensão como é compreendida sob a interferência de pré-compreensões e preconceitos", mas a referida imperfeição não deve conduzir à postura ceticista em relação ao conhecimento, onde tudo é falso, nem a uma postura relativista, onde tudo pode ser verdadeiro.

O autor aplica, dessa forma, o raciocínio falibilista à interpretação de textos normativos, seja porque o sentido inicialmente atribuído ao texto poder ser modificado quando do cotejo com outros textos, ou então em razão da análise da situação de fato e de novos aspectos poder alterar a interpretação tida como inicialmente correta.

Da mesma forma do que propõe em relação a interpretação de textos, Machado Segundo sugere também a aplicação do raciocínio falibilista aos fatos sobre os quais incidem as normas.

Tal como nas teorias científicas, as pretensas verdades sobre os fatos dentro de um determinado processo devem estar expostas ao raciocínio falibilista, de sorte que não devemos adotar uma postura dogmática, aceitando-a sem qualquer

---

10. POPPER, Karl. O problema da indução. In: MILLER, David (Org.). *Popper*: textos escolhidos. Trad. Vera Ribeiro. Rio de Janeiro: Contraponto, 2010.
11. MACHADO SEGUNDO, Hugo de Brito. Epistemologia Falibilista e Teoria do Direito. *Revista do Instituto de Direito Brasileiro da Universidade de Lisboa*, ano 3, p. 258 e 259, n. 1, 2014.

ressalva, bem como não podemos negá-la sob o superficial argumento que ela é inatingível. Tampouco devemos relativizá-la sob pena de causarmos insegurança jurídica e casuísmo em determinados casos concretos.

Já adiantando um sobre sua interferência no processo, entendemos que a verdade, ou seja, aquela compreensão obtida em conformação com as regras processuais e sujeita a refutação pelas partes no processo, deve ser aceita como ciência produzida dentro do procedimento, até que surjam outros elementos e, através da dialética argumentativa, seja superada.

Ligando a noção de verdade ao aspecto da linguagem, Habermas[12] propõe que um determinado enunciado só deve ser considerado como verdadeiro se e somente se puder resistir, sob os exigentes pressupostos paradigmáticos dos discursos racionais, a todas as tentativas de invalidação, ou seja, se puder ser justificado numa situação epistêmica ideal.

E a dialética processual, com uma ampla oportunidade de participação das partes dentro do processo, tem um papel fundamental na busca pela verdade. Explica Habermas:[13]

> Não existe um acesso direto, não filtrado pelo discurso, às condições de verdade de convicções empíricas. Com efeito, só se tematiza a verdade de opiniões abaladas – de opiniões desentocadas da inquestionabilidade da certeza de ação que funcionam. Embora não possamos atravessar a conexão de verdade e justificação, essa conexão epistemicamente incontornável não pode – no sentido de conceito epistêmico de verdade – ser estilizada como uma conexão conceitualmente indissolúvel.

O pensamento de Habermas parece se aproximar do falibilismo popperiano, ao propor que as teorias científicas sejam consideradas verdadeiras até que sejam superadas por outras que sejam aptas a lhe demonstrar a falsidade, num processo de "aproximação da verdade". Nesse sentido, o autor aponta que os a verdade dos enunciados é tematizada como tal apenas quando práticas malsucedidas e contradições emergentes nos fazem tomar consciência de que as obviedades até então em vigor são meras "verdades pretendidas", ou melhor, pretensões de verdade em princípio problemáticas.[14]

---

12. O autor, tratando da verdade sob a perspectiva procedimental, elenca seus pressupostos idealizantes: "(a) publicidade e total inclusão de todos os envolvidos, (b) distribuição equitativa dos direitos de comunicação, (c) caráter não violento de uma situação que admite apenas a força não coercitiva do melhor argumento, e (d) a probidade dos proferimentos de todos os participantes. Cf. HABERMAS, Jürgen. *Truth and justification*. Translated by Barbara Fultner. Massachusetts: MIT Press, 2003, p. 46.
13. Ibidem, p. 49.
14. Ibidem, p. 49.

## O VALOR DA VERDADE EM UM PROCESSO PENAL ORIENTADO PELO GARANTISMO

Acerca deste tema, acrescenta Hugo de Brito Machado Segundo, na obra "O Direito e sua ciência":[15]

> Como o meio-termo entre essas três posições extremadas, apresenta-se o falibilismo, segundo o qual, ainda que não se possa ter certeza a respeito da veracidade ou do acerto de afirmações feitas a respeito da realidade, é possível submetê-las a testes, a fim de que sejam consideradas verdadeiras enquanto não for demonstrada a sua falsidade. Essa atitude, que corresponde, em alguma medida, à forma como se comportam os seres vivos em geral e o ser humano em particular, parece ser a forma mais adequada de lidar com o risco de estar errado, equilibrando a busca pela verdade, de um lado, com a necessidade prática de se tomarem decisões imediatas, de outro.

Dessa forma, podemos concluir que, segundo Habermas e Popper, o predicativo de *verdadeiro* pode ser atribuído a um enunciado científico, mas com temperamentos semânticos. Isso porque é necessário ter em mente que uma convicção discursivamente justificada, e, portanto, provisoriamente verdadeira, não está livre de infalibilidade das certezas da ação, pois "que o saber se justifica por um processo de aprendizado que supera os velhos erros, mas não nos protege dos novos, cada estado de saber atual permanece relativo à melhor situação epistêmica possível".[16]

Sobre o papel da ciência na identificação da verdade, é importante diferenciar as visões realistas e instrumentalistas, onde recorremos às lições de Alan F. Chalmers:

> O realismo envolve tipicamente a noção de verdade. Para o realista a ciência visa descrições *verdadeiras* de como o mundo realmente é. Uma teoria que descreve corretamente algum aspecto do mundo e seu modo de comportamento é verdadeira, ao passo que uma teoria que descreve algum aspecto do mundo e seu modo de comportamento de forma incorreta é falsa. Segundo o realismo, tal como interpretado de maneira típica, o mundo existe independentemente de nós conhecedores, e é da forma que é independentemente de nosso conhecimento teórico. Teorias verdadeiras descrevem corretamente aquela realidade. Se uma teoria for verdadeira, ela é verdadeira por ser o mundo como é. O instrumentalismo envolve também uma noção de verdade, mas de forma mais restrita. As descrições do mundo observável serão verdadeiras ou falsas se descritas corretamente ou não. As elaborações teóricas, no entanto, são projetadas para nos dar um controle instrumental do mundo observável e não devem ser julgadas em termos de verdade ou falsidade, mas antes em termos de sua utilidade como instrumentos.[17]

Para Popper,[18] a tarefa da ciência é tornar o universo compreensível para nós. Adotando o pensamento realista, o autor compreende que a doutrina da

---

15. MACHADO SEGUNDO, Hugo de Brito. *O Direito e sua ciência*: uma introdução à epistemologia jurídica. 2. ed. São Paulo: Editora Foco, 2021.
16. Ibidem, p. 50.
17. CHALMERS, op. cit., p. 190.
18. POPPER, Karl. *O mito do contexto*. Em defesa da ciência e da racionalidade. Trad. Paula Taipas. Lisboa: Edições 70, 2009, p. 79.

falibilidade humana pode ser usada de forma válida para argumentar contra o tipo de absolutismo filosófico que se intitula como detentor da verdade absoluta.

Podemos concluir que, muito embora a noção de verdade seja complexa em todas as suas nuances, isso não deve constituir um obstáculo para que busquemos alcançá-la. Essa compreensão é de fundamental importância para que possamos dar um passo adiante, ou seja, compreender a influência que a verdade pode ter no desfecho do processo criminal.

## 3. A VERDADE E O PROCESSO PENAL

Para iniciar este tópico iremos fazer um breve, mas não simples, questionamento: quais são os objetivos do sistema de justiça criminal?

Com muita sobriedade e fundamentação, Larry Laudan, em sua obra "Truth, error and criminal law: na essay in legal epistemology" delimita três objetivos ou valores que devem conduzir qualquer sistema.[19] O primeiro deles é a redução de erros: o processo penal deve se dedicar a descobrir a verdade sobre o crime e, por consequência, evitar equivocadas condenações. Depois, deve se reconhecer que, ainda assim, os erros acontecerão, por mais que se busque evitá-los. Afirma o autor:

> Este objetivo aborda a questão de qual tipo de erro, uma falsa absolvição ou uma falsa condenação, é mais grave e, portanto, mais seriamente a ser evitado. Em suma, a preocupação aqui é como os erros se distribuem. Uma vez que praticamente todos concordam que condenar uma pessoa inocente é um erro mais caro do que absolver um culpado, todo um corpo de doutrinas e práticas cresceu no direito comum sobre como conduzir julgamentos de modo a tornar mais provável que, quando um erro ocorrer, será uma falsa absolvição em vez de uma falsa convicção. Por motivos óbvios, direi que esse conjunto de questões se direciona à questão da distribuição de erros. (tradução nossa)[20]

Por fim, o autor afirma que o terceiro conjunto de valores que conduz qualquer sistema são preocupações das mais diversas que não abordam explicitamente o erro na busca pela tentativa da elucidação do crime, mas se concentram em outras questões importantes para o sistema de justiça criminal, como o uso eficiente

---

19. LAUDAN, Larry. *Truth, error and criminal law*: na essay in legal epistemology. Cambridge: Cambridge Press, 2008, p. 1-3.
20. "This goal addresses the question of which sort of error, a false acquittal or a false conviction, is more serious, and thus more earnestly to be avoided. In short, the worry here is with how the errors distribute themselves. Since virtually everyone agrees that convicting an innocent person is a more costly mistake than acquitting a guilty one, a whole body of doctrine and practices has grown up in the common law about how to conduct trials so as to make it more likely that, When an error does occur, it will be a false acquittal rather than a false conviction. For obvious reasons, I will say that this set of issues directs itself to the question of error distribution". Ibidem, p. 1 e 2.

dos recursos, a proteção dos direitos dos acusados de um crime e os custos do sistema judicial.[21]

Falar que o processo penal é um mecanismo estatal orientado diminuição de erros corresponde à afirmação que a verdade é um propósito, ainda que não o único. Inobstante, existem intensos questionamentos sobre os limites que devem ser impostos para alcançá-la dentro de um sistema não se pretenda categorizar como inquisitorial.

Dessa maneira, a Epistemologia Jurídica aplicada ao processo penal é um valoroso vetor de determinação sobre quais as regras nós devemos observar para a busca da verdade, bem como compreender quais os preceitos que criam obstáculos a essa compreensão.

Numa primeira leitura, parece óbvia a afirmação que o processo penal possui interesse em apurar, da forma mais profunda possível, a verdade dos fatos, porque nenhum sistema de justiça criminal pode ser qualificado como justo quando exerce o seu *jus puniendi* com alicerce em premissas falsas.

Remontando novamente aos objetivos da justiça criminal delineados por Larry Laudan, o autor expõe que o objetivo central é a descoberta da verdade sobre o crime, para evitar a proclamação de veredictos injustos. E, ao falar de verdade, não podemos nos esquivar de entender todas as questões que emergem do estudo da prova[22] dentro do processo, pois são elementos que estão umbilicalmente relacionados.

Sobre as pretensões do processo penal e sua legitimação social, é importante que se diferenciem duas categorias valorativas que devem ser levadas em consideração ao elaborar os esquemas processuais.

A primeira é a linha *não instrumental* (ou *outcome based values*), que se concentra em torno de critérios internos ao próprio procedimento, sem considerar as consequências do mecanismo processual na qualidade dos resultados alcançados.[23] Elas decorrem de elaborações teóricas que privilegiam os valores processuais que se situam intrínsecos ao próprio procedimento, ou seja, o pro-

---

21. Ibidem, p. 3.
22. Sobre prova, recorremos às lições de Hugo de Brito Machado Segundo, onde o autor expõe que "usualmente se emprega a palavra *prova* para designar: *(i)* elemento por meio do qual se busca fundamentar uma afirmação sobre fatos; *(ii)* o ato ou a série de atos destinados a trazer esse elemento aos autos de um processo ou ao ambiente onde está havendo a discussão em torno da qual se põe em dúvida a veracidade de uma afirmação sobre fatos; e, finalmente, *(iii)* a crença do julgador de que a controvertida afirmação sobre fatos é verdadeira". Cf. MACHADO SEGUNDO, Hugo de Brito; MACHADO, Raquel Cavalcanti Ramos. Prova e verdade em questões tributárias. *Revista do Instituto do Direito Brasileiro*, v. 2, p. 1247. 2014.
23. PEREIRA, Frederico Valdez. *Fundamentos do justo processo penal convencional*: as garantias processuais e o valor instrumental do devido processo. Belo Horizonte, São Paulo: D'Plácido, 2021, p. 129 e 130.

cesso não é avaliado com base em ponderações instrumentalizadas a partir de uma lógica meio-fim.[24]

Já a categoria valorativa *instrumental* (ou *non-outcome based values*) enxerga o processo sob a ótica da capacidade do procedimento gerar resultados justos. O processo é um meio para se atingir a justiça na solução da lide penal. A justiça do procedimento, em outras palavras, depende da correção dos resultados produzidos.[25]

Segundo Michele Taruffo, o conceito de decisão justa implica que ela seja tomada em consideração a si mesma, diferenciando-a do procedimento do qual representa o resultado e a valorando segundo um critério autônomo, independentemente daquele empregado para a valoração do procedimento. Dito de outra forma, a justiça da decisão não deriva exclusivamente da correção do procedimento, dependendo da subsistência de condições específicas. O autor enumera três critérios que são necessários estar presentes de forma conjunta para que a decisão final do processo penal seja qualificada como justa:

> a) que a decisão seja, com efeito, o resultado de um processo justo, visto que dificilmente se poderia aceitar como justa uma decisão produzida em um processo em que tenham sido

---

24. Dentre as concepções não instrumentais do processo, se destacam as seguintes categorias, que podem ser sintetizadas da seguinte forma: a) o procedimento como um jogo (*sporting theory of procedure*), onde tal como uma competição desportiva, o processo justo seria aquele em que o procedimento tivesse sido fielmente observado, permitindo que fosse vencedora a parte com melhores habilidades; b) processo como sistema social: com fulcro na obra de Luhman, essa concepção enxerga o processo como sistema social com aptidão de reduzir as contingências e complexidades do mundo, onde esse ambiente ou sistema social de institucionalização do conflito define e delimita o encadeamento do processo e os papéis a serem desempenhado pelos participantes; c) valoração sociopsicológica do procedimento: a satisfação dos litigantes com os métodos da administração da justiça estaria diretamente relacionada ao grau de participação assegurado no curso do processo, pois garantir a participação aos interessados seria mais interessante do que critérios relacionados à acuracidade, precisão ou aos custos do processo; c.1) procedimento pela perspectiva do *"group value model:* a versão inaugurada pelos estudos de Lind e Tuler sustenta que o procedimento comunicaria mensagem sobre o *status* dos participantes na sociedade, de sorte que o fato de uma pessoa ser tratada com justiça e dignidade contribuiria para a sua percepção sobre justiça do procedimento e, por consequência, na aceitação dos resultados desfavoráveis e na manutenção do seu compromisso com o grupo social; c.2) a função heurística do processo e a preocupação com a aparência da justiça: o primeiro aspecto seria o de permitir aos indivíduos maior conhecimento sobre o modo de atuação das instituições judiciárias, o que seria uma das decorrências de se assegurar significativa participação direta aos interessados no decorrer do procedimento; o segundo objetivo heurístico do procedimento estaria relacionado com a possibilidade de incremento na aceitação dos resultados pelos envolvidos, independentemente de considerações a respeito da qualidade desses resultados; d) concepção da justiça do procedimento pelo ponto de vista da dignidade humana: correlaciona o valor independente da dignidade daqueles afetados pelo mecanismo decisório, sem apelos às questões mencionadas pelas concepções anteriores acerca de aprazimento subjetivo ou satisfação pessoal; e) teoria discursiva e a perspectiva idealizada do processo: desenvolvida por Habermas, de modo bastante introdutório, ela visa estabelecer uma conjunção entre a concepção fundada no princípio moral ou nos direitos humanos com a ideia de autonomia pública e de soberania popular. Ibid., p. 134-160.

25. Ibidem, p. 130.

O VALOR DA VERDADE EM UM PROCESSO PENAL ORIENTADO PELO GARANTISMO **121**

violadas garantias fundamentais; b) que tenha sido corretamente interpretada e aplicada a norma utilizada como critério de decisão, visto que não se pode considerar justa uma decisão que – conforme visto há pouco – não tenha sido tomada em conformidade ao direito, em homenagem ao princípio da legalidade; c) que essa se funde em uma apuração verdadeira dos fatos da causa, visto que – como se disse – nenhuma decisão é justa se se fundar em fatos equivocados.[26]

A partir dos critérios estabelecidos, Taruffo chega a duas conclusões. A primeira é que a justiça do processo penal não necessariamente nos leva à conclusão lógica de que a decisão foi justa, pois, sozinha, ela não é capaz de assegurá-la. A segunda implicação é que, mesmo insuficiente, a apuração da verdade dos fatos é necessária para determinar a justiça das decisões.[27]

Disso deriva que o processo é justo se sistematicamente orientado a fazer com que se estabeleça a verdade dos fatos relevante para a decisão, e injusto na medida em que for estruturado de modo a obstaculizar a ou limitar a descoberta da verdade.[28]

Baluarte do garantismo penal, o italiano Luigi Ferrajoli sustenta que, no mundo do direito e na sua prática, é comum que se valore uma decisão como "satisfatória", "aceita" ou "justificada", prescindindo da verdade ou de sua capacidade de ser valorada como verdadeiras ou falsas. São utilizados outros critérios e valores além da verdade como justificação da adequação da decisão.[29] É o caso, por exemplo, da atividade de governo (administrativa, política e econômica), em que o êxito prático da satisfação do interesse público ou consenso majoritário é privilegiado, sendo secundário o critério da verdade como pressuposto das decisões.[30]

No entanto, a referida concepção não é suficiente para um processo penal garantista. Não basta que o processo tenha "êxito" ou "satisfaça" as condições de

---

26. TARUFFO, Michele. *Uma Simples Verdade*. Trad. de Vitor de Paula Ramos. São Paulo: Marcial Pons, 2012, p. 141 e 142.
27. Tal apuração é insuficiente porque a decisão pode se fundar em uma reconstrução verdadeira dos fatos, mas, de outro modo, violar as garantias processuais. Ibidem, p. 142.
28. Ibidem, p. 143.
29. FERRAJOLI, Luigi. *Direito e razão*: teoria do garantismo penal. São Paulo: Ed. RT, 2002. p. 55 e 56.
30. Acrescenta o autor: Isto se pode dizer tanto da versão "instrumentalista", proposta por Dewey ou por Bridgam, segundo a qual a aceitação de um sistema coerente de proposições justifica-se por sua capacidade de transformar com êxito a realidade no sentido desejado, quanto da mais recente concepção "consensualista", proposta, por exemplo, por Thomas Kuhn, segundo a qual aquela estará justificada pelo consenso que lhe outorga a comunidade científica. Naturalmente, aplicados ao conhecimento científico, tais critérios funcionam de fato, qualquer que seja a epistemologia adotada ou rechaçada, como critérios de decisão sobre a verdade: o êxito prático, a eficácia operativa ou o consenso da comunidade científica podem ser concebidos na realidade como "provas" ou "indícios", dos quais se pode inferir indutivamente – e conforme aos quais se pode decidir provisoriamente – a verdade de uma teoria, independentemente dos fins de suas rentáveis aplicações práticas. Uma teoria, em outras palavras, só é "útil" ou "satisfaz" pragmaticamente se e na medida em que seja "verdadeira", no sentido supraelucidado. Ibidem, p. 55.

prevenção e segurança, e nem basta que decisão seja popular ou mesmo obtenha consenso, ainda que total, dentro da comunidade. Arremata o jurista:[31]

> No direito penal, a única justificação aceitável das decisões é representada pela verdade de seus pressupostos jurídicos e fáticos, entendida a "verdade" precisamente no sentido da "correspondência" mais aproximada possível da motivação às normas aplicadas e aos fatos julgados. Só se referidos à verdade como correspondência podem os critérios da coerência e da aceitabilidade justificada impedir, de fato, a prevaricação punitiva pelo único interesse ou vontade mais ou menos geral e vincular o juízo à estrita legalidade, ou seja, aos fatos empíricos previamente denotados pela lei como puníveis.

Hugo de Brito Machado Segundo e Raquel Cavalcanti Ramos nos alertam sobre a necessária compreensão de que existem limitações à cognição humana que interferem na determinação da veracidade de nossas crenças e no seu disciplinamento jurídico, razão pela qual um estudo mais aprofundado da prova está inevitavelmente associado a um estudo de Epistemologia, ou de Teoria do Conhecimento. Ensinam os autores:[32]

> Definindo-se a verdade como a propriedade de um enunciado, presente quando este enunciado *corresponde* à realidade enunciada, tem-se que, para determinar a verdade, é preciso aferir a aludida correspondência. O problema, porém, é que a criatura humana não tem acesso direto à realidade, tal como ela é. Nosso acesso à realidade é intermediado por sentidos, imperfeitos, pela linguagem, com a qual reconstruímos a realidade em nossas mentes, e por todo um conjunto de elementos, naturais e culturais, que influem na forma como se dá essa reconstrução, vale dizer, na forma como as informações imperfeitamente trazidas pelos sentidos serão interpretadas pela mente.

Michele Taruffo adverte que a obviedade entre a aproximação dos termos prova, verdade e justiça não é um consenso entre os juristas.[33] E as razões para que se negue que a verdade tem um valor essencial na administração da justiça costumam ser as mais diversas. Muitas vezes se trata do genérico e grosseiro ceticismo daqueles que não acreditam na justiça e, muito menos, na verdade.[34] Noutras vezes, entra em cena o absolutista (ou perfeccionista) desiludido, que crê na verdade absoluta, mas, não a encontrando, nem mesmo no processo, chega ao extremo oposto, pensando que jamais seja possível a obtenção de qualquer verdade.

O autor faz uma abordagem bastante crítica sobre a fato de que a verdade não é sempre uma preocupação do processo.[35] Para isso, faz questionamentos à

---

31. Ibidem, p. 56.
32. MACHADO SEGUNDO; MACHADO, op. cit., p. 1248.
33. TARUFFO, op. cit., p. 121.
34. Segundo o autor, "Em grande escala essa figura corresponde, no âmbito jurídico, ao 'americano com o maxilar quadrado' de que fala Lynch, que também manifesta o ceticismo daqueles que resolvem os problemas e não se preocupam com besteiras intelectuais como a verdade. Ibidem, p. 121.
35. Ibidem, p. 142.

*procedural justice*, ou seja, uma justiça que se preocupa apenas com a perfeição dos atos que compõe um procedimento para determinar qualidade de justiça de uma decisão. Coloca-se em evidência a orientação de parte da doutrina que a *procedural justice* seja tudo que é necessário para que se tenha uma boa administração da justiça, não sendo preciso, pois, se preocupar com a qualidade das decisões.

Em outros termos, a decisão é interpretada como justa, a *priori*, resultando em uma aceitação em larga escala, quando deriva de um procedimento qualificado como justo, com base em critérios procedimentais de valoração. Consequência automática é que, se a justiça da decisão está implícita na justiça do procedimento, sua eventual veracidade em termos de correspondência com a realidade dos fatos da controvérsia é totalmente irrelevante.

Em sua crítica, Taruffo entende que o processo é o meio, e não um fim em si mesmo. Não significa que a higidez do processo seja algo a ser desconsiderado. Ao contrário, trata-se de uma premissa importante para a justiça da decisão. Mas, como premissa, não significa necessariamente que, se atendida, a lide teve uma solução justa. É preciso atentar que qualquer solução da controvérsia seja boa desde que formulada em conformidade com o direito. Isso significa introduzir um requisito de qualidade na decisão que, portanto, passa a ser objeto de valoração também em si mesma, e não somente no êxito de um procedimento potencialmente idôneo a por fim à controvérsia.[36]

Para Hugo de Brito Machado Segundo e Raquel Cavalcanti Ramos, a relação entre prova e verdade é direta e evidente, uma vez que a prova diz respeito à fundamentação de uma afirmação sobre os fatos, ou seja, a fundamentação de uma crença na veracidade de uma afirmação feita sobre os fatos.[37]

Existem três razões principais para que seja usualmente negada a atuação da verdade no processo:[38]

> i) razões teóricas, relacionadas com o ceticismo filosófico de que não é possível conhecer a realidade; ii) razões ideológicas, que consistem na ideia de que a verdade não deve ser perseguida no processo, pois não teria aptidão de melhorar o funcionamento do processo; e iii) razões técnicas, que consistem na impossibilidade fática de encontrar a verdade por meio do processo, porque o juiz não poderia ter um conhecimento direto da realidade.

A premissa da corrente ceticista, conforme já apontada, não merece ser adotada, porque muito embora nosso conhecimento da realidade seja limitado, não nos convém simplesmente abandonar tal possibilidade. Uma adequada solução

---

36. Ibidem, p. 142-143.
37. MACHADO SEGUNDO; MACHADO, op. cit., p. 1247.
38. Essas razões são trabalhadas na seguinte obra: PEIXOTO, Ravi. *Standards Probatórios no Direito Processual Brasileiro*. São Paulo: Editora JusPodivm, 2021, p. 52-58.

trazida por Hugo de Brito Machado Segundo e Raquel Cavalcanti Ramos é a da aplicação do raciocínio falibilista para a teoria da prova sob o aspecto processual. Partindo da premissa que já foi apontada da nossa imperfeição cognitiva sobre a verdade, os autores propõe:[39]

> Por mais robusta que seja a prova, ou o meio de prova, será sempre possível, *em tese*, que o enunciado que ele visa a provar não seja verdadeiro, sendo necessário facultar às partes a possibilidade de demonstrá-lo. Mas, de mesma maneira, essa precariedade cognitiva, e a impossibilidade, dela decorrente, de se chegar a uma certeza absoluta em torno da veracidade de uma afirmação, fazem com que não seja racional exigir de quem faz uma afirmação que a demonstre de forma incontornável, pois isso levaria o processo à paralisação. Há de chegar um momento em que se faz possível ter uma certeza *razoável* da veracidade de determinada versão dos fatos, e da falsidade das versões a ela antagônicas, não sendo possível arrastar a fase instrutória do processo até a obtenção de uma certeza absoluta e inalcançável.

É preciso encontrar o momento *ótimo* no qual a veracidade de uma afirmação se considera suficientemente demonstrada, momento no qual o ônus probatório.

As razões ideológicas que sustentam que a verdade não deva ser um objetivo do processo costumam estar usualmente associadas à noção de garantismo processual.[40] Nesse ponto, sobram discussões acerca de qual a verdade deve ser perseguida no processo: a verdade formal ou a verdade real?

Sobre esse assunto, Renato Brasileiro de Lima[41] assevera que, durante anos prevaleceu o entendimento que, na seara cível, em que geralmente se discutem direitos disponíveis, prevalecia o princípio dispositivo, no qual a incumbência de produzir provas é restrita às partes no processo, devendo-se buscar uma verdade meramente formal, que se contentava com uma postura inerte do juiz, o qual não deveria influir na produção probatória. Noutro giro, no processo penal, onde estariam em jogo direitos indisponíveis, principalmente ligados à liberdade de locomoção do acusado, o magistrado deveria ser dotado de amplos poderes instrutórios, podendo determinar a produção de provas *ex officio*, sempre na busca de uma verdade que se qualificaria como real, material ou substancial.

Essa crença na possibilidade da obtenção de uma verdade através da iniciativa probatória do juiz, que teria o escopo utópico de proteger o próprio investigado de ser condenado por um erro que não foi esclarecido, acabou ganhando contornos inquisitórios e arbitrários, concentrando nas mãos do juiz o papel não só de

---

39. MACHADO SEGUNDO; MACHADO, op. cit., p. 1255.
40. Ferrajoli ensina que existe um nexo profundo entre garantismo e racionalismo. Segundo o autor, "um direito penal é racional e correto à medida que suas intervenções são previsíveis e são previsíveis; apenas aquelas motivadas por argumentos cognitivos de que resultem como determinável a 'verdade formal', FERRAJOLI, op. cit., p. 84.
41. LIMA, Renato Brasileiro de. *Manual de Processo Penal*: volume único. 8. ed. Salvador: JusPodivm, 2020, p. 70 e 71.

decidir a lide, mas sair de sua posição de imparcialidade para buscar solucionar a lide penal.

O referido dogma da verdade real, tal qual como concebido inicialmente, ou seja, sem restrições, se encontra atualmente ultrapassado entre grande parte dos processualistas. Primeiramente porque se alcançou a compreensão de que a verdade absoluta é um ideal inatingível: o que se pode buscar é uma aproximação, maior ou menor, sobre como os fatos ocorreram. E, principalmente, porque a iniciativa probatória do juiz, caso aplicada sem restrições, acaba por comprometer a sua necessária posição de imparcialidade no processo.

Ada Pellegrini Grinover leciona que o conceito de processo penal acusatório não deve interferir na iniciativa probatória do juiz no curso do procedimento.[42] Segundo a autora, tem relação com os poderes instrutórios do juiz no processo o denominado *"adversarial system"*, do direito anglo-saxão, em oposição ao "inquisitorial system", do sistema continental europeu e dos países por este influenciados.[43] No entanto, a dicotomia entre processo acusatório e inquisitório não corresponde ao binômio adversarial-inquisitorial, pois um sistema penal acusatório pode adotar o modelo "adversarial" ou "inquisitorial".[44]

Grinover defende que o direito processual, onde se inclui o processual penal, é regido por princípios publicistas e tem fins que se confundem com os objetivos do Estado, pois a jurisdição é uma de suas funções. O processo possui uma função social, que depende de sua efetividade, panorama este que se torna incompatível com a figura de um juiz inerte, passivo, refém das partes. Argumenta a autora:

> Deve ele estimular o contraditório, para que se torne efetivo e concreto; deve suprir as deficiências dos litigantes, para superar as desigualdades e favorecer a *par conditio*. E deve ter iniciativa probatória, não podendo limitar-se a analisar os elementos fornecidos pelas partes, mas determinando sua produção, sempre que necessário. J-Verdade e certeza são conceitos absolutos, dificilmente atingíveis. Mas é imprescindível que o juiz diligencie a fim de alcançar o maior grau de probabilidade possível. Quanto maior sua iniciativa instrutoria, mais perto da certeza chegará.

---

42. GRINOVER, Ada Pellegrini. Verdade real e verdade formal? Um falso problema. In: PEREIRA, Flávio Cardoso. (Org.). *Verdade e prova no processo penal*. Estudos em homenagem ao professor Michele Taruffo. Brasília: Gazeta Jurídica, 2016, p. 10-13.

43. Sobre o assunto, a autora explica: "Denomina-se *"adversarial system"* o modelo que se caracteriza pela predominância das partes não determina pão da marcha do processo e na produção das provas. No *"inquisitorial system"*, ao revés, as mencionadas atividades recaem de preferência sobre o juiz.". Ibidem, p. 10.

44. A autora propõe que: "fim de evitar confusões terminológicas, propomos que, na segunda dicotomia, a expressão *adversarial-inquisitorial system"* seja traduzida por *processo que se desenvolve por disposição das partes* e *processo de desenvolvimento oficial* Isto significa que, no chamado "inquisitorial system", uma vez proposta a acepção (princípio da demanda, ou *Dispositionsmaxime)*, o processo se desenvolve por impulso oficial e não por disposição das partes (não adotando, na terminologia alemã, o *Verhanlungsmaxime)*. Ibidem, p. 10.

> [...] I – A iniciativa oficial no campo da prova não embaça a imparcialidade do juiz. Quando este determina a produção de prova não requerida pelas partes, ainda não conhece o resultado que essa prova trará ao processo, nem sabe qual a parte que será favorecida por sua produção. Ao juiz não importa que vença, o autor ou o réu, mas interessa que saia vencedor aquele que tem razão; m- Mas a atuação do juiz na atividade instrutoria não é ilimitada. Existem balizas intransponíveis à iniciativa oficial, que se desdobram em três parâmetros: m1. a rigorosa observância do contraditório; m2. A obrigatoriedade da motivação; m., os limites impostos pela licitude (material) e legitimidade (processual) das provas.[45]

Conclui Grinover que o princípio da verdade real, a despeito de anteriormente significar outrora o exercício de poderes arbitrários de ilimitados pelo juiz na busca pela prova, atualmente ganhou novos contornos, significando simplesmente a tendência a uma certeza próxima da verdade judicial, ou seja, uma verdade que é extraída a partir da influência das partes pelos poderes instrutórios do juiz e uma verdade ética, processual e constitucionalmente válida. E isso vale para ambos os processos: penal e civil.[46]

Em sentido diametralmente oposto, para Aury Lopes Junior, o processo penal possui uma fenomenologia completamente desconectada do processo civil, e deve ser interpretado segundo regras próprias para sua compreensão, pois se trata de um ramo jurídico que tem por objetivo exercer o direito de punir do Estado. O autor sustenta de forma contundente que a "ambição da verdade", tal como é proposta no processo penal, é um perigo gigantesco que é ignorado pelos civilistas, pois eles não compreendem os valores em jogo no processo penal e o valor axiológico das "regras do jogo". Rotula-se a verdade real como um mito, uma artimanha gestada no ventre da inquisição para justificar o substancialismo penal e o decisionismo processual (utilitarismo).[47]

Acerca da verdade e a função da prova no processo, cumpre distinguir três linhas de discussão.[48] Para a primeira posição, as provas são uma espécie de *nonsense*, algo que na realidade não existe e não é um meio para se determinar a verdade dos fatos. Essa é a posição daqueles que entendem que, epistemologicamente, não é possível alcançar a verdade de um modo racional. Trata-se de uma visão irracionalista da decisão judicial, através da qual não se pode atribuir qualquer significado à prova dos fatos. Da mesma forma pensam os que consideram que um processo não é o instrumento idôneo para se buscar a verdade, em razão do seu excesso epistêmico.[49]

---

45. Ibidem, p. 10-11.
46. Ibidem, p. 9.
47. LOPES JUNIOR, Aury. O problema da "verdade" no processo penal. In: PEREIRA, Flávio Cardoso. (Org.). *Verdade e prova no processo penal.* Estudos em homenagem ao professor Michele Taruffo. Brasília: Gazeta Jurídica, 2016, p. 63-84.
48. Ibidem, p. 71-73.
49. Acerca dessa visão, é interessante a abordagem de Michele Taruffo. Sobre o processo e sua representação meramente teatral, o autor expõe que a perspectiva ritualística evita levar em consideração a decisão e

# O VALOR DA VERDADE EM UM PROCESSO PENAL ORIENTADO PELO GARANTISMO

A segunda linha de pensamento, capitaneada por James Goldschmidt, põe a prova no terreno da semiótica e das narrativas do processo, e parte da premissa que o processo é uma situação em que se desenvolvem diálogos e se narram fatos, de sorte que a verdade não é elemento fundante. Cada prova é tomada como fragmento da história (um pedaço de narrativa), interessando pela dimensão linguística e semiótica do processo como uma das tantas ocorrências do debate.[50]

Aury Lopes Junior adota essa corrente com complemento da primeira, quando aduz:[51]

As provas são utilizadas pelas partes para dar suporte a *story of the case* que cada advogado propõe ao juiz. A decisão final e a adoção de uma ou outra das narrativas. Fica excluída qualquer referenda à veracidade das teses. E, em síntese, uma *função persuasiva* da prova (criticada pelo autor por uma suposta vagueza e incerteza de conceitos e limites). Nessa dimensão dialógico narrativa a única função que pode ser imputada a prova é a de avaliar a narrativa desenvolvida por um dos personagens do diálogo, tornando-a idônea para ser assumida como própria por outro personagem, o juiz. [...] Pensamos que superado o paradigma cartesiano, assumida a subjetividade e o caráter (inegável) de ritual do processo judicial, compreende-se que o processo penal, principalmente o acusatório, é uma estrutura de discursos. E o que o juiz faz, ao final, e exatamente a eleição dos significados de cada um deles para construção do seu (sentença). Daí por que nossa posição situa-se na coexistência dessas duas correntes.[52]

A última corrente de pensamento entende que é possível atingir a verdade no processo, ainda que qualificada como uma verdade processual. Essa é a posição adotada por Luigi Ferrajoli, quando defende a ideia da verdade processual em contraponto à verdade substancial. O autor a concebe como uma verdade relativa ou aproximativa, e que se encontra condicionada pelos cânones e garantias do direito de defesa. Essa verdade, a qual ele também qualifica como uma verdade

---

seus conteúdos, com maior razão é para essa totalmente irrelevante a eventualidade de que seja ou não apurada a verdade dos fatos. No que diz respeito aos fatos, e nas hipóteses em que esses são considerados de algum modo relevantes, o que ocorre e basta é que não falte na representação do teatro judiciário a parte do espetáculo cuja função é fazer pensar que o processo também se ocupa dos fatos. Trata-se da concepção do processo como representação teatral. Assim, a busca da verdade em nada tem a ver com a função ritualística do processo, podendo até mesmo ser contraproducente do ponto de vista da função de resolução das controvérsias. Cf. TARUFFO, op. cit., p. 126. Acerca desse entendimento, Aury Lopes Junior enfatiza: "Destaque-se, neste ponto, nossa divergência em relação a TARUFFO é epidérmica, pois na essência, estamos de acordo. E acertadíssima a afirmação final de que 'em sentido, las pruebas servirían para hacer creer que el proceso determina la verdad de los hechos, porque es útil que los ciudadanos lo piensen, aunque en realidad eso no suceda y quizás precisamente porque en realidade eso no sucede'". Cf. LOPES JUNIOR, op. cit., p. 71.

50. LOPES JUNIOR, op. cit., p. 72.
51. Ibidem, p. 72.
52. Neste ponto, o pensamento de Aury Lopes Junior parece se aproximar ao de Michele Taruffo, quando este afirma que "o juiz não percebe os fatos em sua materialidade empírica: ele tem que lidar com descrições, ou seja, com narrativas construídas por vários sujeitos com modalidades complexas e variáveis", sendo a decisão judicial fruto das referidas da construção elaborada pelas referidas narrativas. TARUFFO, op. cit., p. 232.

jurídica, convive com outra verdade, que é chamada de verdade histórica, referente a fatos passados, e que pode ser discutida por critérios epistemológicos gerais, como a historiografia. Expõe o jurista:[53]

> Sem necessidade de penetrar em todas as difíceis questões relativas ao conhecimento do passado, pode-se realmente afirmar que a verdade processual fática, da mesma forma que a verdade histórica, em vez de ser predicável em referência direta ao fato julgado, é o resultado de uma ilação dos fatos "comprovados" do passado com os fatos "probatórios" do presente. Esta ilação – realizada por um historiador, um juiz ou um detetive – pode ser representada como uma inferência *indutiva* que contém nas premissas a descrição do fato que se tem de explicar e as provas praticadas, além de generalidades habitualmente subentendidas (entimemáticas) no atendimento de experiências análogas, e que contém na conclusão a enunciação do fato que se aceita como provado pelas premissas e que equivale à sua hipótese de explicação.

É necessário registrar, no entanto, que o modelo de verdade processual com alicerce garantismo proposto por Ferrajoli[54] veda que essa verdade seja buscada de forma ativa pelo juiz do processo, sob hipótese de comprometer sua necessária posição de imparcialidade no processo. Defende o autor:[55]

> Portanto, como observamos, de um lado, ao ser assumida a concepção de atividade probatória voltada para a verdade material ou real, consequentemente se concede poderes ao juiz para que a busque, potencializando o decisionismo; de outro lado, se a verdade e desconsiderada e a atividade probatória e vista como algo meramente formal, admite-se que qualquer decisão e potencialmente válida, bastando o cumprimento dos requisitos formais e dispensando referencias concretas ao evento passado, o que também pode maximizar os espaços de decisionismo. O que parece claro e que a atividade probatória não pode ter como referencial a verdade correspondente (em qualquer de suas variações: real/material ou relativa/ aproximativa) ou a verdade formal, pois ambas se mostram insuficientes para explicar satisfatoriamente a dimensão cognitiva do processo. Pode ser dito que ambas ignoram um ponto essencial: o fato do juiz ser o destinatário da prova, o que conduz a um conjunto de interrogações extremamente pertinentes no que diz respeito a produção da verdade no processo.

No que tange aos poderes instrutórios do juiz no processo penal, Michele Taruffo caminha em sentido diametralmente oposto ao de Ferrajoli. O autor afirma que não existe comprometimento à imparcialidade do juiz ao lhe ser atri-

---

53. FERRAJOLI, op. cit., p. 43.
54. Sobre o garantismo, cumpre registrar uma leitura do garantismo de Ferrajoli trabalhada por Douglas Fischer, denominada "garantismo penal integral". Segundo o jurista, o garantismo integral tem por fundamento a necessidade de proteção aos bens jurídicos (individuais e coletivos) e de proteção ativa da sociedade e dos investigados e/ou processados. Dessa forma, integral e equilibradamente aplicado, o garantismo impõe que sejam observadas rigidamente não só os direitos fundamentais, mas também os deveres fundamentais previsto na Constituição. FISCHER, Douglas. O que é garantismo (penal) integral? In: CALABRICH, Bruno; FISCHER, Douglas; PELELLA, Eduardo. *Garantismo penal integral*: questões penais e processuais, criminalidade moderna e a aplicação do modelo garantista no Brasil. 4. ed. Porto Alegre: Verbo Jurídico, 2017.
55. FERRAJOLI, op. cit., p. 305.

buído o exercício de poderes instrutórios, e nem há motivos para se duvidar da quebra do equilíbrio processual. O juiz que exerce poderes instrutórios só perde sua imparcialidade quando exerce seus poderes de forma parcial, com o intuito de favorecer uma das partes. O mesmo não acontece quando o juiz exercita seus poderes instrutórios de forma imparcial, objetiva, visando tão somente a apuração da verdade sobre fatos relevantes no processo. É a verdade dos fatos que determina o êxito da controvérsia, e não o juiz.[56]

Cumpre destacar o entendimento de Ravi Peixoto:

> Frise-se que a busca pela verdade é dirigida ao legislador ou mesmo à teoria geral do processo e da aplicação do direito, não pressupondo que funcione como premissa da atuação das partes ou do juiz. Não se deve igualar o propósito de determinado instituto com a finalidade perseguida pelos atores processuais. Não se pressupõe, então, que seja incumbência de qualquer dos sujeitos processuais a busca pela verdade. Sequer é possível afirmar que algum deles possui uma posição de vantagem epistêmica para além de imparcialidade, pressuposto da atividade jurisdicional. No entanto, o juiz não possui nenhuma qualidade inerente que lhe permita identificar a verdade para além do desinteresse na solução da causa.[57]

Essa busca pela verdade deve ser orientada ao legislador ou mesmo à teoria do processo, sendo descabido que se oriente à atuação das partes ou ao juiz. Não deve ser incumbência dos sujeitos processuais.

No entanto, afirmar que a busca da verdade não é um propósito messiânico do magistrado não deve significar que o Juiz está alijado da atividade probatória. O que não se pode admitir é que o referido encargo seja exercido de forma principal, como se somente através da iniciativa probatória do magistrado, enxergado como o senhor da razão e da racionalidade, a verdade pudesse ser atingida.

Nesse sentido, concordamos com Lara Teles Fernandes quando a autora argumenta:[58]

> Por isso, não se corrobora com a postura de centralidade do magistrado no processo penal, como se somente este fosse dotado de função epistêmica. Adota-se, portanto, uma visão segundo a qual a gestão da prova no processo penal deve estar prioritariamente a cargo das partes, com atuação exclusivamente subsidiária do magistrado para somente esclarecer pontos incompreendidos sobre a prova já produzida, que poderiam conduzir a uma errônea valoração da decisão sobre os fatos, e não com o escopo de preencher lacunas deixadas pela acusação no campo probatório, a quem incumbe o ônus da prova.

---

56. O autor faz ainda uma singular distinção entre juiz imparcial e juiz neutro ou passivo: ser imparcial não significa ser inerte e não se posicionar. Ao contrário, a imparcialidade remete a uma postura ativa do juiz durante a condução do processo numa busca objetiva e imparcial sobre a verdade dos fatos. Ibidem, p. 145-146.

57. PEIXOTO, op. cit.

58. FERNANDES, Lara Teles. *Prova testemunhal no processo penal*: uma proposta interdisciplinar de valoração. 2. ed. Florianópolis: Emais, 2020.

Com isso, não se defende um protagonismo do magistrado, pelas razões já explicadas, com destaque à preservação da imparcialidade e a separação obrigatória das funções de julgar e acusar, a fim de evitar uma policização da judicatura e uma consequente contaminação cognitiva.

Nesse sentido, o julgador deve ser espectador a atuação das partes, mas com poderes residuais de esclarecimento probatório, mormente no que diz respeito à colheita de provas de fonte pessoal, como o testemunho.

Marcellus Polastri Lima propõe que a verdade que se busca para o processo penal não é nem uma verdade real e tampouco a verdade formal, pois nenhuma delas é absoluta, pois o que ocorre é que temos graus distintos de obtenção da verdade. O que se pode haver é uma aproximação da verdade, mas que será sempre meramente relativa, em função das próprias deficiências humanas. Então, essa dicotomia entre verdade real e verdade formal é completamente inútil e vazia, sendo mais adequado falar em *verdade provável*.[59]

Segundo o autor, a melhor forma de obter a verdade no processo penal é se utilizando da probabilidade lógica que, ao contrário da quantitativa,[60] considera os métodos dedutivos e indutivos somente com base na prova dos autos e não somente baseado no grau de frequência de um acontecimento. Assim, a partir da probabilidade lógica, o juiz deverá realizar induções eliminativas e, quanto mais a hipótese que se qualificar provisoriamente como "verdade" resistir, maior será a probabilidade de o ser, de fato, a verdade. Esse método serve tanto para provas indiciárias (também chamadas de indiretas), como para provas diretas, como no caso do depoimento testemunhal, quando, por exemplo, o juiz deve considerar a coerência do testemunho e a própria credibilidade e reputação da testemunha.

Segundo Ravi Peixoto,[61] a verdade não tem um papel definitório da prova, ou seja, uma hipótese pode ser tida como provada não significa necessariamente que ela seja verdadeira, ao passo que, da mesma forma, uma hipótese fática considerada provada também pode não ser verdadeira. Isso porque a prova está relacionada a um juízo de probabilidade, o qual pode ser alterado a depender dos elementos probatórios disponíveis. Essa concepção é importante para que seja possível a construção de *standars* probatórios nos diversos ramos do direito.

---

59. LIMA, Marcellus Polastri. A chamada "verdade real", sua evolução e o convencimento judicial. *In:* PEREIRA, Flávio Cardoso. (Org.). *Verdade e prova no processo penal.* Estudos em homenagem ao professor Michele Taruffo. Brasília: Gazeta Jurídica, 2016, p. 233-234.

60. O autor esclarece: "Critica-se a utilização da probabilidade quantitativa, pois esta apenas se preocupa com a repetição de eventos, mesmo o chamado *evidentiary value model*, por vezes utilizado pela justiça americana, que considera mais a probabilidade da prova do que o tema da prova, ou seja, sendo mais importante o grau de acerto da testemunha do que relações quantitativas estranhas aos elementos da prova no processo, sofre críticas, pois deixa de valorar, *v.g.*, que, às vezes, os fatos probatórios são falsos." Ibidem, p. 234.

61. PEIXOTO, op. cit., p. 54-55.

A verdade é, sem dúvidas, um dos objetivos principais da atividade probatória, mas isso não significa que seja o único objetivo. Existem outros valores que devem ser levados em consideração, como a razoável duração do processo, o sigilo profissional de algumas profissões, além de limitações contra epistêmicas, introduzindo exceções à produção de provas que poderiam permitir a prolação de uma decisão baseada em material probatório mais robusto.

## 4. CONSIDERAÇÕES FINAIS

A verdade é um guia para o processo penal, devendo orientar a atividade dos sujeitos processuais e do sistema de justiça. No entanto, em um sistema de justiça fincado em ideais garantistas, cumpre entender o real alcança que a verdade, enquanto valor, deve possuir para o processo. O garantismo não é uma opção do aplicador do direito, mas uma obrigação de todos que se propõe a levar a sério os preceitos constitucionais.

Embora haja uma grande margem de consenso, ainda que não unânime, que a verdade é um propósito do processo penal, é essencial buscar a exata medida em que ela deve ser buscada. Isso porque também existe uma notória concordância entre os estudiosos que, apesar de sua importância, ela não é o único valor preponderante para que possamos atingir a justiça no processo. Outros valores são bastante caros e devem ser inseridos ao lado da verdade dentro de um procedimento orientado à obtenção da justiça: a imparcialidade do juiz, duração razoável do processo, o devido processo legal, a presunção de inocência, a ampla defesa, os custos do processo, entre diversos outros.

A discussão não se encerra na distinção entre verdade real e verdade processual. A questão não é meramente terminológica, e não existe liame bem delimitado entre as duas categorias. E, como vimos, existem ainda outras categorias nas teorizações que buscam esclarecer qual a verdade inserida no processo penal.

Dessa forma, procuramos ao longo deste artigo delinear alguns desses muitos pensamentos que servem como uma bússola para os estudiosos do direito orientarem a inserção da verdade, enquanto valor axiológico de suprema importância, dentro de um processo penal firme em solo garantista.

## 5. REFERÊNCIAS

CHALMERS, A. F. *O que é ciência afinal?* Trad. Raul Filker. Brasília: Editora Brasiliense, 1993.

FERNANDES, Lara Teles. *Prova testemunhal no processo penal*: uma proposta interdisciplinar de valoração. 2. ed. Florianópolis: Emais, 2020.

FERRAJOLI, Luigi. *Direito e razão*: teoria do garantismo penal. São Paulo: Ed. RT, 2002.

FISCHER, Douglas. O que é garantismo (penal) integral? In: CALABRICH, Bruno; FISCHER, Douglas; PELELLA, Eduardo. *Garantismo penal integral*: questões penais e processuais, criminalidade moderna e a aplicação do modelo garantista no Brasil. 4. ed. Porto Alegre: Verbo Jurídico, 2017.

GRINOVER, Ada Pellegrini. Verdade real e verdade formal? Um falso problema. *In*: PEREIRA, Flávio Cardoso. (Org.). *Verdade e prova no processo penal*. Estudos em homenagem ao professor Michele Taruffo. Brasília: Gazeta Jurídica, 2016.

HAACK, Susan. *Filosofia das lógicas*. Trad. Cezar Augusto Mortari e Luiz Henrique de Araújo Dutra. São Paulo: Unesp, 2002.

HESSEN, Johannes. *Teoria do conhecimento*. Trad. João Vergílio Gallerani Cuter. São Paulo: Martins Fontes, 2003.

LAUDAN, Larry. *Truth, error and criminal law*: na essay in legal epistemology. Cambridge: Cambridge Press, 2008.

LIMA, Marcellus Polastri. A chamada "verdade real", sua evolução e o convencimento judicial. *In*: PEREIRA, Flávio Cardoso. (Org.). *Verdade e prova no processo penal*. Estudos em homenagem ao professor Michele Taruffo. Brasília: Gazeta Jurídica, 2016.

LIMA, Renato Brasileiro de. *Manual de Processo Penal*: volume único. 8. ed. Salvador: JusPodivm, 2020.

LOPES JUNIOR, Aury. O problema da "verdade" no processo penal. In: PEREIRA, Flávio Cardoso. (Org.). *Verdade e prova no processo penal*. Estudos em homenagem ao professor Michele Taruffo. Brasília: Gazeta Jurídica, 2016.

MACHADO SEGUNDO, Hugo de Brito. Epistemologia Falibilista e Teoria do Direito. *Revista do Instituto de Direito Brasileiro da Universidade de Lisboa*, ano 3, n. 1, 2014.

MACHADO SEGUNDO, Hugo de Brito; MACHADO, Raquel Cavalcanti Ramos. Prova e verdade em questões tributárias. *Revista do Instituto do Direito Brasileiro*, v. 2, 2014.

MACHADO SEGUNDO, Hugo de Brito. *O Direito e sua ciência*: uma introdução à epistemologia jurídica. 2. ed. São Paulo: Editora Foco, 2021.

PEIXOTO, Ravi. *Standards Probatórios no Direito Processual Brasileiro*. São Paulo: Editora JusPodivm, 2021.

PEREIRA, Frederico Valdez. *Fundamentos do justo processo penal convencional*: as garantias processuais e o valor instrumental do devido processo. Belo Horizonte, São Paulo: D'Plácido, 2021.

POPPER, Karl. *O mito do contexto*. Em defesa da ciência e da racionalidade. Trad. Paula Taipas. Lisboa: Edições 70, 2009.

POPPER, Karl. O problema da indução. In: MILLER, David (Org.). *Popper*: textos escolhidos. Tradução de Vera Ribeiro. Rio de Janeiro: Contraponto, 2010.

TARUFFO, Michele. *Uma simples verdade*. Trad. Vitor de Paula Ramos. São Paulo: Marcial Pons, 2012.

# A BUSCA PELA VERDADE REAL NO PROCESSO PENAL E A CONSEQUENTE RUÍNA DA IMPARCIALIDADE DO MAGISTRADO: UMA ABORDAGEM EPISTEMOLÓGICA DO PROBLEMA

## THE SEARCH FOR TRUTH IN THE CRIMINAL PROCEDURE AND THE CONSEQUENT RUIN OF THE JUDGE'S IMPARTIALITY: AN EPISTEMOLOGICAL APPROACH TO THE PROBLEM

*Gabriellen Carneiro de Melo*

**Resumo:** O presente trabalho investiga a relação que a postura ativa do juiz na gestão probatória, em busca da verdade real, possui com o rompimento da imparcialidade do magistrado que é responsável por sentenciar o processo. Para isso, busca-se inicialmente dialogar com a epistemologia no intuito de perquirir como o ser humano é capaz de apreender a realidade, se de fato o é, para então entender como essa discussão é transportada para o âmbito judicial. Além disso, examina-se a produção probatória como meio para se alcançar a verdade dentro do processo, a posição dos atores processuais em relação à gestão das provas, e de que modo isso afeta a questão da jurisdição penal que deveria ser imparcial. Conclui-se que o juiz que adota posição ativa, de protagonismo na instrução processual, macula a sua originalidade cognitiva, desrespeitando uma das garantias mais fundamentais da sistemática processual penal, qual seja, a imparcialidade. A metodologia é bibliográfica, documental, qualitativa, descritiva e exploratória.

**Palavras-chaves:** Verdade – Prova – Imparcialidade – Epistemologia.

**Abstract:** The essay investigates the relationship that the judge's active posture in the evidentiary management, in search of the real truth, has with the rupture of the judge's impartiality who is responsible for sentencing the process. For this, we initially seek to dialogue with epistemology in order to investigate how the human being is capable of apprehending reality, if in fact it is, and then understanding how this discussion is transported to the judicial sphere. In addition, it examines the production of evidence as a means to reach the truth within the process, the position of procedural actors in relation to the management of evidence, and how this affects the issue of criminal jurisdiction that should be impartial. It is concluded that the judge who adopts an active position, of protagonism in the procedural instruction, tarnishes his cognitive originality, disrespecting one of the most fundamental guarantees of the criminal procedural system, namely, impartiality. The methodology is bibliographical, documentary, qualitative, descriptive and exploratory.

**Keywords:** Truth – Proof – Impartiality – Epistemology.

**Sumário:** 1. Introdução – 2. A verdade como objetivo inalcançável em face das limitações ao conhecimento humano – 3. O processo e a busca pela verdade real; 3.1 A compreensão da verdade no processo judicial: é passado o tempo de crer em verdade real; 3.2 O binômio prova-verdade e os poderes instrutórios do juiz; 3.3 A impossibilidade de garantir uma jurisdição penal imparcial ao admitir-se o magistrado como gestor de provas – 4. Considerações finais – 5. Referências.

# 1. INTRODUÇÃO

É comum no âmbito da processualística penal a falácia sobre "a busca da verdade real", havendo aqueles juristas que a consideram até mesmo como um princípio a guiar toda a sistemática brasileira. Mas muitos deixam de se questionar epistemologicamente qual o sentido de verdade que se discute, tanto no mundo fenomênico, quanto no âmbito do processo. O que é verdade? Qual a verdade buscada no processo? Realmente deveria ser buscada uma verdade processual?

Na realidade, não há como se debater a questão sem um estudo interdisciplinar com outros campos do conhecimento, tais como a Epistemologia, a Antropologia, a Filosofia, baseando-se o presente trabalho nos diálogos desenvolvidos com a primeira disciplina mencionada. Os obstáculos provocados pela apreensão imperfeita da realidade pela criatura humana é uma condição que não pode ser olvidada quando da análise do assunto. Bem assim, uma verdade real ou absoluta sobre o mundo dos fatos jamais poderá ser alcançada pelas nossas próprias limitações cognoscitivas, que dependem de sentidos limitados, então como almejar alcançá-la dentro de uma estrutura processual, a qual por sua vez contém limitações próprias, de respeito às regras do jogo muito bem delineadas?

Além disso, a "verdade" entra no processo por meio da produção de provas, e, consequentemente, aquele que está a cargo de produzi-las tenderá a beneficiar uma narrativa em prol da hipótese considerada como verdadeira, no viso de vencer a luta pela captura psíquica do juiz, isto é, pelo seu convencimento. Todavia, o cenário se agrava quando é o próprio juiz que toma uma postura ativa na produção probatória, indo "atrás da verdade", tendo em vista que quem procura sabe ao certo o que deseja encontrar. Quer dizer, aquele que detém a gestão das provas primeiro formula uma hipótese para depois buscar, direcionadamente, elementos a corroborar com a hipótese previamente assumida como verdadeira. E isso acaba por interferir diretamente na imparcialidade do julgador (constitucionalmente garantida), posto que este deixa de preservar a sua originalidade cognitiva para decidir a causa.

Assim, no processo penal não há como se debater sobre o binômio "prova e verdade" sem considerar o binômio "jurisdição e imparcialidade", sendo todos estes elementos imprescindíveis de harmonização para a efetiva validação de um Estado Democrático de Direito, com respeito às garantias fundamentais do réu.

A metodologia empregada no presente trabalho é bibliográfica e documental, com consulta à doutrina e legislação nacional e internacional. Quanto à natureza, a metodologia é qualitativa, uma vez que explorará a compreensão do tema por uma perspectiva subjetiva, não quantificável. Quanto aos fins, a metodologia é descritiva e exploratória, pois interpretará fatos e normas relativos ao tema, visando ao aprimoramento das ideias e desafiando pesquisas vindouras.

## 2. A VERDADE COMO OBJETIVO INALCANÇÁVEL EM FACE DAS LIMITAÇÕES AO CONHECIMENTO HUMANO

Não há como se ter um debate mais aprofundado sobre *verdade* e a sua relação com a prova no processo judicial sem antes empreender um estudo interdisciplinar entre o Direito e a Epistemologia ou Teoria do Conhecimento, tendo em vista ser de fundamental importância entender a base do fenômeno cognoscitivo, isto é, compreender como a criatura humana apreende o conhecimento ao seu redor e para que necessita formular imagens mentais de representação da realidade.

Consoante há muito dizia Platão, conhecimento poderia ser definido como uma *crença verdadeira e justificada*, de modo que dentre uma gama de especulações informativas que poderiam ser tanto falsas como verdadeiras, apenas as crenças que fossem devidamente fundamentadas poderiam ser reconhecidas como verdadeiras. Contudo, referida concepção provoca alguns questionamentos, quais sejam, como a criatura humana poderia justificar algo como verdadeiro? Que tipo de verdade se objetivaria alcançar? Uma verdade como correspondência seria suficiente a justificar determinada crença?[1]

Sem querer adentrar na complexidade do problema da justificação, ao debater-se sobre a possibilidade do alcance de uma "verdade absoluta", surge a questão relativa à precariedade do acesso do animal humano à realidade, que se demonstra circunstância inegável, dada a imperfeição dos sentidos que o conectam à percepção do mundo externo. Não fomos capazes de conhecer de pronto a existência de bactérias, vírus e demais microrganismos até a invenção de aparelhos microscópicos que nos permitissem extrapolar as limitações da visão, do olfato, do paladar, do tato e da audição. Do mesmo modo, a descoberta dos átomos e partículas subatômicas só veio no Séc. XX, em 1911, com os experimentos produzidos para testar a teoria atômica de Rutherford. É dizer, o sujeito cognoscente, ao longo da sua história evolutiva, sempre teve acesso apenas à *parte* da realidade, que em sua totalidade é bem mais complexa do que a capacidade de compreensão humana pode alcançar.[2]

Desse modo, o conhecimento humano acaba por caracterizar-se como *provisório*, posto que elementos tidos como verdadeiros por séculos podem facilmente ser derrubados com a invenção de instrumentos mais modernos e sofisticados, os quais permitam a ampliação sensorial de modo mais eficaz. Na mesma linha de raciocínio, teorias antes consideradas sólidas, como é o caso da Teoria Mecânica de Isaac Newton, a qual fora fundamental para o desenvolvimento de diversos

---

1. PLATÃO. Teeteto. *Diálogos I*. Trad. Edson Bini. Bauru: Edipro, 2013; RESCHER, Nicholas. *Epistemology*: an introduction to the theory of knowledge. Albany: State University of New York Press, 2003, p. 3-7.
2. MACHADO SEGUNDO, Hugo de Brito. Epistemologia Falibilista e Teoria do Direito. *Revista do Instituto de Direito Brasileiro da Universidade de Lisboa*, ano 3, n. 1, p. 197-260, 2014.

avanços tecnológicos, podem ser rompidas por novos paradigmas revolucionários como a Teoria da Relatividade de Einstein, demonstrando que o conhecimento – no caso do exemplo, o científico – está em constante evolução.[3]

Assim, ainda que na concepção platônica se objetivasse justificar uma crença como verdadeira a fim de se alcançar o conhecimento, de modo simplista, nunca se poderia afirmar a *certeza absoluta* de sua veracidade, posto que a imagem da realidade é sempre imperfeita e provisória. Então como podemos definir o conhecimento humano?

O princípio fundamental do conhecimento é a busca pela manutenção do equilíbrio homeostático, e, consequentemente, da vida.[4] Isto porque a preservação da espécie, durante a evolução, orientou todo o organismo vivo a se relacionar com o seu próprio corpo e com o ambiente no qual se insere visando a sua sobrevivência. Conhecer, portanto, era o caminho necessário a ser percorrido para manter-se vivo e em estado de equilíbrio homeostático. As interações corpo-corpo e corpo-ambiente eram responsáveis pela experiência do real, as quais auxiliavam detectar perigos, identificar temperaturas hostis, buscar fontes de alimento, e, consequentemente, as melhores informações para atingir o fim homeostático foram sendo selecionadas e gravadas ao longo de eras no código genético dos seres vivos (DNA), sendo, em nível mais elementar, a base do conhecimento.[5]

Nesta senda, não só o ser humano, mas os demais organismos precisaram desenvolver uma relação com o ambiente, elaborando noções da realidade por meio dos seus sentidos imperfeitos.[6] Contudo, a criatura humana foi capaz de superar-se na cadeia evolutiva ao longo de milhares de anos, ao desenvolver um sistema nervoso e uma mente consciente, originalmente para aprimorar o enfrentamento de problemas surgidos no meio externo. Consoante apregoa Raul Nepomuceno,[7] os sentimentos surgiram com o escopo de "realizar essas tarefas de perceber e reagir de modo mais sofisticado, fornecendo respostas mais com-

---

3. KUHN, Thomas S. *A estrutura das revoluções científicas*. Trad. Beatriz Vianna Boeira e Nelson Boeira. 9. ed. São Paulo: Perspectiva, 2005.
4. DAMASIO, Antonio. The neurobiological grounding of human values. In. CHANGEUX, J. P. et al. (Ed.). *Neurobiology of Human Values*. Heidelberg: Springer, 2015, p. 47-56.
5. NEPOMUCENO, Raul Carneiro. *O controle da subjetividade nas decisões judiciais em casos de colisão entre direitos fundamentais*: hermenêutica, método e a tensão entre o racional e o irracional. Tese (Doutorado – Programa de Pós-Graduação em Direito) – Universidade Federal do Ceará, Faculdade de Direito, Fortaleza, 2019, p. 45 a 54.
6. "No processo de seleção natural, a hostilidade do meio e a escassez de recursos faz com que somente sobrevivam aqueles dotados das estruturas mais aptas a tanto. Daí o aparecimento, e o aprimoramento, em virtude de muitos milhões de anos de seleção, de estruturas como sistemas neurológicos e órgãos dos sentidos, os quais não são perfeitos, mas apenas adequados o suficiente para sobrevivência do animal que os possui". Cf. MACHADO SEGUNDO, op. cit.
7. NEPOMUCENO, op. cit. p. 52.

A BUSCA PELA VERDADE REAL NO PROCESSO PENAL **137**

plexas e mais eficientes para problemas relacionados à manutenção do equilíbrio corporal e da vida".

O mundo cultural, com suas realidades institucionais sofisticadas, tais como as regras jurídicas abordadas no estudo do Direito, fruto exclusivo da inventividade humana, surgiu justamente a partir da seleção natural de certas emoções que aumentavam as chances de sobrevivência da espécie. A cooperação mútua, sentimentos de altruísmo e solidariedade, permitiram que grupos de indivíduos chegassem mais longe na história evolutiva, razão pela qual grandes conglomerados foram tomando forma e se fixando cada vez mais em um único território, pondo fim à era nômade. Além disso, o desenvolvimento dos neurônios espelho forneceu a capacidade do ser humano de se identificar com outros da mesma espécie, daí surgindo a empatia e o ímpeto de proteção e cuidado com aqueles considerados pares.[8]

Com o advento da linguagem e a ampliação da cognição humana de forma mais avançada, a espécie passou a não só a ampliar as formas de conhecimento, como também a ter *consciência* disso. Nesse cenário, com a ebulição das ideais e a troca de conhecimento por meio da *linguagem* entre os seres da mesma espécie, outro tipo de seletividade passou a ter vez, isto é, a seleção das ideias, resistindo àquelas que melhor resolvessem os problemas existentes, em uma constante aplicação do método de tentativa e erro. Daí, o papel essencial desenvolvido pela linguagem na história da evolução, posto que em razão dela que fomos capazes de reconstruir a realidade em nossas mentes, de sorte a interpretar no plano do pensamento as informações ambientais imperfeitamente trazidas pelos sentidos.[9]

Assim, conforme explica Johannes Hessen,[10] o conhecimento, que é produto de uma evolução biológica, pode ser definido como uma relação entre o sujeito, a imagem e o objeto, de modo que o sujeito cognoscente realiza uma representação mental (imagem) daquele por meio de sentidos imperfeitos os quais fornecem ao ser humano informações apenas boas o suficiente para permitir a sua sobrevivência,[11] incapazes de revelar a verdade ou a inverdade da coisa apreendida, mas apenas elaborar uma aparência desta. Nesse sentido é que Gaston Bachelard aduz que "o conhecimento do real é luz que sempre projeta algumas sombras".[12]

---

8. MACHADO SEGUNDO, op. cit., p. 204-207.
9. MACHADO, Hugo de Brito. MACHADO, Raquel Ramos Cavalcanti. Prova e verdade em questões tributárias. In: Hugo de Brito (Coord.). *A prova em questões tributárias*. São Paulo: Malheiros, 2014. p. 1249.
10. HESSEN, Johannes. *Teoria do conhecimento*. Trad. João Vergílio Gallerani Cuter. São Paulo: Martins Fontes, 2003, p. 24.
11. MACHADO SEGUNDO, Hugo de Brito. *O direito e sua ciência*: uma introdução à epistemologia jurídica. São Paulo: Malheiros, 2021, p. 35.
12. BACHELARD, Gaston. *A formação do espírito científico*. Contribuição para uma psicanálise do conhecimento. Trad. Estela dos Santos Abreu. Rio de Janeiro: Contraponto, 1996, p. 17.

Portanto, é fato que a cognição humana é falha, tendo em vista que somos incapazes de ter acesso direto à realidade, tal como ela é, sendo a verdade absoluta algo intangível para nós. E em detrimento disso, algumas teorias do conhecimento negam totalmente a possibilidade de apreensão da realidade, ao passo que outras teorias defendem que absolutamente tudo pode ser verdade. Há ainda uma terceira via extremista que constrói uma versão da realidade sem qualquer preocupação com a sua fundamentação, livre de questionamentos.

O ceticismo, à exemplo da primeira posição, nega toda e qualquer possibilidade de apreensão do objeto, aludindo que o conhecimento é algo impossível, tendo em vista que se os órgãos de conhecimento humanos são falhos, não há como existir a relação entre um sujeito e um objeto, motivo pelo qual passa-se a ignorá-lo. Já no caso do relativismo, como representante da segunda corrente, defende-se que não há qualquer validade geral, tudo é relativo, isto é, tudo pode ser verdade dependendo de fatores que residem no sujeito cognoscente, contudo, ao fim e ao cabo, afirma Johannes Hessen que o relativismo não passa de um outro tipo de ceticismo, já que "também nega a verdade, não diretamente, mas indiretamente, na medida em que contesta sua validade universal".[13] Por fim, o dogmatismo, que se aproveita do caráter falível da cognição para criar uma realidade longe da possibilidade de crítica e alheia a justificações filosóficas ou científicas; aceita-se porque sim.

Porém, um aspecto que sobressai é que as crenças são sempre passíveis de falsificação.[14] E é com base nesse entendimento que Karl Popper desenvolveu a sua teoria do *falibilismo*, que surge como uma tentativa de equilíbrio, nem negar e nem aceitar qualquer "tipo de verdade". A teoria falibilista aborda a problemática do conhecimento de maneira a reconhecer que nunca somos detentores da verdade, mas sim que estamos em constante processo de *aproximação* dela. É dizer, toda teoria elaborada cientificamente pode ser considerada verdadeira provisoriamente, até que se demonstre ao contrário, no momento em que uma nova teoria surgir e for capaz de falsear os elementos antes tidos como corretos. Assim, aquela teoria que for capaz de ir resistindo à medida do tempo pode ser considerada melhor do que as demais e mais próxima do real, mas nunca absolutamente verdadeira.[15]

Consoante explica Hugo Segundo, o falibilismo "parece ser a forma mais adequada de lidar com o *risco de estar errado*, equilibrando a busca pela verdade, de um lado, com a necessidade prática de se tomarem decisões imediatas, de

---

13. HESSEN, op. cit., p. 38.
14. MACHADO, 2014, op. cit., p. 1249.
15. POPPER, Karl. *A vida é aprendizagem* – Epistemologia evolutiva e sociedade aberta. Trad. Paula Taipas, São Paulo: Edições 70, 2001.

outro".[16] Ainda que reconhecidamente hajam essas deficiências, o ser humano enfrenta problemas cotidianos que exigem tomadas de decisões eficientes, o que demanda considerarmos algumas crenças como verdadeiras,[17] que podem ser testadas e aceitas mesmo que provisoriamente.

## 3.  O PROCESSO E A BUSCA PELA VERDADE REAL

Como visto, o falibilismo não nega a verdade, nem admite várias verdades ao mesmo tempo, mas sim considera o caráter de constante aproximação dela, isto é, a correspondência aos fatos pode estar equivocada, mas as teorias estarão sempre abertas ao debate para possivelmente aprimorá-las.

O raciocínio de Karl Popper[18] é baseado na teoria semântica de Tarski, adotando-se a *verdade como correspondência*, no sentido de que "na busca do conhecimento procuramos teorias verdadeiras ou, pelo menos, teorias que estejam mais próximas da verdade do que as outras, que correspondam melhor aos fatos", com o que é, com o que existe na realidade.

Para além da referida teoria, existem inúmeras outras que pela limitação do presente artigo não se abordarão, algumas, inclusive, que consideram a teoria da verdade por correspondência como ingênua (é o caso das teorias da coerência e da aceitabilidade justificada), todavia escolhendo-se o citado conceito para tratar da compreensão da verdade dentro do âmbito processual no presente trabalho.

## 3.1  A compreensão da verdade no processo judicial: é passado o tempo de crer em verdade real

Michele Taruffo é um dos principais autores que defendem a noção de verdade judicial como correspondência, de modo que, ainda que se reconheça as limitações da cognição humana e o caráter provisório da verdade, tanto dentro quanto fora do processo, não se poderia negar que "todo enunciado relativo a acontecimento do mundo real é verdadeiro ou falso em função da existência desses acontecimentos no mundo real".[19] Luigi Ferrajoli, em certa medida, concorda

---

16.  MACHADO SEGUNDO, 2021. p. 41.
17.  Retornando ao problema de justificação da verdade, Hugo Segundo revela que Popper apresentou uma resposta satisfatória ao que denominou de Trilema de Fries, tendo em vista que "O falibilismo permite solução satisfatória para o problema sem incorrer em circularidade. Interrompe-se a série de fundamentações – não de forma dogmática, inviabilizando o debate; tampouco se segue eternamente fundamentando, ou se incorre em circularidade. Simplesmente se inverte o ônus argumentativo, perguntando a quem cobra por mais e mais fundamentos: por que não?". MACHADO SEGUNDO, 2021, p. 43.
18.  POPPER, Karl. Verdade e Aproximação da Verdade. In: MILLER, David (Org.). *Popper*: Textos Escolhidos. Rio de Janeiro: Editora PUC Rio, 2016, p. 183.
19.  TARUFFO, Michele. *Uma simples verdade*. O juiz e a construção dos fatos. Trad. Vitor de Paula Ramos, São Paulo: Marcial Pons, 2012, p. 100.

com o posicionamento do autor, posto que também sustenta a verdade processual como aproximativa, "como uma verdade aproximada a respeito do ideal iluminista da perfeita correspondência",[20] muito embora permaneça somente como ideal em sua visão.

Nesse contexto, como já adiantado, no dia a dia o ser humano se depara com inúmeras situações nas quais são exigidas tomadas de decisões para resolver problemas, o que requer que algumas imagens formuladas do mundo sejam consideradas como verdadeiras (correspondente aos fatos). Do mesmo modo ocorre no processo judicial, com a diferença de que o processo é tangido por inúmeras limitações tanto de tempo, como de marcos de referência os quais não podem ser ultrapassados, isto é, o jogo processual não permite um "vale tudo", estabelecendo-se regras muito bem definidas para a atuação dos operadores do direito. Conforme apregoa William Marques e Yuri Sá, o processo judicial "é o procedimento pelo qual são administrados os conflitos levados até o Poder Judiciário, de maneira que seja garantida a efetiva tutela dos direitos ameaçados ou violados ao seu fim".[21]

À exemplo, um cientista pode se deparar com um problema de difícil resolução que dedicará a vida elaborando teorias para resolvê-lo, sem que haja qualquer limitação temporal para tanto, podendo, além disso, utilizar-se de amplíssimos marcos de referência à auxiliá-lo na sua árdua tarefa do conhecimento; ao contrário, no âmbito judicial há de se atender à limitação expressa por meio de lei do princípio da *duração razoável do processo* (e não somente à esta, como diversas outras), não podendo a parte quedar-se à mercê do tempo que for necessário para que o judiciário alcance a inalcançável verdade dos fatos, para só então oferecer uma prestação jurisdicional a resolver a demanda.

Partindo disso, o problema que inevitavelmente se apresenta é como determinar qual a verdade necessária no âmbito processual. E dessa problemática surgiu o que os juristas convencionaram chamar de *verdade formal ou processual* e *verdade real ou material*. A primeira, seria típica do processo, existente dentro dele, como se a verdade dos autos fosse especial ou particular, ao passo que a segunda se referiria ao mundo dos fenômenos reais, obtida a partir de meios cognitivos distintos. Consoante Lara Teles "justifica-se essa diferenciação na existência de previsões legais que limitam e regulam a admissão e a produção probatória, como

---

20. FERRAJOLI, Luigi. *Direito e razão. Teoria do Garantismo Penal.* 3. ed. Trad. Ana Paula Zomer Sica, Fauzer Hassan Choukr e Juarez Tavares. São Paulo: Ed. RT, 2002, p. 42.

21. MARQUES JÚNIOR, William Paiva; SÁ, Yuri Kubrusly de Miranda. A falibilidade da prova judicial e a imparcialidade do magistrado na busca pela Verdade Real no Sistema Processual Brasileiro, p. 66. *In*: LOPES FILHO, Juraci Mourão; SILVA, Rogerio Luiz Nery da. (Org.). *Teorias do direito, da decisão e realismo jurídico.* Florianópolis: CONPEDI, v. 01, p. 56-75, 2020. Disponível em: http://conpedi. danilolr.info/publicacoes/nl6180k3/ue1kf6qt/3o6OwZesT6fyVpK3.pdf. Acesso em: 13 jan. 2022.

A BUSCA PELA VERDADE REAL NO PROCESSO PENAL **141**

as regras de preclusão e a inadmissibilidade da prova ilícita",[22] isto é, os referidos marcos de referência já acima mencionados.

Luigi Ferrajoli entende que essa verdade processual não pretender ser *a verdade*, na medida em que é condicionada em si mesma pelo respeito aos procedimentos e garantias de defesa, sendo "em suma, uma verdade mais controlada quanto ao método de aquisição, porém mais reduzida quanto ao conteúdo informativo do que qualquer hipotética verdade substancial".[23] Referido autor explica que essas condições limitativas se transmutam em quatro sentidos, sendo estes: I) a tese acusatória deve estar formulada conforme a norma; II) a acusação deve estar corrobora pela prova colhida por meio de técnicas normativamente preestabelecidas; III) deve ser sempre uma verdade passível de prova e oposição; IV) na dúvida, falta de acusação ou de provas ritualisticamente formadas, impõem-se a prevalência da presunção de inocência e atribuição de falsidade formal ou processual às hipóteses acusatórias. Assim, depreende-se que o formalismo estaria direcionado à proteção máxima da liberdade dos indivíduos.

Entretanto, para Michele Taruffo referida distinção seria inaceitável, haja vista que não há como individualizar uma verdade processual distinta e independente da verdade extraprocessual, como se fosse uma categoria autônoma, apartada da facticidade do mundo fenomênico, é dizer, a verdade chamada de material (que por si só já é imperfeita dada as limitações da cognição humana) entra no processo, muito embora haja diferentes tipos de restrições impostas pelos códigos legislativos.[24] Nesse sentido, aponta Lara Teles que "a verdade sobre os fatos no processo é alcançada – quando o é – pelos mesmos meios cognoscitivos e argumentativos do mundo dos fenômenos reais",[25] não havendo sentido, pois, em qualquer diferenciação.

Já Francesco Canelutti afirma que insistir em torno dessa discussão geraria frutos nada mais que estéreis. Para o autor, mesmo a denominada verdade processual seria inadequada aos fins que se propõe, tendo em vista que o problema é com a própria verdade, seja lá a classificação que a concedam, já que "a verdade está no todo, não na parte; e o todo é demais para nós".[26] Nem extraprossualmente, nem endoprocessualmente é possível alcançar uma verdade absoluta dos fatos, posto que todo saber é datado e tem prazo de validade, consoante já afirmava Popper, uma teoria só vale até que outra venha para negá-la (falibilismo).

---

22. FERNANDES, Lara Teles. *Prova testemunhal no processo penal*: uma proposta interdisciplinar de valoração. 2. ed. Florianópolis: Emais 2020, p. 42.
23. FERRAJOLI, op. cit., p. 38.
24. TARUFFO, Michele. *La prueba de los hechos*. 3. ed. Trad. Jordi Ferrer Beltrán. Madrid: Trotta, 2009, p. 24-5.
25. FERNANDES, op. cit., p. 43.
26. CARNELUTTI, Francesco. Verità, Dubbio e Certezza. *Rivista di Diritto Processuale*. 1965, v. XX (II serie), p. 49.

Não obstante, é certo que no processo penal a "verdade material" foi fruto de uma construção histórica de máxima confiabilidade na racionalidade humana, típica da idade moderna, momento que se acreditava que o sujeito cognoscente era realmente capaz de alcançar a verdade por meio da ciência, tida como a "melhor" dos conhecimentos. Ao lado disso, o discurso da verdade real também está histórica e ideologicamente vinculado com uma epistemologia eminentemente inquisitiva, que remonta à época da Santa Inquisição, de controle social, onde o *ius puniendi* do Estado não encontrava limitações para a sua incidência. Consoante explica Aury Lopes Júnior, o mito da verdade real está intimamente relacionado com a estrutura do sistema inquisitório, isto é, "com o 'interesse público' (cláusula geral que serviu de argumento para as maiores atrocidades); com sistemas políticos autoritários; com a busca de uma 'verdade a qualquer custo (chegando a legitimar a tortura em determinados momentos históricos)".[27]

Ao transformar a verdade substancial em meta principal no processo penal, abre-se um leque gigantesco de arbitrariedades que são cometidas em busca da "nobreza" de se alcançar a realidade dos fatos, com menos limites para a atividade de busca, o que gera a produção de uma verdade de menor qualidade, vazia epistemologicamente, e com o pior trato possível para o investigado.[28] Salah Khaled Jr., corrobora com referido entendimento, ao aduzir que "a epistemologia inquisitória por excelência objetifica o acusado, ou quando não o faz, por excelência o trata como inimigo a ser perseguido a qualquer custo para satisfação de inesgotável ambição da verdade".[29] Quantas vezes no decorrer da história um acusado não fora obrigado a confessar por um crime que não cometera em razão de estar sendo submetido à intenso sofrimento físico e psicológico?[30]

---

27. LOPES JR., Aury. O problema da "verdade" no processo penal. In: PEREIRA, Flávio Cardoso (Org.) *Verdade e prova no processo penal*. Estudos em homenagem ao professor Michele Taruffo. Brasília: Gazeta Jurídica, 2016, p. 68.
28. Ibidem, p. 68.
29. KHALED JR., Salah H. *A busca da verdade do processo penal para além da ambição inquisitorial*. São Paulo: Atlas, 2013, p. 170.
30. Cesare Beccaria, à propósito, foi um dos autores que retratou o período da Santa Inquisição, o qual durou mais de 700 anos, tendo se propagado por toda Europa, expondo os horrores aos quais os réus eram submetidos, precipuamente ante as penas corporais e as torturas infligidas àqueles no escopo de buscar a fantasiosa verdade real, chegando a concluir acerca da estrutura de Estado daquela época, o seguinte: "Quando as leis forem fixas e literais, quando só confiarem ao magistrado a missão de examinar os atos dos cidadãos, para decidir se tais atos são conformes ou contrários à lei escrita; quando, enfim, a regra do justo e do injusto, que deve dirigir em todos os seus atos o ignorante e o homem instruído, não for um motivo de controvérsia, mas simples questão de fato, então não mais se verão os cidadãos submetidos ao jugo de uma multidão de pequenos tiranos, tanto mais insuportáveis quanto menor é a distância entre o opressor e o oprimido; tanto mais cruéis quanto maior resistência encontram, porque a crueldade dos tiranos é proporcional, não às suas forças, mas aos obstáculos que se lhes opõem; tanto mais funestos quanto ninguém pode livrar-se do seu jugo senão submetendo-se ao despotismo de um só". Cf. BECCARIA, Cesare. *Dos delitos e das penas*. Edição Eletrônica: Ridendo Castigat Mores, 1764, p. 12. Disponível em: http://www.dominiopublico.gov.br/download/texto/eb000015.pdf. Acesso em: 04 abr. 2020.

# A BUSCA PELA VERDADE REAL NO PROCESSO PENAL 143

Diante do referido contexto, acreditar que se possa alcançar uma verdade real, estática, pronta para ser descoberta, parece-nos ainda mais grave do que ser partidário à verdade processual, independentemente de ser plausível qualquer diferenciação ou não. Isto porque em face do contexto histórico no qual aquela concepção fora construída, abre-se perigosas margens para a fragilização de um processo penal que almeje ser democrático, cuja flexibilização do respeito às regras e aos princípios processuais acabam por serem admitidas em nome da "sagrada" revelação dos fatos no azo da sentença judicial.

A propósito, é fato que o juiz ocupa lugar de destaque no processo judicial, posto que é por meio dele construídas, ou a ele direcionadas, as provas produzidas que são os instrumentos de "revelação da verdade" no processo, sendo ele quem irá ser convencido para que adote uma narrativa como fundamento de decisão. Mas antes de aprofundar-nos nesse ponto, há de se perquirir de que modo a prova judicial se relaciona com a verdade e também de que modo se relaciona com o próprio julgador do processo.

## 3.2  O binômio prova-verdade e os poderes instrutórios do juiz

Prova é um conceito plurissignificativo que, em razão da variedade do léxico que pode suscitar, acaba por dificultar a sua compreensão. Para Marcelo Lima Guerra, o conjunto composto pelas noções associadas à expressão "prova", comportam três significados principais e distintos, sendo eles: I) prova como *ação* de provar; II) prova como *resultado* probatório; e III) prova como *meio* de prova.[31] Neste esteio, para Hugo Machado Segundo e Raquel Cavalcanti, usualmente se emprega a palavra prova para: I) designar elementos de fundamentação sobre uma afirmação fática; II) firmar a crença do julgador de que a controvertida afirmação sobre os fatos é verdadeira; e III) apontar o caminho pelo qual é trazido os elementos de fundamentação ao processo, onde se está em dúvida sobre a veracidade dos fatos.[32]

A prova, pois, ocupa decisiva função no desfecho dos conflitos apresentados ao Poder Judiciário, tendo os magistrados o dever constitucional de fundamentar, ou seja, *justificar a crença* adotada para decidir o litígio com base nas provas produzidas durante a instrução do processo (art. 93, IX, da Constituição

---

31. GUERRA, Marcelo Lima. Premissas para a construção de um léxico constitucional e epistemologicamente adequado em matéria probatória. *Anais do XIX Encontro Nacional do CONPEDI* realizado em Fortaleza – CE nos dias 09, 10, 11 e 12 de Junho de 2010, p. 7742 e ss. Disponível em: http://www.conpedi.org.br/manaus/arquivos/anais/fortaleza/4060.pdf. Acesso em: 28 jan. 2022.
32. MACHADO SEGUNDO, Hugo de Brito; MACHADO, Raquel Ramos Cavalcanti. Prova e verdade em questões tributárias. In: Hugo de Brito (Coord.). *A prova em questões tributárias*. São Paulo: Malheiros, 2014, p. 1247.

Federal).[33] Nesse aspecto, chamam atenção Hugo Machado Segundo e Raquel Cavalcanti que "a relação entre prova e verdade é direta e evidente, pois a prova diz respeito, como se viu, à fundamentação de uma afirmação sobre fatos, ou, de forma mais precisa, à fundamentação de uma crença na veracidade de uma afirmação feita sobre fatos",[34] isto é, se alguém deseja demonstrar que um fato existiu no mundo fenomênico, dentro do processo, é necessário que se apresentem elementos probatórios, e, que por sua vez, o juiz convença-se da narrativa apresentada pela parte.

Assim, a orientação predominante na doutrina é tomar a noção de prova como *resultado*, o que põe em evidência a *convicção do juiz*, consoante expõe Aury Lopes Júnior, ao conceituar as provas como "os materiais que permitem a reconstrução histórica e sobre os quais recai a tarefa de verificação das hipóteses, com a finalidade de convencer o juiz (função persuasiva)".[35] É dizer, coloca-se em evidência um psicologismo exacerbado, de modo que se dá ênfase excessiva aos estados de consciência do magistrado, à sua convicção,[36] o que, conforme Michele Taruffo, transforma o processo em nada mais que um jogo retórico-persuasivo, onde tem razão o advogado que consegue persuadir o juiz para que adote a sua narrativa como fundamento da decisão, o que acaba por tratar com indiferença se aquilo que se pretende convencer é verdadeiro ou falso.[37] Desse modo, se o convencimento do juiz é o que importa, mesmo que José não tenha matado Maria no mundo fenomênico, e no processo assim se convencer, pouco importará a verdade ou a sua aproximação dela, aplicando-se a visão falibilista do conhecimento.

Para Vitor Ramos a verdade como correspondência é o próprio fim do procedimento probatório, tendo a prova com a verdade uma relação teleológica, ou seja, é um meio para obter o fim (verdade), muito embora a prova por si só não garanta a obtenção do referido fim, já que o que basta para o processo é o convencimento do juiz. Nas palavras do autor "quando um juiz decide que 'está provado que $p$', está considerando que 'há elementos suficientes a favor de $p$', podendo estar equivocada ou não – dependendo de, em realidade, haver ou não elementos suficientes a favor de $p$",[38] e, com isso, preserva-se a possibilidade de ainda que tenha se considerado algo como comprovado, esse algo, pode ainda assim ser falso, é

---

33. MARQUES JÚNIOR; SÁ, op. cit., p. 64.
34. MACHADO SEGUNDO; MACHADO, op. cit., p. 1247.
35. LOPES JR., Aury. O problema da "verdade" no processo penal. *In*: PEREIRA, Flávio Cardoso (Org.) *Verdade e prova no processo penal*. Estudos em homenagem ao professor Michele Taruffo. Brasília: Gazeta Jurídica, 2016, p. 79.
36. MARQUES JÚNIOR; SÁ, op. cit., p. 63.
37. TARUFFO, Michele. *La prueba de los hechos*. 3. ed. Trad. Jordi Ferrer Beltrán. Madrid: Trotta, 2009, p. 50.
38. RAMOS, Vitor de Paula. *Prova testemunhal*: Do subjetivismo ao objetivismo, do isolamento científico ao diálogo com a psicologia e a epistemologia. Salvador: JusPodivm, 2021, p. 42.

A BUSCA PELA VERDADE REAL NO PROCESSO PENAL **145**

dizer "uma decisão que afirma que está provado que *p*, quando, na realidade, *p* não é verdadeiro, seguirá sendo equivocada do ponto de vista epistêmico".[39]

O cenário se agrava, todavia, quando o magistrado faz mais do que apenas ser o receptor das provas para elaborar o seu convencimento, isto é, vai em busca dela, tomando uma postura ativa na sua produção. Isto porque, o seu convencimento, que como visto é a pedra angular para a determinação do resultado do processo, deixa de ser imparcial, posto que desde o início resta viciado. A imparcialidade constitucionalmente garantida exige que o magistrado se mantenha equidistante e desinteressado no resultado final da demanda, porém como garantir a máxima efetividade à imparcialidade da jurisdição penal se o juiz adota postura ativa, desfazendo-se de sua inércia e colocando as vestes de juiz ator?

A Constituição Federal de 1988 instituiu uma sistemática acusatória para o processo penal brasileiro, de garantia a direitos fundamentais, com clareza de divisão de funções, atribuindo ao Ministério Público (art. 129, I, CF) a responsabilidade pela persecução penal, e não somente isso, foi além nomeando-o como defensor da ordem jurídica. Bem assim, exigiu também a igualdade material entre as partes litigantes (acusação-defesa) ao estabelecer a garantia do devido processo legal (art. 5º, LIV, CF), reconhecendo a imprescindibilidade da defesa técnica para o processo penal justo, ante a consagração da ampla defesa e do contraditório (art. 5º, LV, CF), além de validar o reconhecimento da imparcialidade do magistrado decorrente da garantia do juiz natural (art. 5º, LIII, CF).

O Código de Processo Penal, todavia, apresenta sérias incongruências com a sistemática trazida pela Constituição Federal. Porquanto a Constituição criou uma sistemática processual penal na qual observa-se a clara consagração do sistema acusatório, ao passo que o Código de Processo Penal de 1941 – fabricado com base no Código de Rocco da Itália no período fascista – ainda mantém uma série de dispositivos nitidamente inquisitórios em seu corpo. Dá-se como exemplo, em resumo, a norma do art. 310 do CPP, a qual permite que o juiz converta, *de ofício*, prisão em flagrante em preventiva, ou ainda, decrete a prisão preventiva a qualquer momento ao longo do decorrer do processo, estando a seu critério determinar a busca e apreensão (art. 242, CPP), o sequestro (art. 127, CPP), a oitiva de testemunhas do juízo para além das arroladas pelas partes (art. 201, CPP), determinar a produção de diligências, seja na fase investigatória ou na fase processual (art. 156, I e II, CPP).

Assim, nos deparamos com um cenário caótico no qual a Constituição Federal impõe um tipo de sistema, o acusatório, onde a gestão da prova deve recair exclusivamente sobre as mãos das partes, sendo o juiz afastado da iniciativa pro-

---

39. Ibidem, p. 43.

batória, ao mesmo tempo em que o Código de Processo Penal vai diretamente de encontro com o que fora estabelecido, acolhendo em seu seio diversos dispositivos de caráter inquisitório, permitindo ao juiz postura ativa na produção probatória, onde o leque de opções para as práticas probatórias mais diversas está autorizado ante a "nobreza" de seus propósitos, isto é, a busca da verdade real.

### 3.3 A impossibilidade de garantir uma jurisdição penal imparcial ao admitir-se o magistrado como gestor de provas

A imparcialidade da jurisdição é o maior pilar estrutural para a concretização de um processo penal constitucional e democrático, como já dizia Goldschmidt,[40] é o princípio supremo do processo (ou pelo menos deveria ser). É ela que dá lugar à observância das garantias do réu, como a ampla defesa e o contraditório, além de protegê-lo contra eventuais abusos pautados na subjetividade do julgador, já que o sistema acusatório impõe o distanciamento do juiz da iniciativa probatória, o que, caso permitido, derradeiramente acabaria por vincular psicologicamente o magistrado ao resultado final do processo.

Para Jacinto Coutinho, é evidente que o recolhimento da prova por parte do juiz antecipa a decisão, pois "quem procura sabe ao certo o que pretende encontrar e isso, em termos de processo penal condenatório, representa uma inclinação ou tendência perigosamente comprometedora da imparcialidade do julgador".[41] Na concepção de Aury Lopes Júnior, a imparcialidade é garantida pelo sistema acusatório e sacrificada no sistema inquisitório, de modo que só poderão existir condições de imparcialidade quando o juiz for efetivamente afastado da atividade instrutória. Ainda para o autor, a idealização do juiz como o porta voz da verdade, mais grave, como comprometido com a busca da verdade, apesar de muito sedutora, traz um perigo gigantesco para o processo penal, que lida com o poder punitivo do Estado.[42] Na mesma senda, Alexandre Morais da Rosa apregoa que esse discurso gera uma impressão de "bondade" do julgador, quando na verdade não passa de manipulação retórica para possibilitar os mais diversos autoritarismos.[43]

A questão é que muitos tendem a encarar o problema da imparcialidade como se o principal questionamento fosse relativo à probidade/má-conduta do julgador na condução do processo, o que demonstra raciocínio, a priori,

---

40. GOLDSCHMIDT, James. *Problemas Jurídicos y Políticos del Proceso Penal*. Barcelona, Bosch, 1935. p. 8.
41. COUTINHO, Jacinto Nelson de Miranda. Introdução aos Princípios Gerais do Processo Penal Brasileiro. *Revista de Estudos Criminais*, n. 1, p. 37. Porto Alegre, 2001.
42. LOPES JR., op. cit., p. 66.
43. ROSA, Alexandre Morais da. Retorno sedutor do completo de Nicholas Marshall no processo penal brasileiro. *Consultor Jurídico*, 02 ago. 2014. Disponível em: https://www.conjur.com.br/2014-ago-02/diario-classe-retorno-sedutor-complexo-nicholas-marshall-processo-penal. Acesso em: 31 jan. 2022.

absolutamente equivocado. O cerne do problema é que os recentes estudos acerca da neurociência e da psicologia cognitiva, os quais colocam em evidência as heurísticas e vieses que podem alcançar o inconsciente do julgador e assim macular a tomada de decisão final do processo, revelam a quebra da imparcialidade pelo simples atuar de ofício na fase investigatória, e não por desejo pleno e consciente de assim agir, mas por uma simples condição de funcionamento do cérebro humano, no plano do inconsciente, o que não se aprofundará aqui pela limitação do presente estudo.

O fato é que a postura de um juiz inquisidor, que vai em busca das provas, conduz a irremediáveis pré-julgamentos que geram imensos prejuízos cognitivos para o exercício da jurisdição. É o que Aury Lopes Júnior denomina de "quadros mentais paranoicos", que significa "um primado (prevalência) das hipóteses sobre os fatos, porque o juiz que vai atrás da prova primeiro decide (definição da hipótese) e depois vai atrás dos fatos (prova) que justificam a decisão (que na verdade já foi tomada)".[44] Referida circunstância também é chamada de viés de confirmação ou *confirmation bias*, que, segundo apregoa Moa Lidén, ocasiona alguns efeitos no inconsciente do indivíduo, tais quais: I) a indução pela procura de hipóteses a confirmar a tese já tida como verdadeira em uma primeira impressão obtida acerca de um objeto/pessoa/matéria (*exposure and selection*); II) a indução do indivíduo a renegar hipóteses de interpretação desfavoráveis à teses já pré-concebida, concentrando o foco na interpretação que mais se amolda à hipótese tida como verdadeira (*interpretation*); e III) a indução do indivíduo de lembrar mais facilmente de informações consoantes às suas hipóteses em detrimento de informações contrárias a ela (*memory*).[45]

Preservar a originalidade cognitiva do magistrado que irá julgar a ação deve ser o fim último para os operadores do direito. E para isso, não há como continuar contradizendo o sistema acusatório, constitucionalmente instituído, ao permitir uma postura atuante do juiz na produção de provas com o fantasioso objetivo de alcançar "a verdade real". O Código de Processo Penal de 1941, ainda vigente, é tão inquisitório (ou neoinquisitório, como denominado por alguns doutrinadores) que permite que o mesmo julgador atue tanto na fase investigatória , quanto na fase processual (regra do art. 83 do CPP), maculando o cognitivo do juiz que entra em contato com as provas produzidas unilateralmente durante o inquérito, na ausência de qualquer contraditório, o que acaba por direcionar toda a instrução probatória com base no que fora produzido no inquérito, ferindo de morte a imparcialidade da jurisdição.

---

44. LOPES JR., op. cit., p. 63 e 64.
45. LIDEN, Moa. *Confirmation Bias in Criminal Cases*. Cases. Uppsala: Department of Law, Uppsala University, p. 66.

Consoante entendimento de Antonio Wellington Brito Júnior, é certo que a postura ativa na gestão da prova por parte do Juiz, notadamente na fase inquisitorial, onde há a formação da convicção prévia sobre a demanda, também poderia tanger o julgador ao desejo invencível de absolver o réu. Ocorre que, conforme o autor explicita, a tendência é a de que, na maioria das vezes, a fase preliminar tangencie para a responsabilização criminal do investigado. Isto porque, a referida etapa é constituída por uma visão basicamente unilateral, de viés punitivo, tanto trazido pela ótica da Autoridade Policial quanto pela ótica do Ministério Público, sendo absolutamente dispensável o contraditório, ou seja, as teses defensivas são relegadas a segundo plano. Daí a razão pela qual o juiz totalizante frequentemente antecipar, em seu íntimo, o juízo condenatório final, e não ao revés.[46]

Ademais, como a lei determina que o magistrado que primeiro tome conhecimento das investigações seja prevento para o julgamento da ação penal, a lógica é que a primeira fase conduza toda a abordagem do juiz no momento da instrução, o qual já teve a sua originalidade cognitiva maculada pelos tendenciosos elementos probatórios lá produzidos. Assim, não é que o agir de ofício do magistrado nunca possa favorecer a defesa de alguma forma, mas sim que a experiência demonstra que na maioria dos casos o que ocorre é o reverso. Uma vez iniciada a instrução, o contraditório rouba a cena e a luta da dialética das antíteses esposadas pela acusação e pela defesa toma lugar. Todavia, no azo da prolação da sentença o magistrado já vivenciou os fatos a partir de uma lógica em que a verdade real é buscada de forma inteiramente inquisitorial e parcial, isto é, consoante aduz Antonio Wellington Brito Júnior, "quanto mais cedo vivencia o conflito, mais cedo o juiz conclui",[47] e raríssimas são as vezes em que milita-se a favor da defesa, o que demonstra um desequilíbrio de forças desde o início da persecução penal, tornando as garantias do réu meros enunciados sem aplicabilidade prática.

A propósito, especialmente no que tange à preservação da imparcialidade na jurisdição penal, a Lei 13.964/2019, denominada de "Pacote Anticrimes", ao instituir o *juiz das garantias* em seu art. 3º-A e seguintes, possibilitou condições para que a imparcialidade deixe de ser apenas uma fábula e passe a, de fato, permear a condução da processualística penal brasileira, observando o disposto na Constituição, imparcialidade esta entendida como uma construção jurídica a assegurar um julgamento desinteressado da causa. Observou-se dos dispositivos mencionados a consagração do sistema acusatório, a exclusão do inquérito dos autos processuais, a separação das funções entre o juiz atuante na fase investigativa e o juiz do processo, dentre inúmeras outras mudanças a conformar o Código de

---

46. BRITO JÚNIOR, Antônio Wellington. *Juiz de garantias e Discricionariedade judicial*. Londrina, PR: Thoth, 2021, p. 276.

47. Ibidem, p. 277.

Processo Penal ao princípio dispositivo. Lástima, todavia, que as referidas mudanças tenham sido suspensas por tempo indeterminado pelo Supremo Tribunal Federal, no julgamento da medida cautelar na ADI 6.298.

## 4. CONSIDERAÇÕES FINAIS

Conforme extraído do raciocínio falibilista, o ser humano por sua própria natureza não tem como alcançar qualquer tipo de verdade, mas somente se aproximar dela em um processo de evolução contínua, e, permanecer na ilusão de que se poderia alcançar "a verdade das verdades" quando da sentença judicial nada mais é que uma falácia retórica que objetiva a legitimidade dos jurisdicionados, que acabam por vislumbrar o Judiciário como uma espécie de herói. De fato, só um indivíduo com poderes sobre-humanos poderia ser portador da verdade.

Porém, aqui não se filia às correntes que negam de todo a verdade, mas que deslocam a discussão sobre ela para longe da sua centralidade, de modo contingencial, e não estruturante do processo. Em que pese existirem diversas orientações epistemológicas muito diferentes sobre o tema, e mais especialmente em relação à verdade e o processo, o fundamento teórico da possibilidade de construir noções sensatas da realidade já nos parece suficiente, sem que para isso haja uma primazia da busca de verdade real, que como debatido, acaba por incitar uma postura ativista do juiz, o que por sua vez abre margem para legitimar diversos autoritarismos, em desrespeito às regras do jogo, notadamente ao contraditório e à imparcialidade da jurisdição.

Consoante expressa Gustavo Badaró, "retirar a verdade do trono em que reinava absoluta no processo penal não significa desterrá-la",[48] é dizer, ainda que ela não deva ocupar um lugar de centralidade no processo penal, é inegável que exerce um papel importante no processo, afinal, o crime é um fato histórico, o qual procura-se reconstruir a partir dos elementos de prova que o circundam. Todavia, os fins jamais poderão ser motivo para justificar os meios, em um atentado contra as garantias fundamentais do indivíduo, devendo o magistrado resguardar a sua posição de inércia, preservando a sua originalidade cognitiva para o momento de apresentação das provas exclusivamente pelas partes.

O magistrado que se arvora na condição de acusador para buscar a "verdade real", ou seja, sanar de ofício espaços vazios na produção probatória, nada mais está que transformando o processo penal em um jogo de cartas marcadas, já que em assim agindo arruína qualquer resquício de imparcialidade. Não há como sustentar que o Processo Penal Brasileiro detém como seus pilares a imparcialidade e o exercício do contraditório, se o próprio sistema permite que a defesa sempre

---

48. BADARÓ, Gustavo Henrique. *Processo Penal.* 9. ed. São Paulo: E. RT, 2019. p. 129.

entre no jogo já com pontuação negativa, haja vista que o magistrado, trabalhando ativamente em conjunto com o Ministério Público e/ou a Autoridade Policial, é tangido pelas conclusões do inquérito policial, de visão unilateral, antes mesmo de haver qualquer processo instaurado.

O fato é que o problema da busca da verdade real e todas as suas consequências negativas, consoante já debatidas, trata-se de um problema do próprio conhecimento humano. Sem consciência disso ou sem fomentar-se o debate jurídico trazendo olhares de outras disciplinas sobre o assunto, em especial a Epistemologia, tanto os operadores do direito quanto os jurisdicionados estarão hermeticamente fechados em um mundo disfuncional sujeito às mais perversas armadilhas, ludibriados pelo alcance da inalcançável verdade dos fatos por meio de uma ficção heroica de uma simples criatura humana togada.

## 5. REFERÊNCIAS

BACHELARD, Gaston. *A formação do espírito científico*. Contribuição para uma psicanálise do conhecimento. Trad. Estela dos Santos Abreu. Rio de Janeiro: Contraponto, 1996.

BADARÓ, Gustavo Henrique. *Processo Penal*. 9. ed. São Paulo: Ed. RT, 2019

BRITO JÚNIOR, Antônio Wellington. *Juiz de garantias e Discricionariedade judicial*. Londrina, PR: Thoth, 2021.

CARNELUTTI, Francesco. Verità, Dubbio e Certezza. *Rivista di Diritto Processuale,* 1965. v. XX (II serie).

COUTINHO, Jacinto Nelson de Miranda. Introdução aos Princípios Gerais do Processo Penal Brasileiro. *Revista de Estudos Criminais*, n. 1, Porto Alegre, 2001.

DAMASIO, Antonio. The neurobiological grounding of human values. In: CHANGEUX, J. P. et al (Ed.). *Neurobiology of Human Values*. Heidelberg: Springer, 2015.

FERNANDES, Lara Teles. *Prova testemunhal no processo penal*: uma proposta interdisciplinar de valoração. 2. ed. Florianópolis: Emais 2020.

FERRAJOLI, Luigi. *Direito e razão*. Teoria do Garantismo Penal. 3. ed. Trad. Ana Paula Zomer Sica, Fauzer Hassan Choukr e Juarez Tavares. São Paulo: Ed. RT, 2002.

GOLDSCHMIDT, James. *Problemas Jurídicos y Políticos del Proceso Penal*. Barcelona, Bosch, 1935.

GUERRA, Marcelo Lima. Premissas para a construção de um léxico constitucional e epistemologicamente adequado em matéria probatória. *Anais do XIX Encontro Nacionaldo CONPEDI* realizado em Fortaleza - CE nos dias 09, 10, 11 e 12 de Junho de 2010, p. 7742 e ss. Disponível em: http://www.conpedi.org.br/manaus/arquivos/anais/fortaleza/4060.pdf. Acesso em: 28 jan. 2022.

HESSEN, Johannes. *Teoria do conhecimento*. Trad. João Vergílio Gallerani Cuter. São Paulo: Martins Fontes, 2003.

KHALED JR., Salah H. *A busca da verdade do processo penal para além da ambição inquisitorial*. São Paulo: Editora Atlas, 2013.

KUHN, Thomas S. *A estrutura das revoluções científicas*. Trad. Beatriz Vianna Boeira e Nelson Boeira. 9. ed. São Paulo: Perspectiva, 2005.

LIDEN, Moa. *Confirmation Bias in Criminal Cases*. Cases. Uppsala: Departmente of Law, Uppsala University.

LOPES JR., Aury. O problema da "verdade" no processo penal. In: PEREIRA, Flávio Cardoso (Org.) *Verdade e prova no processo penal*. Estudos em homenagem ao professor Michele Taruffo. Brasília: Gazeta Jurídica, 2016.

MACHADO SEGUNDO, Hugo de Brito. Epistemologia Falibilista e Teoria do Direito. *Revista do Instituto de Direito Brasileiro da Universidade de Lisboa*, ano 3, n. 1, p. 197-260, 2014.

MACHADO SEGUNDO, Hugo de Brito; MACHADO, Raquel Ramos Cavalcanti. Prova e verdade em questões tributárias. In: Hugo de Brito (Coord.). *A prova em questões tributárias*. São Paulo: Malheiros, 2014.

MACHADO SEGUNDO, Hugo de Brito. *O direito e sua ciência*: uma introdução à epistemologia jurídica. São Paulo: Malheiros, 2021.

MARQUES JÚNIOR, William Paiva; SÁ, Yuri Kubrusly de Miranda. A falibilidade da prova judicial e a imparcialidade do magistrado na busca pela Verdade Real no Sistema Processual Brasileiro. In: LOPES FILHO, Juraci Mourão; SILVA, Rogerio Luiz Nery da. (Org.). *Teorias do direito, da decisão e realismo jurídico*. Florianópolis: CONPEDI, 2020. v. 01.

NEPOMUCENO, Raul Carneiro. *O controle da subjetividade nas decisões judiciais em casos de colisão entre direitos fundamentais*: hermenêutica, método e a tensão entre o racional e o irracional. Tese (Doutorado – Programa de Pós-Graduação em Direito) – Universidade Federal do Ceará, Faculdade de Direito, Fortaleza, 2019.

PLATÃO. Teeteto. *Diálogos I*. Trad. Edson Bini. Bauru: Edipro, 2013.

POPPER, Karl. *A vida é aprendizagem* – Epistemologia evolutiva e sociedade aberta. Trad. Paula Taipas, São Paulo: Edições 70, 2001.

POPPER, Karl. Verdade e aproximação da verdade. In: MILLER, David (Org.). *Popper*: textos escolhidos. Rio de Janeiro: Editora PUC Rio, 2016.

RAMOS, Vitor de Paula. *Prova testemunhal*: Do subjetivismo ao objetivismo, do isolamento científico ao diálogo com a psicologia e a epistemologia. Salvador: JusPodivm, 2021.

RESCHER, Nicholas. *Epistemology*: an introduction to the theory of knowledge. Albany: State University of New York Press, 2003.

ROSA, Alexandre Morais da. Retorno sedutor do completo de Nicholas Marshall no processo penal brasileiro. *Consultor Jurídico*, 02 ago. 2014. Disponível em: https://www.conjur.com.br/2014-ago-02/diario-classe-retorno-sedutor-complexo-nicholas-marshall-processo-penal. Acesso em: 31 jan. 2022.

TARUFFO, Michele. *La prueba de los hechos*. 3. ed. Trad. Jordi Ferrer Beltrán. Madrid: Trotta, 2009.

TARUFFO, Michele. *Uma simples verdade*. O juiz e a construção dos fatos. Trad. Vitor de Paula Ramos. São Paulo: Marcial Pons, 2012.

# PLANEJAMENTO TRIBUTÁRIO E O ÔNUS DA PROVA DO FISCO: A ILICITUDE DO PLANEJAMENTO TRIBUTÁRIO POR MEIO DE OPERAÇÕES ARTIFICIAIS DO SUJEITO PASSIVO

## *TAX PLANNING AND THE TAX AUTHORITIES' BURDEN OF PROOF: THE ILLEGALITY OF TAX PLANNING THROUGH ARTIFICIAL OPERATIONS OF THE TAXPAYER*

*Ana Paula Ferreira de Almeida Vieira Ramalho*

**Resumo:** O presente trabalho aborda premissas epistemológicas relacionadas à formação da verdade no processo, seja administrativo, seja judicial, bem como analisa os limites da licitude do planejamento tributário efetuado pelo sujeito passivo. Verifica-se que a análise do planejamento tributário envolve a valoração de provas e de presunções acerca dos fatos que se entende ocorridos, tanto no ato de lançamento fiscal, quanto no ato do julgamento do processo. Em questões tributárias, presume-se que o sujeito passivo age de boa fé e que é verdadeira a realidade tributária retratada em sua escrita contábil e fiscal. Contudo, as afirmações, conforme Karl Popper, são consideradas verdadeiras até que se demonstre o contrário, ou seja, são provisórias e falíveis. Para que a autoridade fiscal possa afastar as afirmações do sujeito passivo constantes em seus registros contábeis e fiscais, faz-se necessária a prova robusta da infração à legislação tributária, sob pena de nulidade do lançamento fiscal. Segundo o art. 142 do CTN e os arts 9º e 10 do Decreto 70.235/72, o ônus de comprovar a ocorrência da infração à legislação tributária no lançamento fiscal é da autoridade tributária competente. Cabe, então, ao contribuinte exercer seu direito de defesa por meio da comprovação de fato impeditivo, modificativo ou extintivo do direito do Estado de cobrar o tributo. Assim, na análise do planejamento tributário efetuada no processo administrativo fiscal, incumbe ao Fisco provar a artificialidade dos negócios jurídicos efetuados pelo contribuinte, entendida como simulação, em sua acepção ampla. Concluiu-se, dessa forma, que o contribuinte tem o direito de organizar suas atividades pautado no *motivo* de pagar menos tributos, mas desde que o realize por meio de *operações* dotadas de algum substrato econômico real e existência autônoma, ou seja, desde que não sejam negócios jurídicos vazios ou desnecessários e ficções jurídicas, cuja existência não se justifica ou tem causa falsa, salvo para alcançar a redução da carga tributária. Ressalta-se, ainda, a importância da fundamentação das decisões administrativas ou judiciais. A decisão, administrativa ou judicial, deve ser a mais clara, racional, coerente e detalhada possível, nos termos do art. 93, inc. IX da CF/88, com o fim de efetivar às partes o princípio do contraditório e da ampla defesa, com os meios e recursos a esta inerentes, conforme o art. 5º, inc. LV da CF/88. Utiliza-se como metodologia a revisão da literatura e a pesquisa na jurisprudência do Conselho Administrativo de Recursos Fiscais (CARF).[1]

---

1. CARF é o órgão colegiado, integrado por representantes do Estado (auditores fiscais da Receita Federal do Brasil) e da sociedade, cuja atribuição consiste no julgamento dos processos administrativos em matéria tributária e aduaneira, em segunda instância. O órgão tem competência de unificar sua jurisprudência, por meio de recurso especial, o qual não analisa provas, mas apenas questões de direito, no caso de divergência de entendimento de suas Turmas de julgamento.

**Palavras-chave:** Planejamento tributário – Contribuinte – Artificialidade – Licitude – Ônus da prova.

**Abstract:** This paper addresses epistemological premises related to the formation of truth in the process, whether administrative or judicial, and analyzes the limits of the lawfulness of tax planning made by the taxpayer. The analysis of tax planning involves the assessment of evidence and presumptions about the facts that are deemed to have occurred, both in the tax assessment and in the trial of the case. In tax matters, it is assumed that the taxpayer acts in good faith and that the tax reality portrayed in his accounting and tax records is true. However, statements, according to Karl Popper, are considered true until proven otherwise, that is, they are provisional and fallible. In order for the tax authorities to be able to disregard the statements made by the taxpayer in his accounting and tax records, it is necessary to have robust evidence of the infraction of the tax legislation, under penalty of nullity of the tax assessment. According to article 142 of the National Tax Code (CTN) and articles 9 and 10 of Decree 70235/72, the burden of proving the violation of tax law in a tax assessment lies with the competent tax authority. It is then up to the taxpayer to exercise his defense right by proving an impeding, modifying or extinguishing fact of the State's right to collect the tax. Thus, in the analysis of the tax planning performed in the tax administrative proceeding, it is up to the tax authorities to prove the artificiality of the legal transactions entered into by the taxpayer, understood as simulation, in its broadest sense. It was thus concluded that the taxpayer is entitled to organize its activities based on the reason of paying less taxes, but provided that it does so by means of transactions with some real economic substrate and autonomous existence, that is, provided that they are not empty or unnecessary legal business and legal fictions, whose existence is not justified or has false cause, except to achieve the reduction of the tax burden. The importance of the grounds for administrative or judicial decisions must also be emphasized. The decision, administrative or judicial, must be as clear, rational, coherent and detailed as possible, under the terms of art. 93, inc. IX of CF/88, in order to give effect to the principle of adversary proceedings and of ample defense, with the means and resources inherent to it, according to art. 5, inc. LV of CF/88. The methodology used is a literature review and research on the jurisprudence of the Conselho Administrativo de Recursos Fiscais (CARF).

**Keywords:** Tax planning – Taxpayer – Artificiality – Lawfulness – Burden of proof.

> **Sumário:** 1. Introdução – 2. A relação cognitiva existente entre planejamento tributário, prova, presunções e verdade – 3. O ônus da prova da infração tributária no lançamento fiscal incumbe à autoridade tributária competente, nos temos do Art. 142 do CTN e dos Arts. 9º e 10 do Decreto 70.235/72 – 4. Limites do planejamento tributário: a possibilidade de economia de tributos por meio de *operações reais* e a obrigação do fisco de desconsiderar *operações artificiais*, conforme o conceito amplo de simulação, nos termos do Art. 149, Inc. VII do CTN – 5. Considerações finais – 6. Referências.

## 1. INTRODUÇÃO

A problemática deste artigo consiste nos limites para aceitação ou não do planejamento tributário efetuado pelo sujeito passivo. Dessa forma, entende-se por planejamento tributário a organização lícita das atividades para obtenção de menor carga tributária, visto que ninguém é obrigado a praticar negócio da forma mais onerosa.

Contudo, é justamente por meio da análise de condutas consideradas lícitas pelo contribuinte ou terceiro, mas talvez abusivas pelo Fisco, que podem surgir os questionamentos acerca do planejamento tributário perpetrado, pois, muitas vezes, as operações efetuadas não são facilmente identificadas como ilícitas ou lícitas. Há condutas que se situam numa zona intermediária ou zona de penumbra, vez que, em certos casos, existe dúvida na interpretação, enquanto em outros o comportamento do contribuinte é revestido de uma falsa legalidade e aparente licitude, nos quais são cumpridos requisitos formais de um ato ou negócio jurídico, mas com a finalidade de dissimular o fato gerador do tributo de maior valor.

Na análise dos casos, comprovada a prática de atos ou negócios jurídicos por meio de patologias, como fraude, simulação, abuso de direito ou fraude à lei, a economia de tributos não pode ser legitimada. Nesse contexto, o presente estudo fomenta a temática, que é de extrema relevância prática, pois quase sempre a diferenciação entre as situações não é clara, variando de acordo com a análise dos casos concretos e com a incidência das normas tributárias pertinentes. Serão, a seguir, perquiridos os limites de atuação do contribuinte, nos termos da legislação brasileira.

## 2. A RELAÇÃO COGNITIVA EXISTENTE ENTRE PLANEJAMENTO TRIBUTÁRIO, PROVA, PRESUNÇÕES E VERDADE

No estudo do planejamento tributário brasileiro, tem-se utilizado alguns conceitos da Teoria Geral do Direito Tributário. Além da expressão "planejamento tributário", é importante conhecer os conceitos de "evasão fiscal", "elisão fiscal", bem como a "fraude fiscal", que diferencia aqueles; além da figura da "elusão fiscal" ou "elisão ineficaz/abusiva", a qual se apresenta como intermediária entre elisão e evasão.[2]

Na elisão fiscal, o contribuinte, por meios lícitos, evita a incidência da norma tributária ou a incidência da norma que imporia carga tributária maior. Já a evasão, refere-se aos casos em que o contribuinte, valendo-se de meios ilícitos, atua para escapar da tributação, bem como oculta a prática do fato que atrai a tributação, na tentativa de impedir o conhecimento pela autoridade fiscal responsável pela aplicação da norma. A fraude fiscal, por sua vez, consiste no meio utilizado para se concretizar a evasão tributária, a exemplo da adulteração de documentos contábeis do contribuinte, com o fim de impedir que o fato tributável seja conhecido pela autoridade fiscal e tributado.[3]

---

2. Foram adotados os conceitos de elisão, evasão e elusão, conforme as referências indicadas. Deve-se ressaltar, contudo, que não há unanimidade na doutrina quanto ao sentido e emprego dos termos citados.
3. MACHADO SEGUNDO, Hugo de Brito; MACHADO, Raquel Cavalcanti Ramos. Planejamento Tributário. *In* MACHADO, Hugo de Brito (Coord.). *Planejamento Tributário*. São Paulo: Malheiros: ICET, 2016, p. 254-283.

Finalmente, o termo elusão fiscal, originário da literatura espanhola, refere-se à prática de condutas intermediárias, as quais não envolvem fraude ou ocultação de fatos de forma deliberada, mas também não podem ser considerados válidos, em face da presença de abuso.[4] São casos em que se verifica um formato artificioso e atípico para o ato ou negócio jurídico que está sendo praticado pelo contribuinte, trazendo como consequência uma isenção, não incidência ou incidência menos onerosa do tributo, em que se verifica o planejamento tributário abusivo. A elusão fiscal também é chamada de elisão ineficaz ou elisão abusiva, pois permite que o Fisco, verificando a artificialidade, lance o tributo devido.

Aponta-se que a elisão fiscal é verificada, na maioria das vezes, em momento anterior ao momento de ocorrência do fato gerador, de forma a resultar em isenção, não incidência ou incidência menos onerosa do tributo. Assim, consiste no planejamento tributário permitido pelo ordenamento jurídico, pois ao contribuinte é permitido se organizar, de forma a pagar menos tributo, conforme o princípio da livre iniciativa econômica, previsto no art. 170 da CF/88. Além disso, por força do princípio da reserva de lei formal, ao contribuinte é admitida a organização no campo da licitude, caracterizado pela liberdade, pois ninguém será obrigado a fazer ou deixar de fazer algo, senão por força de lei, conforme o art. 5º, inc. II e o art. 150, inc. I da CF/88. Logo, se o contribuinte visualiza dois ou mais caminhos lícitos para exercer sua atividade empresarial, cabe a ele o direito de opção. Na elisão, portanto, a conduta das partes é válida e eficaz.

A evasão fiscal, por sua vez, é conduta ilícita, a qual usualmente ocorre após o fato gerador. O contribuinte procura burlar a autoridade fiscal acerca do nascimento da obrigação tributária, com o fim de fugir da tributação. Pode, em alguns casos, dar-se antes da ocorrência do fato gerador, a exemplo de contribuinte de ICMS que emite notas fiscais fraudulentas antes da saída da mercadoria do estabelecimento comercial, momento de incidência do fato gerador do ICMS. Na evasão, o que se pretende é ocultar a ocorrência do fato gerador ou o conhecimento dos elementos da obrigação tributária pelo Fisco.

Já nos casos de elusão fiscal (elisão ineficaz ou elisão abusiva), segundo Marciano Seabra de Godoi,[5] o contribuinte busca a prática de atos e negócios jurídicos que não gerem obrigações tributárias ou as gerem na menor carga possível. Contudo, os atos ou negócios realizados pelas partes são abusivos ou artificiosos, pois se adotam meios que não refletem os reais propósitos práticos buscados pelas partes, de forma a distorcer as finalidades contidas nas normas jurídicas

---

4. Ibidem, p. 260.
5. GODOI, Marciano Seabra de. Estudo Comparativo sobre o combate ao planejamento tributário abusivo na Espanha e no Brasil. Sugestão de alterações legislativas no ordenamento jurídico brasileiro. *Revista de Informação Legislativa*, v. 49, n. 194, p. 117-146, abr./jun. 2012.

que regulam os atos e operações engendrados. O termo vem do verbo "eludir", cujo sentido é justamente evitar algo por meio artificioso ou astucioso. Segundo o autor, a expressão é pouco utilizada pelos tributaristas, pois a maioria destes se recusa a admitir uma terceira figura distinta da elisão e da evasão tributária.

A realidade no âmbito do planejamento tributário nem sempre é de fácil definição, vez que podem ocorrer operações do contribuinte que se situam na citada zona de penumbra. Tais operações não são propriamente lícitas, nem são evasivas, mas estão albergadas pela expressão "elusão fiscal".[6] Nesses casos, o contribuinte não esconde do conhecimento do Fisco os registros de suas atividades, de forma a permitir que a autoridade fiscal refute a aplicação da legislação feita pelo contribuinte e proceda ao reenquadramento jurídico. Contudo, verifica-se a organização de atos ou negócios pelo contribuinte de forma artificial, razão pela qual a norma jurídica deve incidir em relação ao fato efetivamente ocorrido.

Com base nessas ideias, sobretudo com relação à prova que o Fisco deve apresentar para diferenciar, *no caso concreto*, se houve planejamento tributário admitido (elisão), se foi realizado por meio de fraude (evasão) ou se podem ser as atividades do contribuinte enquadradas como elusão fiscal (formalmente lícitas, mas eivadas de artificialidade, razão pela qual, por serem materialmente diversas da situação aparente, o Fisco pode proceder ao reenquadramento jurídico).

Sobre esse ponto, vale destacar a relação explicada por Hugo de Brito Machado Segundo[7] entre a distinção de "fatos brutos" e "fatos institucionais", de John Searle,[8] e a "Teoria dos Mundos" de Karl Popper.[9] Os fatos brutos são aqueles que existem independente de quem os observe, ou seja, independem da existência do ser humano, a exemplo da chuva, do trovão ou de uma pedra. Já os fatos institucionais são aqueles cuja existência decorre de um pacto entre pessoas, ou seja, advém de realidades acordadas previamente ou instituições, como as regras de um jogo, o dinheiro e as normas jurídicas, por exemplo.[10] Conforme relaciona Hugo de Brito Machado Segundo,[11] os citados fatos brutos e os fatos institucionais remetem à Teoria dos Três Mundos, tratada por Karl Popper, correspondendo os fatos brutos ao "Mundo 1", enquanto os fatos institucionais fazem parte do "Mundo 3".

Na teoria de Popper, que representa uma tentativa de didaticamente dividir a realidade, pode-se considerar três mundos. O "mundo 1" é dos corpos físicos, dos

---

6. MACHADO SEGUNDO; MACHADO, op. cit., p. 262-263.
7. MACHADO SEGUNDO, Hugo de Brito. Epistemologia falibilista e Teoria do Direito. *Revista do Instituto do Direito Brasileiro*, Ano 3, n. 1, p. 197-260, 2014.
8. SEARLE, John R. *Libertad y Neurobiología*. Trad. de Miguel Candel. Barcelona: Paidós, 2005.
9. POPPER, Karl. *O conhecimento e o problema corpo-mente*. Trad. Joaquim Alberto Ferreira Gomes. Lisboa: Edições 70, 2009, p. 13-74.
10. SEARLE, op. cit., p. 99.
11. MACHADO SEGUNDO, op. cit., p. 213-214.

estados físicos e fisiológicos, ou seja, correspondem aos fatos brutos; o "mundo 2" é dos estados mentais (do pensamento). Já o "Mundo 3" corresponde ao mundo do "produto da mente humana". Fazem parte do Mundo 3, as criações humanas, que ganham autonomia em relação aos cérebros que as criam e que não são moldáveis ao entendimento ou a vontade de cada um (podem ser feitas afirmações falsas ou verdadeiras das partes do Mundo 3). As realidades institucionais, as quais existem, pois pactuamos sua existência, fazem parte do Mundo 3. Ainda no "Mundo 3" estão as teorias científicas, as quais passam pelo processo de tentativa e erro e evoluem com o falseamento. Como cita o filósofo, a esse terceiro mundo pertencem a cultura, bem como "arquitetura, arte, literatura, música e –talvez o mais importante – ciência e conhecimento".[12]

Conforme explica Hugo Segundo, por meio da atividade cognitiva, o sujeito cognoscente, com o uso de seus sentidos, tem acesso ao mundo fenomênico e o cérebro reconstrói o mundo ao redor. Contudo, devido à existência de limitações humanas advindas da linguagem e da cultura e, sobretudo, das condições biológicas, o ser humano não tem capacidade de obter uma imagem perfeita do mundo. A imagem que se forma de uma parcela da realidade e a veracidade da afirmação que se chega a respeito desta parcela não consistem em certeza, sem qualquer sombra de dúvida, mas consistem na "verdade como correspondência", a qual é passível de correções.[13]

Aliás, a possibilidade de retificação é a ideia central do pensamento de Karl Popper, segundo o qual as teorias científicas são abertas às críticas, ou seja, à possibilidade de refutação ou falseamento, o que reforça o caráter não dogmático, aberto e provisório do conhecimento científico e das teorias construídas. Segundo a teoria "falsificacionista" ou "falibilista", não importa tanto de onde o cientista retirou as hipóteses da problemática, ou seja, as respostas para a pergunta-problema, a atenção deve estar na possibilidade de teste posterior dessas respostas. Enquanto não se encontra erro ou falsidade nas respostas, elas são tidas como certas.[14]

Tais questões epistemológicas foram relacionadas ao planejamento tributário por Hugo de Brito Machado Segundo, pois consistem em premissas ao conhecimento e à verdade que se formam diante do caso concreto. Não se trata, na verdade, de algo relativo somente a processos administrativos ou judiciais, ou à interpretação e aplicação e normas jurídicas, mas, sim, ligado à cognição. Inobstante as limitações e deficiências existentes na formulação da verdade, o

---

12. POPPER, op. cit., p. 17-18.
13. MACHADO SEGUNDO, Hugo de Brito. Epistemologia, Prova e Planejamento Tributário. *Estudos de epistemologia jurídicas*, Editora Prismas: 2015, p. 545-546.
14. POPPER, Karl. *A vida é aprendizagem*. Epistemologia evolutiva e sociedade aberta. Tradução de Paula Taipas. Lisboa: Edições 70, 2001, p. 30 e ss.

autor ressalta que o exame da parcela de realidade demanda decisões com base nos dados obtidos, as quais serão provisoriamente consideradas corretas, pois suscetíveis a ulterior alteração, ou seja, estão em constante progresso. Portanto, o que se considera como verdade, os dados considerados como prova e a utilização de presunções estão intimamente ligados. Desse modo, o que se considera verdadeiro pode o ser apenas provisoriamente, pois alguém pode demonstrar, por meio de prova, o contrário. Já a presunção não consiste em meio de prova, mas em uma "consequência de se considerar que algo foi 'provado'. É um raciocínio lógico, uma inferência feita a partir de elementos de convicção imperfeitos, feito naturalmente pelo cérebro humano".[15]

Até aqui visto, por limites da própria cognição humana, não se pode chegar a uma certeza total acerca de uma assertiva, a qual é tida como a mais verossímil. Nessa toada, segundo expõe Michele Taruffo, no âmbito do processo civil, há de se aceitar a certeza coerente sobre determinados fatos, sob pena de um arrastamento sem fim da fase instrutória ou até paralisação de um processo, razão pela qual os limites da cognição humana interferem não somente na veracidade acerca dos fatos, como também no disciplinamento jurídico da prova. Ademais, não somente é possível encontrar a verdade dentro do processo, como também essa é a sua finalidade.[16] Como a prova é o meio de fundamentar, além de, por vezes, ser confundida com a própria fundamentação, é natural que as limitações epistemológicas interfiram na disciplina jurídica da prova, o que faz surgir a importância das presunções na busca pela verdade.[17]

As presunções consistem em premissas de que determinados fatos ocorreram, as quais são inferidas por meio de indícios. No ordenamento jurídico brasileiro, o conceito de indício consta no art. 239 do Código de Processo Penal, segundo o qual "Considera-se indício a circunstância conhecida e provada, que, tendo relação com o fato, autorize, por indução, concluir-se a existência de outra ou outras circunstâncias". O indício é um meio de prova indireto e consiste num fato conhecido e provado (fato indiciário), a partir do qual se presume um fato desconhecido e incerto, cuja probabilidade presume a sua ocorrência.[18]

Segundo Nicholas Rescher, a presunção consiste numa espécie de postulado necessário, útil e prático para a construção do conhecimento. Desse modo, a

---

15. MACHADO SEGUNDO, 2015, p. 547-550.
16. TARUFFO, Michele. *La prueba de los hechos*. 3. ed. Trad. Jordi Ferrer Beltrán. Madrid: Trotta, 2009, p. 24-25.
17. MACHADO SEGUNDO, Hugo de Brito; MACHADO, Raquel Cavalcanti Ramos. Prova e verdade em questões tributárias. *Revista do Instituto do Direito Brasileiro*, v. 3, n. 2, p. 1245-1280, 2014.
18. VIEIRA, Carlos Renato. O caso Transpinho e a prova com base em indícios no planejamento tributário. In: GODOI, Marciano Seabra de; ROCHA, Sérgio André (Org.). *Planejamento tributário*: limites e desafios concretos. Belo Horizonte, São Paulo: D' Plácido, 2020, p. 94.

presunção é obtida por meio da indução e funciona segundo a lógica de que "isso é o que eu vou considerar ser o caso, a menos e até que novos desenvolvimentos mostrem que não é". Contudo, a validade da presunção não é de uma segurança categórica e o ônus da prova incide sobre quem não está disposto a aceitá-la como verdadeira. A presunção se apresenta, em suma, como um ponto de partida dialético, pautado em premissas falíveis.[19]

Nesse aspecto, a doutrina traz a distinção entre prova direta e prova indireta. A prova direta consiste na prova do fato que se deseja demonstrar a ocorrência. A prova indireta (ou indício), por sua vez, refere-se a fato diverso, do qual se infere logicamente que o fato em discussão ocorreu. No entanto, apesar da apontada distinção entre prova direta e indireta, é importante compreender que, na verdade, toda prova é provisória, já que, no plano epistêmico, não se tem acesso direto e absoluto à realidade, de modo que toda prova acaba, de alguma forma, sendo indireta. Portanto, as assertivas a que se chega são provisórias e contestáveis, vez que consideradas verdadeiras até que se demonstre o contrário.[20]

Desse modo, no âmbito tributário, presumem-se como verdadeiras as assertivas feitas pelo sujeito passivo (contribuinte ou responsável) nos documentos, pois presumida sua boa-fé e, sobretudo, porque o ordenamento jurídico dispõe sobre a disciplina jurídica da prova no processo administrativo fiscal, ou seja, acerca de quem tem o ônus de provar a infração à legislação tributária, conforme será abordado. Além disso, a decisão acerca da versão dos fatos analisados, seja em processo judicial, seja em processo administrativo, deve ser fundamentada da forma clara, racional, coerente e detalhada, como exige o art. 93, inc. IX, da CF/88, para que seja permitido às partes exercer o contraditório e a ampla defesa, com os meios e recursos a esta inerentes, conforme o art. 5º, inc. LV, da CF/88. A partir de uma decisão bem fundamentada, será possível a inversão do ônus da prova e a demonstração dos motivos que apontam a necessidade de revisão do decidido.[21]

## 3. O ÔNUS DA PROVA DA INFRAÇÃO TRIBUTÁRIA NO LANÇAMENTO FISCAL INCUMBE À AUTORIDADE TRIBUTÁRIA COMPETENTE, NOS TEMOS DO ART. 142 DO CTN E DOS ARTS. 9º E 10 DO DECRETO 70.235/72

Na constituição do crédito tributário, por meio do lançamento fiscal, formalizado no auto de infração ou na notificação de lançamento, pode-se afirmar que o ônus da prova de que houve infração à legislação tributária é da autoridade

---

19. RESCHER, Nicholas. *Presumption and the practices of tentative cognition*. Cambridge: Cambridge University Press. 2006, Prefácio; 166-169.
20. MACHADO SEGUNDO; MACHADO, 2014, p. 1261-1267.
21. Ibidem, p. 1261-1267.

tributária competente, que deve motivar detalhadamente sua afirmação, indicando os fatos e os dispositivos legais enquadrados, conforme o art. 142 do CTN e os art. 9° e 10, inc. III e IV do Decreto 70.235/72.[22]

Nessa tarefa, a autoridade tributária, em atenção ao princípio do dever de fiscalização, deve descrever formalmente a ocorrência da infração no mundo fenomênico, prevista como fato imponível que gera a obrigação tributária, para fins de verificar o encaixe na descrição contida na norma jurídica tributária. Deve, ainda, a autoridade tributária indicar o sujeito ativo, o sujeito passivo, a base de cálculo e a alíquota aplicáveis, para que seja formalizado o crédito tributário e apontado os termos de sua exigibilidade.[23]

Desse modo, conforme os art. 9° e 10 do Decreto 70.235/72, o ônus da prova do lançamento fiscal é da Administração Pública, que terá que trazer a exposição detalhada dos fatos, prova de sua ocorrência e o enquadramento legal, sob pena de nulidade.[24] Vale destacar, inclusive, que, apesar do lançamento fiscal consistir num ato administrativo, há limites para a sua presunção de legitimidade, visto que esta não pode ser invocada para tornar o lançamento fiscal uma "prova pré-constituída", apto a suprimir lacunas probatórias.[25] Portanto, se o Fisco não demonstrar a infração à legislação no mundo dos fatos, ao contribuinte não cabe provar a não ocorrência dos fatos (prova negativa), basta demonstrar a nulidade do lançamento fiscal por falta de fundamentação.[26]

A defesa do sujeito passivo da obrigação tributária observa o art. 16 do Decreto 70.235/72 e o art. 373 do CPC, este último aplicado de forma subsidiária; bem como o art. 36 da Lei 9.784/99. Conforme referidos dispositivos, em conjunto com os arts. 142 do CTN, 9° e 10 do Decreto 70.235/72, pode-se afirmar que incumbe à Administração Pública demonstrar o fato constitutivo do seu direito de lançar, enquanto ao contribuinte cabe provar a existência de fato impeditivo,

---

22. Decreto 70.235/76: "Art. 9° A exigência do crédito tributário e a aplicação de penalidade isolada serão formalizados em autos de infração ou notificações de lançamento, distintos para cada tributo ou penalidade, os quais deverão estar instruídos com todos os termos, depoimentos, laudos e demais elementos de prova indispensáveis à comprovação do ilícito. Art. 10: "Art. 10. O auto de infração será lavrado por servidor competente, no local da verificação da falta, e conterá obrigatoriamente: I – a qualificação do autuado; II – o local, a data e a hora da lavratura; III – a descrição do fato; IV – a disposição legal infringida e a penalidade aplicável; V – a determinação da exigência e a intimação para cumpri-la ou impugná-la no prazo de trinta dias; VI – a assinatura do autuante e a indicação de seu cargo ou função e o número de matrícula."

23. MARINS, James. *Direito Processual Tributário Brasileiro*: administrativo e judicial. 12. ed. São Paulo: Thomson Reuters Brasil, 2019, p. 204-205.

24. Diversamente, no caso de pedidos de compensação de crédito com débito efetuados pelo contribuinte, o ônus da prova da certeza e liquidez do crédito é do contribuinte, para fins de homologação de compensação autorizada por lei, conforme art. 170 do CTN e art. 74 da Lei 9.430/1996.

25. O CARF assim entendeu no julgado proferido no Acórdão 3201003.374, de 31 de janeiro de 2018.

26. MACHADO SEGUNDO, 2015, p. 559-560.

modificativo ou extintivo do Fisco.[27] Por fim, atribui-se ao sujeito passivo a prova dos fatos que alegue, a exemplo da prova de alegação de imunidade.[28]

Vale ressaltar que o ônus da prova no lançamento fiscal atribuído ao Fisco comporta exceções, como no caso em que a própria lei estabelece que o ônus da prova é do sujeito passivo, ou seja, a lei estabelece uma presunção relativa em favor do Fisco. A título de exemplo, cite-se o art. 42 da Lei 9.430/96, segundo qual:

> Caracterizam-se também omissão de receita ou de rendimento os valores creditados em conta de depósito ou de investimento mantida junto a instituição financeira, em relação aos quais o titular, pessoa física ou jurídica, regularmente intimado, não comprove, mediante documentação hábil e idônea, a origem dos recursos utilizados nessas operações.[29]

Segundo este dispositivo, tem-se a inversão do ônus da prova, pois cabe ao particular, após intimado, provar a origem dos depósitos bancários, sob pena de incidir a presunção legal a omissão de rendimentos.[30]

A exceção também se dá nos casos em que, durante o procedimento administrativo, o sujeito passivo, intimado para prestar informações ou se manifestar, não o faça. Como explica James Marins, a atividade fiscalizatória "é instrumento do *princípio do dever de investigação*, ao qual corresponde o *princípio do dever de colaboração*" (grifos no original). Conforme o princípio do dever de colaboração, contribuintes e terceiros são obrigados a fornecer os documentos solicitados pela autoridade fiscal. Este dever vai até as garantias que limitam os poderes da

---

27. Em conformidade, já se manifestação o CARF, segundo Acórdão 3201-003.374, julgado em 31.01.2018: "(...) Processo administrativo fiscal. Ônus da prova. Ausência da demonstração fático-probatória. Insuficiência na descrição dos fatos. Preterição direito de defesa. Nulidade. O Decreto 70.232/1972 dispõe que o auto de infração deve conter a descrição dos fatos e o enquadramento legal (art. 10, incisos III e IV), bem como ser instruído com todos os termos, depoimentos, laudos e demais elementos de prova indispensáveis à comprovação do ilícito (art. 9º, *caput*). O ônus da prova recai sobre a pessoa que alega o direito ou o fato que o modifica, extingue ou que lhe serve de impedimento. Cabe à autoridade fiscal apresentar as provas dos fatos constituintes do direito da Fazenda. A ausência da demonstração fático-probatória do fato imponível eiva o lançamento de vício insanável. É nulo o ato administrativo de lançamento, formalizado com inegável insuficiência na descrição dos fatos, não permitindo que o sujeito passivo pudesse exercitar, como lhe outorga o ordenamento jurídico, o amplo direito de defesa, notadamente por desconhecer, com a necessária nitidez, o conteúdo do ilícito que lhe está sendo imputado. (...)".
28. Nesse sentido, já decidiu o CARF, no Acórdão 2202-008.972, de 9 de novembro de 2021: "(...) Entidades beneficentes de assistência social. Imunidade. Observância ao art. 14 do CTN. Ônus da prova. Fato constitutivo do direito. Incumbência do interessado. Improcedência. Cabe ao interessado a prova dos fatos que tenha alegado, não tendo ele se desincumbindo deste ônus. Ônus da prova. Fato constitutivo do direito. Incumbência do interessado. Improcedência. Cabe ao interessado a prova dos fatos que tenha alegado, não tendo ele se desincumbindo deste ônus. (...)".
29. BRASIL. Lei 9.430/96, de 27 de dezembro de 1996. Dispõe sobre a legislação tributária federal, as contribuições para a seguridade social, o processo administrativo de consulta e dá outras providências. Disponível em: www.planalto.gov.br/ccivil_03/leis/l9430.htm. Acesso em: 10 jul. 2022.
30. Nesse sentido: Acórdão 2402-009.613, de 11 de março de 2021 e Acórdão 2202002.222, de 13 de março de 2013.

PLANEJAMENTO TRIBUTÁRIO E O ÔNUS DA PROVA DO FISCO | **163**

investigação pelo Fisco, razão pela qual não são os particulares obrigados a colaborar, caso haja confronto com a inviolabilidade da intimidade, vida privada ou de comunicações de dados ou telefônicas, salvo por ordem judicial. No processo administrativo fiscal federal, embora possam surgir situações que atraiam o juízo de ponderação em face do princípio de não declarar contra si mesmo, a Lei 9.784/99 trouxe, em seu art. 4º, o princípio do dever de colaboração e, em seu inc. IV, o dever de "prestar informações que lhe forem suscitadas e colaborar para o esclarecimento dos fatos".[31] A respeito, já decidiu o CARF, no Acórdão 2301-007.668, julgado em 3 de agosto de 2020:

> Assunto: Imposto sobre a Renda de Pessoa Física (IRPF) Exercício: 2013 Glosa de pensão alimentícia. Ausência de comprovação. São dedutíveis na declaração de ajuste anual as despesas com pensão alimentícia desde que atendidos os requisitos legais e que comprovados os devidos pagamentos. Ônus da prova. Recurso voluntário. Provas materiais insuficientes. A apresentação de documentação deficiente autoriza o Fisco a lançar o tributo que reputar devido, recaindo sobre o sujeito passivo o ônus da prova em contrário. O Recurso pautado unicamente em alegações verbais, sem o amparo de prova material, não desincumbe o Recorrente do ônus probatório imposto pelo art. 33, § 3º, in fine da Lei 8.212/91, eis que alegar sem provar é o mesmo que nada alega.[32]

Mencionadas as premissas concernentes à ligação entre planejamento tributário, prova, presunções e verdade, bem como ao ônus que incumbe à autoridade fiscal de comprovar a infração tributária subsumida aos fatos no lançamento fiscal, passa-se à análise da prova da artificialidade, que, por decorrência, também incumbe ao Fisco, para que este afaste um planejamento tributário abusivo.

Em outras palavras, passa-se à abordagem dos limites do planejamento tributário efetuado pelo contribuinte, por motivos de economia fiscal, o qual pode ser, sim, aceito, desde que se paute em operações *reais* por parte do contribuinte, ou seja, *não artificiais*.

## 4.  LIMITES DO PLANEJAMENTO TRIBUTÁRIO: A POSSIBILIDADE DE ECONOMIA DE TRIBUTOS POR MEIO DE *OPERAÇÕES REAIS* E A OBRIGAÇÃO DO FISCO DE DESCONSIDERAR *OPERAÇÕES ARTIFICIAIS*, CONFORME O CONCEITO AMPLO DE SIMULAÇÃO, NOS TERMOS DO ART. 149, INC. VII DO CTN

Inicialmente, deve ser esclarecido ao leitor que a desconsideração e requalificação de atos ou negócios só podem ser analisadas à luz do caso concreto, no qual será verificada a oponibilidade ou não do planejamento tributário perante o

---

31.  MARINS, op. cit., p. 226.
32.  BRASIL. Conselho Administrativo de Recursos Fiscais. Acórdão 2301-007.668, julgado em 3 de agosto de 2020.

Fisco. Contudo, apesar da análise do planejamento tributário ser uma realidade construída, a variar caso a caso, alguns pontos teóricos e norteadores para o estudo dos casos podem ser aqui abordados.

Pode-se firmar que é, de fato, direito do contribuinte organizar seus atos e negócios jurídicos com o fim de pagar menos ou excluir tributos, mas a manutenção do planejamento tributário realizado vai depender se a reorganização societária se pautou em operações reais, com algum substrato econômico e existência autônoma. Dessa forma, afasta-se a validade de operações vazias ou artificiais e sem causa que as justifique, procedimento que se repete nas hipóteses em que o Fisco conseguiu comprovar a abusividade do direito, artificialidade de formas, fraude, dolo, simulação ou qualquer patologia dos atos ou negócios jurídicos praticados.

Nesse sentido, discute-se no âmbito do planejamento tributário se o contribuinte pode organizar suas atividades, por meio de procedimentos lícitos, tendo como *motivo* exclusivo ou predominante economizar tributos, ou seja, por ausente uma causa além da redução ou exclusão de tributos. Na doutrina, pode-se mencionar Marco Aurélio Greco, segundo o qual se *o motivo ou causa* da organização do contribuinte for, total ou predominante, conduzir a um menos imposto, há o caráter abusivo no planejamento.[33] Nas palavras do autor, "mesmo que os atos praticados pelo contribuinte sejam lícitos, não padeçam de nenhuma patologia; mesmo que estejam absolutamente corretos em todos os seus aspectos (licitude, validade), nem assim o contribuinte pode agir da maneira que bem entender, pois sua ação deverá ser vista também da perspectiva da capacidade contributiva".[34] Como explica o autor, o debate acerca do planejamento tributário pode ser dividido em três fases distintas, para determinar se um planejamento produzirá ou não a menor carga tributária, denominadas de fases da liberdade: "(i) liberdade salvo simulação; (ii) liberdade salvo patologias; e (iii) liberdade com capacidade contributiva".[35]

O entendimento de Marco Aurélio Greco remonta ao caso emblemático da jurisprudência norte-americana *Gregory vs. Helvering*, de 1934. Neste precedente, a Suprema Corte dos Estados Unidos firmou que as normas tributárias aplicadas às reorganizações societárias exigiam um "propósito negocial" (*business purpose),* pois era justamente a finalidade da existência das referidas normas tributária. O caso julgado se pauta no sistema *commom law*, em que as decisões são tomadas segundo o entendimento dos tribunais, o qual diverge do sistema brasileiro,

---

33. GRECO, Marco Aurélio. *Planejamento tributário*. 3. ed. São Paulo: Dialética, 2011, p. 212.
34. Ibidem, p. 319.
35. GRECO, Marco Aurélio. Planejamento tributário revisitado. In: OLIVEIRA, Francisco Marconi de; GOMES, Marcus Lívio; VALADÃO, Marcos Aurélio Pereira (Coord.). *Estudos Tributários do II Seminário CARF* / Confederação Nacional da Indústria; Conselho Administrativo de Recursos Fiscais – CARF. Brasília: CNI, 2017, p. 17-34, p. 23.

cujas decisões são tomadas com fundamento nas normas jurídicas emanadas do Estado, escritas e documentadas. Para uma breve leitura acerca do caso, cabe resumidamente citar o *leading case:*

> Em 1934, no julgamento Gregory v. *Helvering,* foi levado o seguinte caso ao relator, Juiz Learned Hand: uma contribuinte (a Sra. Evelyn F. Gregory) possuía todas as ações da sociedade A, que por sua vez, possuía todas as ações da sociedade B, que a Sra. Evelyn se propunha a adquirir para favorecer-lhe diretamente. Pretendendo evitar o imposto de renda de pessoa física, sobre o pagamento de dividendos pela sociedade A, a Sra. Evelyn constituiu uma terceira sociedade C, à qual transferiu, por intermédio de A, todas as ações de B, em troca do *stock* patrimonial de C. Passados seis dias após a constituição de C, esta foi extinta e, na liquidação do seu ativo, as ações de B foram entregues à Sra. Evelyn, a qual justificou o aumento patrimonial como proveniente de uma reorganização societária, livre de impostos. Na opinião da Sra. Evelyn, a entrega das ações de C não daria origem à formação de qualquer rendimento, segundo as regras então vigentes, por se ter realizado segundo um "plano de reorganização". Nesta oportunidade, o Fiscal de Impostos (*Comissioner of Internal Revenue*), Sr. Helvering entendeu, todavia, que a criação da sociedade C não tinha qualquer substância e deveria ser ignorada, considerando-se, por esse aspecto, a distribuição das ações de B como distribuição de dividendos, diretamente recebidos por meio da sociedade A. *O Board of Tax Appeals* considerou, pelo contrário, que as operações teriam sido reais; Helvering apela para o Tribunal. Este, por sua vez, considera as operações como hipóteses de simulação (*sham*) e, posteriormente, tem seu veredicto confirmado na Suprema Corte, que reconheceu o legítimo direito dos contribuintes à economia de tributos, de escolher o melhor modelo para atender seus interesses, porquanto não haveria nenhum dever programado para cobrar sempre o maior imposto possível. Contudo, instituiu a regra do *business purpose test,* diferenciando a organização de negócios com objetivo negocial daquela que não possui tal finalidade. Afirmava, com isso, o princípio segundo o qual, a operação, para ser legítima, deveria ser suportada por um motivo negocial, e não apenas por uma simples intenção de reduzir carga tributária.[36]

A influência do precedente americano pode ser verificada na obra de Marco Aurélio Greco, segundo o qual o *business purpose* ou "propósito negocial", entendido como motivo relacionado à atividade empresarial (a exemplo da projeção de uma empresa no mercado), afasta a caracterização do abuso. Contudo, o autor vai além ao dizer que não somente a existência do "propósito negocial" afasta a abusividade do planejamento tributário, mas também a existência de um motivo "extratributário", que consiste num motivo ou propósito qualquer, ainda que não inerente à atividade empresarial (como uma razão familiar, política ou relativa à mudança de regime tributário das empresas), mas desde que não seja somente ou de forma preponderante o de eliminar ou reduzir tributo. Ressalta o autor que "o motivo extratributário pode afastar o abuso de direito, mas não afasta eventual caracterização de fraude à lei ou abuso de formas". Em suma, para Marco Aurelio Greco, por meio da tese do abuso de direito aplicado ao planejamento fiscal, se "o

---

36. TORRES, Heleno Taveira. *Direito tributário e direito privado*: autonomia privada, simulação e elisão tributária. São Paulo: Ed. RT, 2003, p. 248-249.

motivo predominante é fugir à tributação, o negócio jurídico será abusivo, e seus efeitos fiscais poderão ser neutralizados perante o Fisco. Ou seja, sua aplicação não se volta a obrigar ao pagamento de maior imposto, mas a *inibir as práticas sem causa*, que impliquem em menor tributação".[37]

Segundo explica Ramon Tomazela Santos, a "teoria do propósito negocial" quer buscar *os motivos* que estimulam o contribuinte a realizar negócios jurídicos, o qual deve se pautar em razões empresariais, como a conquista de mercado. Menciona-se que, mesmo nos Estados Unidos, a "teoria do propósito negocial" foi perdendo espaço para a "substância econômica" que, diversamente, não busca a motivação para conduta do contribuinte, mas perquire *o resultado* financeiro e econômico do negócio jurídico em relação à posição patrimonial do contribuinte em conjunto com a economia de tributos. Podem ser encontradas decisões na jurisprudência americana com a aplicação dos dois critérios ou apenas de um. Todavia, uma mudança de paradigma é apontada para firmar que a substância econômica de um negócio jurídico deve ser avaliada objetivamente, de forma a reduzir o espaço para o subjetivismo presente na teoria do propósito negocial, conforme decidido no caso *Coltec Industries vs. United* pela Corte de Apelação Federal nos Estados Unidos e, posteriormente, incluída como norma jurídica na Seção 7701 do Internal Revenue Code, pelo *Health Care and Education and Reconciliation Act* de 2010, assinado por Barack Obama.[38]

O autor traz uma exposição acerca da origem da "teoria do propósito negocial" e aborda tanto sua superação nos Estados Unidos, quanto firma que sua adoção no âmbito do CARF não pode prosperar. Segundo Ramon Tomazela Santos, a teoria "não passa pelos filtros básicos que deve orientar qualquer recurso ao direito comparado, não apenas em razão de sua incompatibilidade com o sistema constitucional-tributário brasileiro, mas também em virtude de sua superação no seu próprio país de origem, os Estados Unidos". Em relação ao ordenamento jurídico brasileiro, de fato, chegou a existir previsão específica para desconsideração de atos ou negócios jurídicos por falta de propósito negocial, conforme a Medida Provisória 66/2002, no art. 14, § 1º, inc. I, a qual foi rejeitada pelo Congresso Nacional.[39]

Por outro lado, aderimos à posição doutrinária de Marciano Seabra de Godoi, segundo a qual a relevância da doutrina do "business purpose" não é a análise dos *motivos* dos atos e negócios jurídicos do contribuinte, ou seja, as razões que o

---

37. GRECO, 2011, p. 212-213.
38. Para uma leitura mais detalhada, conferir: SANTOS, Ramon Tomazela. O desvirtuamento da teoria do propósito negocial: Da origem no caso *Gregory vs. Helvering* até a sua aplicação no ordenamento jurídico brasileiro. In: GODOI, Marciano Seabra de; ROCHA, Sergio André (Coord.). *Planejamento tributário*: limites e desafios concretos. Belo Horizonte: Editora D'Plácido, 2020, p. 354-368.
39. Ibidem, p. 361-368.

levaram à eventual reorganização societária, mas dos *próprios negócios praticados*. Segundo o autor, "o que é relevante para a doutrina do *business purpose*, tal como surgiu e se desenvolveu na jurisprudência e na legislação dos Estados Unidos, não é a análise dos motivos dos atos do contribuinte (motivos no sentido de razões que levam alguém a fazer algo), mas, sim, a análise dos próprios atos/negócios praticados, submetidos a um exame quanto à sua efetiva finalidade prática. Sendo assim, a doutrina do *business purpose*, ao contrário do que se poderia pensar, é bastante similar às clássicas normas gerais antielusão do tipo fraude à lei, abuso de forma etc., além de bastante similar à visão causalista do fenômeno da simulação.[40]

Conforme explica Marciano Seabra de Godoi, a figura da simulação é central na aferição dos limites do planejamento tributário brasileiro, tanto na sua acepção *ampla* quanto na *restrita*, pois permite a requalificação jurídica da operação subjacente, com a incidência das normas tributárias devidas, desde que devidamente comprovada a artificialidade pelo Fisco. Explica o autor que o controle dos planejamentos tributários abusivos pode ser feito por meio da aplicação de uma norma geral antiabuso, como ocorre na Alemanha, França e Espanha, ou por meio da aplicação da acepção ampla de simulação. O art. 116, parágrafo único, do CTN, introduzido por meio da Lei Complementar 104/2001,[41] dispõe sobre uma norma geral antiabuso, a qual foi recentemente declarada constitucional pelo STF,[42] mas cuja eficácia plena pende de regulamentação. Assim, como no Brasil ainda não está regulamentada a referida norma, os planejamentos tributários são analisados pelas autoridades fiscais mediante a aplicação de um conceito amplo de simulação.[43] O Código Tributário Nacional (CTN) permite, portanto, a desconsideração dos

---

40. GODOI, Marciano Seabra de. Caso Unilever. Desmembramento do objeto social e sua atribuição a outras pessoas jurídicas, tendo como único motivo a redução de tributos. Uso e abuso desta antiga forma de planejamento tributário, à luz dos possíveis conceitos de simulação. In: GODOI, Marciano Seabra de; ROCHA, Sergio André (Coord.). *Planejamento Tributário*: limites e desafios concretos. Belo Horizonte: Editora D'Plácido, 2020, p. 285-315. Recomenda-se a leitura do artigo para a compreensão dos planejamentos tributários das empresas Unilever, Grendene, Kitchens e Kiwi Boats, julgados pelo CARF e comentados pelo autor.

41. CTN: Art. 116 (...) Parágrafo único. A autoridade administrativa poderá desconsiderar atos ou negócios jurídicos praticados com a finalidade de dissimular a ocorrência do fato gerador do tributo ou a natureza dos elementos constitutivos da obrigação tributária, observados os procedimentos a serem estabelecidos em lei ordinária.

42. O Supremo Tribunal Federal (STF), por maioria de votos, reconheceu a validade do parágrafo único do art. 116, do CTN, o qual permite a autoridade fiscal desconsiderar atos praticados com a finalidade de disfarçar a ocorrência do fato gerador de tributos, conforme decisão proferida na Ação Direta de Inconstitucionalidade (ADI) 2446.

43. GODOI, op. cit., p. 291-302. O CARF decidiu nesse sentido no Acórdão 9202-010.322, julgado pela Câmara Superior de Recursos Fiscais em 16 de dezembro de 2021, em que houve simulação absoluta: "O parágrafo único do art. 116 do CTN é norma de eficácia limitada que só produzirá efeitos a partir da edição de respectiva lei ordinária instituidora dos procedimentos aplicáveis ao caso. Entretanto, independente desta regulamentação, o art. 149, VII do CTN prevê o dever de realização de lançamento de ofício sempre que restar devidamente comprovado que o sujeito passivo agiu com dolo, fraude ou simulação".

atos ou negócios do sujeito passivo, caso seja comprovado pelo Fisco que aquele agiu com dolo, fraude ou simulação, conforme o art. 149, inc. VII.

Apesar de controverso o conceito de simulação no direito civil, a prática é definida no art. 167 do CC, segundo o qual "§ 1º Haverá simulação nos negócios jurídicos quando: I – aparentarem conferir ou transmitir direitos a pessoas diversas daquelas às quais realmente se conferem, ou transmitem; II – contiverem declaração, confissão, condição ou cláusula não verdadeira; III – os instrumentos particulares forem antedatados, ou pós-datados". Há situações nas quais não se discute que o negócio jurídico é aparente, como quando há um contrato de prestação de serviço, mas não se prestou serviço algum (simulação absoluta) ou quando o valor declarado no contrato de compra e venda é diverso do constante na escritura, a configurar caso de simulação relativa. Importante frisar que, para o julgador, os *motivos* buscados pelas partes são irrelevantes na efetivação de negócios jurídicos simulados, pois cabe ao julgador analisar se a estrutura formal do negócio jurídico foi de acordo com o ordenamento jurídico e se as partes declararam algo falso ou esconderam algo verdadeiro nos negócios jurídicos.[44]

Na análise dos planejamentos tributários também não importa os *motivos* que levaram o contribuinte efetuar o negócio jurídico, mas a estrutura em si do negócio jurídico, seu conteúdo e o resultado a que se chegou (pagar menos ou não pagar tributos). O que importa deve ser a comprovação pelo Fisco de que as operações não possuem algum substrato econômico real e existência autônoma, ou seja, se os negócios jurídicos são vazios, ficções jurídicas ou desnecessários, cuja existência não se justifica ou tem causa falsa, salvo para alcançar a redução da carga tributária. Nos casos sofisticados de planejamento tributário nem sempre é possível visualizar o caráter simulado dos negócios jurídicos realizados, pois, por vezes, o contribuinte utiliza de uma estrutura negocial formalmente típica, mas de forma artificial. Segundo explica Marciano Seabra de Godoi, os casos podem ser realizados por meio do sentido restrito ou amplo de simulação. Na concepção restrita de simulação, somente haveria simulação quando as partes declaram num documento, como contrato ou escritura, uma falsidade (como a escritura com valor do imóvel inferior ao praticado da compra e venda) ou quando as partes omitem no documento um fato, que nega o que está declarado no documento (contrato de prestação de serviço, sem que o serviço tenha sido prestado). Como se trata de uma mentira sobre fatos, haveria a incidência de multa qualificada ao contribuinte. Já de acordo com o conceito amplo de simulação, há um *vício na causa* dos negócios jurídicos, ou seja, "as partes usam determinada estrutura negocial (compra e venda) para atingir um resultado (doar um patrimônio) que não

---

44. Ibidem, p. 293-295.

corresponde à causa típica do negócio posto em prática". Ambas as perspectivas de simulação, ampla e restrita, levam a um negócio jurídico não verdadeiro e, de fato, simulado, pois considerar somente a concepção restritiva como simulação é "não ampliar o foco para avaliar o sentido global de uma concatenação de negócios jurídicos – e suas circunstâncias – postos em prática pelos contribuintes".[45]

O CARF analisa casos de planejamento tributário e vem aplicando a concepção ampla de simulação para manter os lançamentos fiscais, quando comprovada a artificialidade das operações societárias pelo Fisco. O Tribunal leva em conta as circunstâncias do caso concreto, a substância real do negócio jurídico do contribuinte e a prova efetuada pela autoridade fiscal. A jurisprudência administrativa passou a adotar como simulação a "simulação-elusão", que leva em conta o grau de artificialidade do planejamento e o efeitos econômico-tributários subjacentes, para que haja o reenquadramento jurídico para cobrança de tributos, mas sem qualificação da multa. O CARF adota também a "simulação-evasão-sonegação", em que a conduta do contribuinte é enquadrada nos arts. 71 a 73 da Lei 4.502/64, pois comprovado o evidente intuito de fraude, cuja multa aplicada é, portanto, qualificadamente, conforme o art. 44, § 1º, da Lei 9.430/1996. Nos casos de "simulação-elusão", verifica-se que o contribuinte atende às solicitações do Fisco e observa o registro de atos, como dispõe a legislação societária.[46] Ressalte-se que, como visto no item supra, cabe ao Fisco o ônus da prova no lançamento fiscal, razão pela qual também cabe ao Fisco a prova do abuso no planejamento tributário.[47] Assim, caso a autoridade fiscal competente não se desincumba da prova da simulação da operações societárias efetuadas pelo contribuinte, deve ser declarada a nulidade do lançamento fiscal.[48]

---

45. Ibidem, p. 295-299. Sobre a qualificação ou não da multa nestes casos, conferir: IBRAHIN, Fábio Zambitte; SCHWARTZ, Gustavo Carvalho Gomes. A multa qualificada no planejamento tributário abusivo: uma análise da jurisprudência do CARF. In: GODOI, Marciano Seabra de; ROCHA, Sergio André (Coord.). *Planejamento Tributário*: limites e desafios concretos. Belo Horizonte: Editora D'Plácido, 2020, p. 207-226.

46. Ibidem, p. 300. Cite-se, como exemplo de "simulação-elusão", o julgado no Acórdão 3201-004.699, em que a Turma considerou o planejamento tributário abusivo, mas não qualificou a multa, pois "todas as operações foram devidamente registradas, contabilizadas e declaradas à Fiscalização. Em nenhum momento se questionou a legitimidade de qualquer um desses documentos ou declarações. O que fez a fiscalização foi refutar a forma de aplicação da legislação tributária pelas contribuintes".

47. GRECO, 2011, p. 213.

48. Nesse sentido, o CARF decidiu na sessão de 07 de abril de 2022, conforme Acórdão 9101-006.077 da Câmara Superior: Assunto: Imposto sobre a Renda de Pessoa Jurídica (IRPJ) ano-calendário: 1997 Ganho de capital. Glosa de custos. Alienação de investimento avaliado pelo valor do patrimônio líquido. Insuficiência acusatória. Para que o custo de investimento avaliado pelo valor patrimônio líquido seja glosado na apuração de ganho de capital na alienação desse ativo, a Fiscalização deve angariar elementos de prova e/ou fundamentação específica a fim de invalidar as operações registradas e documentalmente comprovadas.

No contexto do planejamento tributário, pode-se comentar a licitude no caso de segregação de atividades da cadeia produtiva entre pessoas jurídicas. Por meio da segregação de atividades, um grupo econômico ou uma unidade empresarial se divide em mais de uma pessoa jurídica, de forma que, em tese, as pessoas jurídicas originadas da cisão passam a desempenhar atividades diferentes. A referida segregação pode ocorrer por motivos diversos, como eficiência empresarial e redução de custos, inclusive por economia tributária. No aspecto tributário, a segregação de atividades pode possibilitar a opção pelo lucro presumido das sociedades originadas, enquanto na organização societária anterior, a sociedade era optante do lucro real, para fins de redução da tributação do IRPJ e da CSLL e de tributação do PIS e da COFINS com alíquotas menores. Fato importante é que não pode haver desconsideração da situação de segregação de atividades unicamente por ter havido a redução de tributos.

O CARF analisa planejamentos que envolvem segregação de atividades e suas implicações tributárias. Conforme os Acórdãos 1302-004.194 e 1302-004.195, por exemplo, segundo a acusação fiscal, a contribuinte e outras três empresas, optantes pelo lucro presumido, eram inexistentes de fato, pois constituíam, na realidade, uma única pessoa jurídica, obrigada pelo lucro real e submetidas a alíquotas maiores de PIS e de COFINS. Contudo, o CARF derrubou o lançamento fiscal, por entender que o Fisco não apresentou provas suficientes que corroborassem a acusação de segregação meramente formal e, portanto, ilícita.

Nos citados julgamentos, o CARF afirmou que:

> O limite da referida operação, ínsita à liberdade de organização das empresas, será a veracidade dos fatos. Ou seja, se, de fato, as diversas pessoas jurídicas gozam de plena existência autônoma, não há censura a ser realizada pela autoridade fiscal. De outra parte, se a segregação se reveste de mera formalidade, desprovida de qualquer materialização fática, tendo como finalidade exclusiva a redução da carga tributária, é lícito ao Fisco tratar todas as pessoas jurídicas como uma única universalidade, tal qual realizado nos presentes autos.[49]

O CARF entendeu que não havia nos autos prova suficiente de que as empresas não eram autônomas e constituíam uma empresa de fato com a contribuinte, em razão de confusão operacional, contábil e patrimonial entre as empresas, para confirmar a apontada simulação. Não foram juntadas pelo Fisco provas de inexistência de autonomia das pessoas jurídicas investigadas, pois o único elemento de prova apresentado pela autoridade fiscal foi uma evidencia da própria empresa, por meio de uma *declaração de uma das empresas cindidas,* na qual afirmava não possuir comprovante de pagamento de água, luz e telefone em seu nome, nem contratos de financiamentos, empréstimos e locação, recibos de pagamento de

---

49. BRASIL. Conselho Administrativo de Recursos Fiscais. Acórdãos 1302-004.194 e 1302-004.195, julgados em 10.12.2019 e 17.01.2020.

aluguel, bens móveis ou imóveis e que as contas eram emitidas em nome de outra empresa e as despesas eram rateadas entre as pessoas jurídicas.

Por outro lado, no Acórdão 1301-005.932, entendeu o CARF que:

(...) demonstrada a simulação de contrato realizado entre empresas de um mesmo grupo econômico, a pretexto de segregação de atividades em diversas pessoas jurídicas, é legítima a desconsideração das despesas de aluguel atribuídas a pessoa jurídica optante pelo lucro real, devendo-se abater aquilo que foi pago pela empresa optante pelo lucro presumido.[50]

A situação que deu ensejo ao lançamento fiscal foi a criação de despesas de aluguel por meio de contrato simulado para dedução na apuração do imposto de renda pelo lucro real, ou seja, houve a criação de despesas artificiais pela contribuinte. Foi constituída uma empresa "de papel", utilizada como depositária e locadora dos imóveis, bem como foi comprovado pelo Fisco que as pessoas jurídicas locadora e locatária se confundiam patrimonial e operacionalmente, assim como simulavam operações comerciais de aluguel de imóvel. A empresa foi considerada com existência meramente formal ("de papel"), por um conjunto de fatores comprovados, por meio de documentos contábeis e fiscais, segundo os quais as empresas possuíam os mesmos sócios; todas as receitas de aluguéis da empresa locadora eram de imóveis alugados para empresas do mesmo grupo econômico, conforme Declaração de Informações sobre Atividades Imobiliárias (DIMOB); a empresa não possuía funcionários, conforme documento fiscal (GFIP – Guia de Recolhimento do FGTS e de Informações à Previdência Social); nem endereço próprio e rateio de despesas com a contribuinte, ou seja, não possuía autonomia, nem estrutura para seu funcionamento.[51]

Para o CARF, segundo o Acórdão 9101-002.397, a segregação de atividades deve ser considerada simulada e desconsiderada, na hipótese do Fisco demonstrar *elementos determinantes* da falta de autonomia empresarial das empresas, cujas atividades foram segregadas. Neste acórdão, o Tribunal apresentou, em uma relação não exaustiva, os *fatores estruturais* que permitem a comprovação da inefetividade da segregação, que vão além da identidade de sócios e compartilhamento de endereço. A prova da interdependência entre as pessoas jurídicas foi demonstrada pelo Fisco por meio da análise conjunta da *estrutura negocial, financeira e contábil*, bem como *física e operacional*. Para o

---

50. BRASIL. Conselho Administrativo de Recursos Fiscais. Acórdão 1301-005.932, julgado em 06.12.2021.
51. Neste julgado, a multa foi desqualificada com base nos seguintes fundamentos: "Com relação à multa qualificada, o Contribuinte alega que as operações foram legítimas e devidamente declaradas ao Fisco, bem como os respectivos tributos recolhidos na Autuada e na EDAP. Apesar do caráter artificial do contrato de aluguel, e de a operação não gerar efeitos perante Fisco, considerando a inexistência de ilícito típico, tais como utilização de documentos falsos, nota fiscal "fria", entre outros e que os fatos geradores dos tributos puderam ser devidamente identificados a partir da contabilidade do contribuinte declarada ao Fisco, não vislumbro o intuito doloso da conduta", fl. 1248.

colegiado, a análise de cada estrutura, juntamente com o nexo estreito entre o elemento simulado e o fato gerador do tributo que se ocultou, podem demonstrar a ilicitude da segregação.

Conforme o julgado, com relação à *estrutura negocial,* a verificação de gastos com folha de pagamento, a manutenção da estrutura básica ou a aquisição de insumos para atividades específicas de uma das pessoas jurídicas do grupo suportadas por outras empresas do grupo, sem justificativa plausível, são elementos que podem ser indícios de segregação ilícita. Entendeu-se relevante a verificação da prática ou não de preços de mercado entre as partes segregadas, pois a manipulação de preços entre as empresas do grupo pode ser um indício de desmembramento ilegítimo de atividades, ainda que por si só, não conduza obrigatoriamente a vício do negócio jurídico. Também foi chamada atenção para a plausibilidade de se verificar que é a pessoa jurídica segregada quem assume os riscos e recebe os retornos positivos gerados pelos ativos recebidos como contribuição ao capital social.

No tocante à estrutura *financeira e contábil,* a decisão apontou que a confusão e o descontrole financeiro entre as empresas segregadas, bem como a não formalização das demonstrações contábeis podem evidenciar a ausência de autonomia entre as pessoas jurídicas e a unidade apenas formal.

Acerca da estrutura *física e operacional* das empresas segregadas, a decisão firmou que a adoção de endereços contíguos entre as empresas do grupo pode ser justificável, razão pela qual outros elementos merecem investigação para configurar a confusão entre as pessoas jurídicas, como a inexistência de fato de estabelecimentos declarados ao Fisco. A depender da análise do caso concreto, a aparente incompatibilidade da estrutura da empresa segregada com as receitas atribuídas a esta pode ser indício relevante. Citou o julgado que a centralização de atividades administrativas de contas a pagar e a receber pode ser indício de simulação, apesar de ter sido ressaltado que este fator demanda investigação, visto que o rateio de despesas é legítimo. Também foi indicado que a obtenção de receitas por operações realizadas entre agentes estranhos ao grupo econômico pode evidenciar efetiva exploração do mercado pela segregada.

Em suma, não é o *motivo* escolhido pelo contribuinte, consistente em não pagar ou pagar menos tributos que deve nortear a desconsideração do planejamento tributário adotado, pois é um direito do contribuinte realizar sua organização societária livremente.[52] O limite está justamente na qualidade das *operaçõe*s

---

52. Martha Leão escreve sobre o dever fundamental de economizar tributos, conferir: LEÃO, Martha. Da fábula à realidade: o planejamento tributário e o papel da capacidade contributiva e da legalidade neste debate. *Revista de Direito Tributário Atual*, n. 45, p. 322-339, 2020.

realizadas pelo sujeito passivo, independente da razão ou motivo que levou ao ato ou negócios jurídicos.[53]

Caso sejam operações artificiais, entendidas como aquelas que não possuem algum substrato econômico real e existência autônoma, ou seja, se os negócios jurídicos são ocos ou desnecessários, cuja existência não se justifica ou tem causa falsa, salvo para alcançar a redução da carga tributária, podem sim gerar a desconsideração pelo Fisco, para tributar devidamente os fatos. Repita-se que ao Fisco cabe a prova da simulação por meio da artificialidade das operações do sujeito passivo, conforme o art. 149, inc. VII, do CTN.

## 5. CONSIDERAÇÕES FINAIS

Do que foi analisado acima, algumas conclusões podem ser resumidas. Destaque-se, contudo, que como toda pesquisa, as conclusões aqui são provisórias e alcançadas com base nas premissas levantadas, as quais podem ser aprimoradas ou corrigidas.

Pode-se concluir, inicialmente, que o conhecimento não é perfeito e formado com absoluta certeza dos fatos, pois o ser humano tem limitações biológicas, de linguagem e culturais. O conhecimento é imperfeito e passível de retificação. Entretanto, como a vida demanda escolhas diante de fatos, estas são consideradas verdadeiras, até que o contrário seja provado. Desse modo, a comprovação de uma assertiva faz com que aquele que pretende refutá-la tenha o ônus da prova.

No âmbito tributário, verifica-se estreita relação entre o planejamento tributário, a verdade e as provas. Primeiramente, devem ser admitidas como verdadeiras as afirmações constantes nos documentos do sujeito passivo perante o Fisco, pois presumidos de probidade e de boa-fé. Além disso, o ordenamento jurídico dispõe acerca do regramento jurídico da prova no processo administrativo fiscal, ou seja, acerca de quem tem o ônus de provar a infração à legislação tributária.

Segundo os arts. 142 do CTN e os arts. 9° e 10 do Decreto 70.235/72, em regra, cabe à autoridade fiscal demonstrar os fatos e o enquadramento legal, de forma a ser eivado de nulidade lançamento fiscal que não demonstre detalhadamente os fatos, as provas de sua ocorrência e o enquadramento legal.

---

53. No mesmo sentido, cite-se o Acórdão 1402-005.131: "Desmembramento de atividade. Ausência de causa legítima. É lícito ao contribuinte estruturar seus negócios da forma menos onerosa tributariamente desde que a causa do negócio jurídico seja legítima e os atos consequentes produzem os efeitos que lhe são próprios. A segregação de atividades em duas pessoas jurídicas, uma delas optante do Simples Federal, que passou a concentrar majoritariamente os antigos funcionários para não mais pagar a contribuição previdenciária sobre a folha, combinado com o fato de que os indícios colimados pela Fiscalização não demonstram a segregação efetiva das atividades, configura simulação e, portanto, não oponível ao Fisco".

Desse modo, cabe ao Fisco provar o seu direito de lançar, diante da infração tributária, e ao contribuinte demonstrar fato modificativo, impeditivo ou extintivo do direito do Estado, conforme o art. 142 do CTN, os arts. 9º e 10 do Decreto 70.235/72, bem como segundo o art. 16 do Decreto 70.235/72 e o art. 373 do CPC, os quais dispõem sobre a defesa do sujeito passivo da obrigação tributária. Destaca-se que o ônus da prova pode ser invertido, de forma a incumbir ao sujeito passivo a prova de não ter cometido o fato que enseja a conclusão pela infração tributária, como no caso do art. 42 da Lei 9.430/96, o qual prevê uma presunção legal; bem como nos casos em que a parte, intimada para prestar informações ou se manifestar, não a faça.

No caso de decisão judicial ou administrativa acerca de uma realidade, como escolha que é diante do mundo fenomênico, e justamente em razão da falibilidade humana, revela-se corolário do princípio do contraditório e da ampla defesa, com os meios e recursos a esta inerentes, conforme o art. 5º, inc. LV da CF/88, que as decisões sejam proferidas de forma clara, racional, coerente e detalhada, como exige o art. 93, inc. IX da CF/88, para que as partes possam provar, por meio da inversão do ônus da prova, a necessidade de revisão do decidido.

Na perspectiva do planejamento tributário, da prova e da verdade, pode-se afirmar que o contribuinte tem sim o direito de pagar menos tributos, ou seja, de pautar sua organização societária pelo *motivo* da economia tributária. Contudo, entende-se que a limitação da licitude do planejamento está na artificialidade *das operações* realizadas para tanto. Desse modo, cabe ao Fisco a prova da simulação dos negócios jurídicos em si considerados, a configurar as operações como *artificiais,* nos termos do art. 149, inc. VII do CTN, assim entendidas como aquelas vazias ou desnecessárias, cuja existência não se justifica ou tem causa falsa.

Devem ser respeitadas a livre iniciativa do contribuinte e a liberdade deste se organizar e, assim, pagar menos tributo, conforme o art. 170 da CF/88 e o princípio da reserva legal, segundo o qual ninguém será obrigado a fazer ou deixar de fazer algo, senão por força de lei, conforme o art. 150, inc. I da CF/88.

Entretanto, pensamos que o determinante para que o planejamento tributário seja considerado ilícito é a prova da artificialidade das operações do sujeito passivo. Assim, deve o Fisco tanto cumprir o ônus da prova da ilicitude de planejamentos tributários abusivos, oportunizando o contraditório e ampla defesa dos administrados, quanto promover a legítima cobrança de tributos.

## 6. REFERÊNCIAS

BRASIL. Lei 9.430/96, de 27 de dezembro de 1996. Dispõe sobre a legislação tributária federal, as contribuições para a seguridade social, o processo administrativo de consulta e dá outras providências. Disponível em: www.planalto.gov.br/ccivil_03/leis/l9430.htm. Acesso em: 10 jul. 2022.

BRASIL, Conselho Administrativo de Recursos Fiscais (CARF), 2013. Disponível em: http://idg. carf.fazenda.gov.br/perguntas-frequentes. Acesso em: 10 ago. 2022.

BRASIL, Conselho Administrativo de Recursos Fiscais (CARF). Acórdão 1402-005.131, julgado em 10.11.2020.

BRASIL, Conselho Administrativo de Recursos Fiscais (CARF). Acórdão 9101002.397, julgado em 14.07.2016.

BRASIL, Conselho Administrativo de Recursos Fiscais (CARF). Acórdão 1302-004.194, julgado em 10.12.2019.

BRASIL, Conselho Administrativo de Recursos Fiscais (CARF). Acórdão 1302-004.195, julgado em 17.01.2020.

BRASIL, Conselho Administrativo de Recursos Fiscais (CARF). Acórdão 1301-005.932, julgado em 06.12.2021.

GODOI, Marciano Seabra de. Estudo comparativo sobre o combate ao planejamento tributário abusivo na Espanha e no Brasil: sugestão de alterações legislativas no ordenamento brasileiro. *Revista de Informação Legislativa*, v. 49, n. 194, p. 117-146, abr./jun. 2012.

GODOI, Marciano Seabra de. Caso Unilever. Desmembramento do objeto social e sua atribuição a outras pessoas jurídicas, tendo como único motivo a redução de tributos. Uso e abuso desta antiga forma de planejamento tributário, à luz dos possíveis conceitos de simulação. In: GODOI, Marciano Seabra de; ROCHA, Sergio André (Coord.). *Planejamento tributário*: limites e desafios concretos. Belo Horizonte: Editora D'Plácido, 2020.

GRECO, Marco Aurélio. *Planejamento tributário*. 3. ed. São Paulo: Dialética, 2011.

GRECO, Marco Aurélio. Planejamento Tributário Revisitado. In: OLIVEIRA, Francisco Marconi de; GOMES, Marcus Lívio; VALADÃO, Marcos Aurélio Pereira (Coord.). *Estudos Tributários do II Seminário CARF* / Confederação Nacional da Indústria; Conselho Administrativo de Recursos Fiscais – CARF. Brasília: CNI, 2017.

IBRAHIN, Fábio Zambitte; SCHWARTZ, Gustavo Carvalho Gomes. A multa qualificada no planejamento tributário abusivo: uma análise da jurisprudência do CARF. In: GODOI, Marciano Seabra de; ROCHA, Sergio André (Coord.). *Planejamento tributário*: limites e desafios concretos. Belo Horizonte: Editora D'Plácido, 2020.

LEÃO, Martha. Da fábula à realidade: o planejamento tributário e o papel da capacidade contributiva e da legalidade neste debate. *Revista de Direito Tributário Atual*, n. 45, p. 322-339, 2020.

MACHADO SEGUNDO, Hugo de Brito. Epistemologia falibilista e teoria do direito. *Revista do Instituto do Direito Brasileiro*, ano 3, n. 1, p. 197-260, 2014.

MACHADO SEGUNDO, Hugo de Brito. *Epistemologia, prova e planejamento tributário*. Estudos de Epistemologia Jurídicas. Curitiba: Editora Prismas, 2015.

MACHADO SEGUNDO, Hugo de Brito; MACHADO, Raquel Cavalcanti Ramos. In: MACHADO SEGUNDO, Hugo de Brito (Coord.). *Planejamento tributário*. São Paulo: Malheiros: ICET, 2016.

MACHADO SEGUNDO, Hugo de Brito; MACHADO, Raquel Cavalcanti Ramos. Prova e verdade em questões tributárias. *Revista do Instituto do Direito Brasileiro*, v. 3, n. 2, p. 1245-1280, 2014.

MARINS, James. *Direito Processual Tributário Brasileiro*: administrativo e judicial. 12. ed. São Paulo: Thomson Reuters Brasil, 2009.

POPPER, Karl. *O conhecimento e o problema corpo-mente*. Trad. Joaquim Alberto Ferreira Gomes. Lisboa: Edições 70, 2009.

POPPER, Karl. *A vida é aprendizagem*. Epistemologia evolutiva e sociedade aberta. Trad. Paula Taipas. Lisboa: Edições 70, 2001.

RESCHER, Nicholas. *Presumption and the practices of tentative cognition*. Cambridge: Cambridge University Press. 2006.

RISCADO JÚNIOR, Paulo. Abuso de direito, abuso de formas jurídicas e falta de propósito negocial. Impacto das decisões do CARF. *Estudos Tributários do II Seminário CARF* / Confederação Nacional da Indústria; Conselho Administrativo de Recursos Fiscais – CARF; Francisco Marconi de Oliveira, Marcus Lívio Gomes, Marcos Aurélio Pereira Valadão, Coordenadores. – Brasília: CNI, 2017.

SANTOS, Ramon Tomazela. O desvirtuamento da teoria do propósito negocial: da origem no caso Gregory *vs.* Helvering até a sua aplicação no ordenamento jurídico brasileiro. In: GODOI, Marciano Seabra de; ROCHA, Sergio André (Coord.). *Planejamento tributário*: limites e desafios concretos. Belo Horizonte: Editora D'Plácido, 2020.

SEARLE, John R. *Libertad y Neurobiología*. Trad. de Miguel Candel, Barcelona: Paidós, 2005.

TARUFFO, Michele. *La prueba de los hechos*. 3. ed. Trad. Jordi Ferrer Beltrán. Madrid: Trotta, 2009.

TORRES, Heleno Taveira. *Direito tributário e direito privado*: autonomia privada, simulação e elisão tributária. São Paulo: Ed. RT, 2003.

VIEIRA, Carlos Renato. O caso Transpinho e a prova com base em indícios no planejamento tributário. In: GODOI, Marciano Seabra de; ROCHA, Sérgio André (Org.). *Planejamento Tributário*: limites e desafios concretos. Belo Horizonte, São Paulo: D' Plácido, 2020.

# PENSAMENTO CRÍTICO E DESINFORMAÇÃO SOBRE A VACINA DA COVID-19 EM GESTANTES NO BRASIL
## *CRITICAL THINKING AND MISINFORMATION ABOUT COVID-19 VACCINE FOR PREGNANT WOMEN IN BRAZIL*

*Paula Borges Frota Pinto*

**Resumo:** A temática do artigo está relacionada ao estudo epistemológico da verdade. O problema diz respeito a desinformação sobre a vacina da Covid-19, especificamente sobre a vacina da AstraZeneca em gestantes. A hipótese é a de que uma notícia da CNN Brasil de 15.05.2021, sobre a morte de uma gestante brasileira, induz a erro de interpretação. A abordagem metodológica utilizada foi qualitativa, pois buscou discutir: i) a diferença conceitual entre o termo *bullshit* e *fakenews*, sendo o primeiro mais amplo que o segundo por envolver casos em que há uma disseminação de notícias falsas sem a intenção de enganar; ii) a importância do combate à *bullshit*; e iii) quais estratégias podem ser tomadas para eliminá-las. Quanto à base lógica, a pesquisa foi dedutiva, porque partiu do conceito amplo de *bullshit* para uma conclusão mais específica sobre a existência do referido fenômeno ou não numa dada notícia jornalística brasileira escolhida por meio do buscador *google*. Foi feita uma pesquisa livre na web com as palavras-chave "gestante", "morte" e "AstraZeneca" tendo sido escolhida a primeira reportagem sobre o assunto do buscador para uma análise. A técnica utilizada foi bibliográfica, pois houve uma pesquisa no *google scholar* por artigos sobre o pensamento crítico, bem como, documental, vez que o referencial teórico do estudo são as lições 1.1 a 2.1 do vídeo-curso *"calling bullshit in the age of big data"* ministrado pelos professores *Carl T. Bergstrom* e *Jevin West,* na Universidade de *Washignton,* em 2017. Foram acessados os sites e documentos oficiais do governo federal brasileiro, ANVISA e OMS sobre o assunto. Concluiu-se no sentido de que a reportagem analisada não deu ênfase à informação presente nos sites da ANVISA e OMS quanto a insuficiência de indícios para relacionar a vacina à morte, podendo ter induzido gestantes já vacinadas a erro.

**Palavras-chave:** Pensamento crítico – Desinformação – Gestantes – AstraZeneca – Brasil.

**Abstract:** The theme of the article is related to the epistemological study of truth. The problem concerns misinformation about the Covid-19 vaccine, specifically about the AstraZeneca vaccine in pregnant women. The hypothesis is that the news from CNN Brazil released on 05.15.2021 about the death of a Brazilian pregnant woman leads to an interpretation error. The methodological approach used was qualitative, as it sought to: i) Discuss the conceptual difference between the term "bullshit" and fakenews, the first term being broader than the second as it involves cases in which there is a dissemination of inaccurate information without the intention to deceive; ii) The importance of fighting bullshit; and iii) What strategies can be taken to eliminate them. As for the logical basis, the research was deductive because it started from a broader concept of bullshit to a more specific conclusion about the existence of the referred phenomenon or not in a given Brazilian journalistic news. A free web search was carried out on google with the keywords "pregnant woman"; "death" and "AstraZeneca" in portuguese. The technique used was bibliographic, as there was a search on google scholar for articles on critical thinking and, documentary, since the object of study are lessons 1.1 to 2.1 of the online video course calling bullshit in the age of big data, taught by professors Carl T. Bergstrom and Jevin West, at the University of Washington, in 2017. Official documents of the Brazilian federal government found at Anvisa's website and at WHO's documents related to the subject were also accessed. It concludes in the sense that the analyzed journalist report did not emphasize the information released by Anvisa and WHO websites regarding the insufficiency of evidence to link the vaccine to death, having led pregnant women who had already been vaccinated to a possible interpretation error.

**KEYWORDS:** Critical thinking – Misinformation – Pregnant women – AstraZeneca – Brazil.

**Sumário:** 1. Introdução – 2. A diferença entre *bullshit* e *fakenews* – 3. A importância do combate a *bullshit* – 4. Como combater a *bullshit* – 5. Notícia da CNN Brasil sobre as gestantes e o suposto risco da vacina da AstraZeneca – 6. Considerações finais – 7. Referências.

## 1. INTRODUÇÃO

A justificativa da presente pesquisa está relacionada à dificuldade que as pessoas têm de saber o que é verdade e o que é mentira na pandemia da Covid-19 no Brasil.[1] Isso ocorre de forma mais nociva em tempos de *big data*[2] ou seja, na era digital,[3] visto que uma enorme quantidade de pessoas compartilha informações diariamente em suas redes sociais sem saber se aquilo é verdade. Por esta razão este artigo parte do estudo epistemológico da verdade, a qual, segundo Habermas, "só existe se, somente se, for justificada numa situação epistêmica ideal sob as rigorosas e pragmáticas pressuposições de um discurso racional".[4]

Sem perder de vista, no entanto, que a verdade nem sempre será encontrada, conforme destaca o mesmo autor quando lembra, por exemplo, da "falibilidade que frequentemente experienciamos ao observarmos o curso dos argumentos utilizados no passado".[5] Conforme explica Cruz "pela ideia de falibilidade Habermas pode superar a visão Kantiana de que seria possível encontrar um fundamento

---

1. Atualmente há, no Brasil, debates fora da academia sobre o formato do planeta, por exemplo. Cf. AFP. Qual é o perfil das pessoas que acreditam que a terra é plana? *Carta Capital*, 27 fev. 2020. Disponível em: https://www.cartacapital.com.br/sociedade/qual-e-o-perfil-das-pessoas-que-acreditam-que-a-terra-e-plana/. Acesso em: 10 jul. 2022.
2. O que se chama de *big data* tem a ver com a ideia de um sistema inteligente que conecta utensílios e acumula informações sobre seus usuários. Cf. UW iSchool. Calling Bullshit 5.1: Big Data. *Youtube*, 20 maio 2017. Disponível em: https://www.youtube.com/watch?v=FLKzmswqF7E. Acesso em: 13 fev. 2022.
3. Era digital, também chamada de era da informação ou era tecnológica, é o período que começa logo após a era industrial. É uma era que otimiza fluxos de informações. Cf. FOLHA DE PERNAMBUCO. Era Digital: como ela vai impactar ainda mais a sua vida. *Folha de Pernambuco* [s.d.]. Disponível em: https://anuncie.folhape.com.br/blog/era-digital-como-ela-vai-impactar-ainda-mais-a-sua-vida/. Acesso em: 13 fev. 2022.
4. HABERMAS, Jürgen. *Truth and justification*. Translated by Barbara Fultner. Massachusetts: MIT Press, 2003, p. 36.
5. Ibidem, p. 38.

último do conhecimento".[6] Mas a eterna busca pela verdade por meio da ciência é essencial, além disso, há de se observar o entendimento de Popper sobre a pouca relevância de uma coleção de fatos e números sem que estejam contextualizados e direcionados para a solução de um problema real.[7]

Talvez isso se relacione com as motivações as quais levaram dois professores da Universidade de *Washignton*, nos EUA, a reunir exemplos práticos do contexto social e político americano à época, estudos acadêmicos, bem como dicas para reconhecer informações esparsas, confusas, irrelevantes, negligentemente compartilhadas – o que chamaram no curso de *bullshit*.[8] Estavam inquietos com o novo problema social intensificado no governo de Donald Trump[9] e vislumbrando reunir o maior número de informações práticas para a solução do problema da desinformação, hoje uma realidade também no Brasil. Por tais questões é que há necessidade de reflexão sobre: i) o que é *bullshit*;[10] ii) qual a relevância de combatê-las, especialmente em tempos de crise como na pandemia da Covid-19[11] e; iii) como é possível fazer isso.

Nesse sentido, vale destacar que, em território brasileiro, houve teoria da conspiração envolvendo: i) a inexistência da referida pandemia, tendo inclusive o próprio Presidente da República negado a situação;[12] ii) a eficácia da cloroquina para curar a Covid-19;[13] iii) a insegurança da vacina Coronavac;[14] dentre outras. Em meio a tantas polêmicas, em 2021 foi veiculada uma reportagem a qual dava

---

6. CRUZ, Álvaro Ricardo de Souza. *O discurso científico na modernidade*: o conceito de paradigma é aplicável ao direito? Rio de Janeiro: Lumen Juris, 2009, p. 223.
7. POPPER, Karl. *A lógica das ciências sociais*. Trad. Estévão de Rezende Martins. 3. ed. Rio de Janeiro: Tempo Brasileiro, 2004, p. 14.
8. UW iSchool. Calling Bullshit 1.1: Introduction to Bullshit. *Youtube*, 15 abril 2017. Disponível em: https://www.youtube.com/watch?v=A2OtU5vlR0k&list=PLPnZfvKID1Sje5jWxt-4CSZD7bUI4gSPS. Acesso em: 13 fev. 2022.
9. Donald Trump foi o 45º presidente dos Estados Unidos da América.
10. "*Bullshit*" é o termo utilizado no videocurso, objeto desta pesquisa. Não é um termo acadêmico mas tem um significado específico dentro desse contexto, refere-se às informações que induzem a erro de interpretação por falta de conhecimento ou negligência de quem as compartilha.
11. MOREIRA, Ardilhes; PINHEIRO, Lara. OMS declara pandemia de coronavírus. *G1*, 11 mar. 2020. Disponível em: https://g1.globo.com/bemestar/coronavirus/noticia/2020/03/11/oms-declara-pandemia-de-coronavirus.ghtml. Acesso em 13 fev. 2022.
12. TEÓFILO, Sarah; LIMA, Bruna; CARDIM, Maria Eduarda. Em recorde de mortes diárias, Governo coleciona falas que minimizam a pandemia. *Correio Braziliense*, 7 mar. 2021. Disponível em: https://www.correiobraziliense.com.br/brasil/2021/03/4910658-em-recorde-de-mortes-diarias-governo-coleciona-falas-que-minimizam-a-pandemia.html. Acesso em: 13 fev. 2022.
13. ACCIOLY, Dante. Vacina e cloroquina estão em campos opostos na CPI, segundo nuvem de palavras. *Senado Notícias*, 28 maio 2021. Disponível em: https://www12.senado.leg.br/noticias/materias/2021/05/28/vacina-e-cloroquina-estao-em-campos-opostos-na-cpi-segundo-nuvem-de-palavras. Acesso em: 13 fev. 2022.
14. DANTAS, Dimitrius. Bolsonaro volta a atacar Coronavac e diz que vacina não tem comprovação científica. *O Globo*, 15 jun. 2021. Disponível em: https://oglobo.globo.com/brasil/bolsonaro-volta-atacar-coronavac-diz-que-vacina-nao-tem-comprovacao-cientifica-25063231 Acesso em: 13 fev. 2022.

a entender que uma grávida e seu feto haviam falecido por conta da vacina da AstraZeneca,[15] tendo esta vacina sido suspensa para esse público pela Anvisa,[16] além de também ter sido suspensa em outros países.[17] Foi, inclusive, até divulgada uma nota no site da WHO[18] a respeito da necessidade de sopesar os riscos da referida vacina antes de aplicá-las em gestantes.

Uma das hipóteses aqui estudadas é a de que não necessariamente a morte daquela gestante e de seu feto foi ocasionada por consequência direta da vacina da AstraZeneca. A veiculação de notícias como a da CNN Brasil pode ter induzido as pessoas a concluir que uma vacina insegura foi oferecida ao público, causando uma onda de desinformação sobre as vacinas em geral.

Dessa forma, além da relevância social deste trabalho, haja vista o fato de ajudar a população a entender como é possível não se deixar induzir por uma interpretação errada dos dados, a pesquisa interessa também aos acadêmicos de Direito, porque analisa uma problemática até então pouco estudada no âmbito jurídico.[19] Destaca-se, ainda, que não há tradução para o português do videocurso escolhido como referencial teórico desta pesquisa.

O presente artigo nasceu de uma vontade genuína de pesquisar um problema social que vem causando preocupação em gestantes até hoje, bem como representa um risco mais alto de adoecimento entre aquelas que se recusam a se vacinar. Dentre as razões para esse fenômeno, podem ser apontadas as teorias da conspiração, as quais circulam nas redes sociais mais populares como o *Facebook* e nos aplicativos de bate papo como o *Whatsapp*.

O método da pesquisa foi predominantemente descritivo por compilar conceitos e exemplos práticos retirados do referencial teórico de estudo para responder às perguntas quanto à diferença entre *bullshit* e *fakenews*; a

---

15. SOUZA, Renata. Morte de gestante após vacina é evento 'extremamente raro', diz especialista. CNN Brasil, 15 maio 2021. Disponível em: https://www.cnnbrasil.com.br/saude/morte-de-gestante-apos-vacina-e-evento-extremamente-raro-diz-especialista/. Acesso em: 13 fev. 2022.

16. ORGANIZAÇÃO MUNDIAL DA SAÚDE. Interim recommendations for use of the ChAdOx1-S [recombinant] vaccine against COVID-19 (AstraZeneca COVID-19 vaccine AZD1222 Vaxzevria™, SII COVISHIELD™). *WHO*, 15 mar. 2022a. Disponível em: https://www.who.int/publications/i/item/WHO-2019-nCoV-vaccines-SAGE_recommendation-AZD1222-2021.1. Acesso em: 13 fev. 2022.

17. MCGRAIL, Samantha. European Countries Suspend Use of AstraZeneca's COVID-19 Vaccine. *PharmaNews Intelligence*, 8 abr. 2021. Disponível em: https://pharmanewsintel.com/news/european-countries-suspend-use-of-astrazenecas-covid-19-vaccine. Acesso em: 13 fev. 2022.

18. ORGANIZAÇÃO MUNDIAL DA SAÚDE. The Oxford/AstraZeneca (ChAdOx1-S [recombinant] vaccine) COVID-19 vaccine: what you need to know. *WHO*, 13 jun. 2022b. Disponível em: https://www.who.int/news-room/feature-stories/detail/the-oxford-astrazeneca-covid-19-vaccine-what-you-need-to-know. Acesso em: 13 fev. 2022.

19. O total de trabalhos sobre o *fakenews*, por exemplo, é de 269. Cf. BRASIL. Ministério da Educação. *Coordenação de Aperfeiçoamento de Pessoal de Nível Superior*. Disponível em: https://www-periodicos-capes-gov-br.ezl.periodicos.capes.gov.br/index.php? Acesso em: 13 fev. 2022.

relevância do combate às *bullshit* e quais estratégias podem ser usadas para combatê-las.

Digno de nota, ainda, que a pesquisa teve natureza bibliográfica e documental,[20] vez que o referencial do estudo são as lições 1.1 à 2.1 do videocurso online, disponibilizado no *Youtube sob o título: "calling bullshit in the age of big data"* e ministrado pelos professores *Carl T. Bergstrom* e *Jevin West,* na Universidade de *Washignton,* no ano de 2017. Foi feita uma pesquisa livre na web com as palavras--chave "gestante"; "morte" e "Astrazeneca" em português e escolhida a primeira matéria jornalística dentre os resultados para ser discutida. Foram acessados *sites* e documentos oficiais do governo federal brasileiro,[21] da Anvisa[22] e da OMS[23] para investigar a assertividade da reportagem selecionada.

A abordagem metodológica utilizada foi qualitativa,[24] porque focou nos elementos subjetivos do conceito de *bullshit.* Quanto a base lógica a metodologia foi dedutiva,[25] porque partiu do conceito amplo de *bullshit* para uma conclusão mais específica sobre a existência de *bullshit* ou não numa dada notícia jornalística brasileira.

## 2. A DIFERENÇA ENTRE *BULLSHIT* E *FAKENEWS*

Uns apostam que dizer que uma notícia é *bullshit* significa que naquela informação há algo na intenção de enganar, ou seja, convencer alguém de algo independentemente da realidade. Mas há aqueles que apostam numa segunda descrição do termo a qual parece agradar ainda mais. Essa outra forma de conceituar *bullshit* destaca mais a natureza passiva das pessoas que contribuem para o fenômeno, característica essa sem a qual não seria possível que tantas besteiras fossem espalhadas e compartilhadas no dia a dia.

Assim, pode até se tratar, eventualmente, de uma notícia criada intencionalmente para enganar, mas o que define uma *bullshit* é o fato de que foi espalhada rapidamente por pessoas que não consideram a importância de checar a

---

20. LAKATOS, Eva Maria; MARCONI, Marina de Andrade. *Fundamentos de metodologia científica.* 5. ed. São Paulo: Atlas, 2003, p. 174.

21. BRASIL. Ministério da Saúde. Anvisa propõe restrição de uso de vacinas que utilizam vetor adenoviral em gestantes. Agência Nacional de Vigilância Sanitária (ANVISA), 2 jul. 2021. Disponível em: https://www.gov.br/anvisa/pt-br/assuntos/noticias-anvisa/2021/anvisa-propoe-restricao-de-uso-de-vacinas-que-utilizam-vetor-adenoviral-em-gestantes. Acesso em: 12 fev. 2022.

22. BRASIL. Ministério da Saúde. Comunicado sobre a suspensão da vacina da AstraZeneca para gestantes. Agência Nacional de Vigilância Sanitária (ANVISA), 2 jul. 2021. https://www.gov.br/anvisa/pt-br/assuntos/noticias-anvisa/2021/comunicado-suspensao-da-vacina-da-astrazeneca-para-gestantes. Acesso em: 12 fev. 2022.

23. ORGANIZAÇÃO MUNDIAL DA SAÚDE, 2022a.

24. LAKATOS; MARCONI, op. cit., p. 221.

25. Ibidem, p. 86.

informação. Sendo assim, a brincadeira do "telefone sem fio"[26] é que é ideal para ilustrar uma *bullshit* pois esse é um fenômeno que distorce o argumento original e vai sendo repassado. E nesse caso da referida brincadeira não há intenção de enganar, pelo contrário, a pessoa está tentando genuinamente informar os outros, mas não consegue, sendo uma boa metáfora para explicar o que significa bullshit no contexto de notícias espalhadas por meio de redes sociais em era de big data.

É por esta razão que todos devem sempre checar as informações na fonte, pois é comum esse telefone sem fio nas redes sociais e na mídia.[27] Dessa forma, é possível concluir, que *bullshit* é algo mais amplo que *fakenews* e que normalmente envolve a falta de atenção e de responsabilidade das pessoas em geral ao repassar notícias e informações distorcidas ou que induzem a erro de interpretação. Durante o curso, utilizado como referencial teórico, foi destacado que o assunto já vem sendo estudado academicamente por muitos cientistas de áreas diferentes e que o termo *bullshit* não é apropriado para o meio acadêmico.

No campo da psicologia, por exemplo, há uma pesquisa sobre a importância de ensinar as pessoas a pensar como um cientista, o que equivale a aprender a "habilidade de gerar, testar e avaliar proposições, dados e teorias".[28] A necessidade de inserção dessa habilidade dentro do conceito de "pensamento crítico" é uma das propostas iniciais da pesquisa, a qual aponta como problema a banalização do termo "pensamento crítico". Segundo esses pesquisadores, referido termo é utilizado a todo tempo por parte dos educadores. Assim, pensar no que é de fato que constitui um "pensamento crítico", incluindo a habilidade de pensar como um cientista, é algo urgente do ponto de vista da psicologia.

Essa noção tem muito a ver com a proposta dos educadores de *Washington* no videocurso aqui utilizado como referencial teórico, que têm como objetivo ensinar e estimular um pensamento crítico no ambiente virtual, utilizando dicas de análise de dados e gráficos advindos da experiência dos dois na condição de pesquisadores. Ainda sobre o assunto, há que se destacar a existência de um compilado de habilidades e predisposições inerentes aos que desenvolvem o pensamento crítico pensado pela associação de filosofia americana (APA) ainda na década de oitenta.[29] Segundo esses estudos, a capacidade de interpretar, analisar e inferir são exemplos das seis habilidades elencadas, as quais, acredita-se,

---

26. Telefone sem fio é uma brincadeira infantil em que alguém precisa cochichar a mesma palavra que ouviu para outra pessoa, que fará o mesmo até que a última pessoa cochiche no ouvido da primeira, – que enfim revelará se o "segredo" fora modificado durante o processo ou não.

27. UW iSchool. Calling Bullshit 1.4: What is Bullshit? *Youtube*, 15 abril 2017. Disponível em: https://www.youtube.com/watch?v=9zjlv1a-0mQ. Acesso em: 13 fev. 2022.

28. SCHMALTZ, Rodney M.; JANSEN, Erik; WENCKOWSKI, Nicole. Redefining critical thinking: Teaching students to think like scientists. *Frontiers in Psychology*, v. 8, artigo 459, p. 1-4, março/2017.

29. FACIONE, Peter. *Critical thinking*: A statement of expert consensus for purposes of educational assessment and instruction. Millbrae: The California Academic Press, 1990, p. 15.

PENSAMENTO CRÍTICO E DESINFORMAÇÃO SOBRE VACINA COVID EM GESTANTES NO BRASIL **183**

podem ser ensinadas. Já a curiosidade e a mentalidade aberta são algumas das 16 disposições as quais podem estar relacionadas ao desenvolvimento autônomo do pensamento crítico.[30]

Outra pesquisa menciona uma conclusão igualmente interessante a respeito dos que pensam criticamente. É o fato de ser possível ensinar as habilidades cognitivas do pensamento crítico a alguém que, no entanto, não se interessa por questões sociais. Nesse caso, alertam os pesquisadores, ocorre a falta de uma disposição afetiva propulsora dos hábitos e comportamento inerentes ao pensamento crítico,[31] frustrando o propósito educativo do pensamento crítico tão necessário ao combate da desinformação típicas da contemporaneidade.

## 3. A IMPORTÂNCIA DO COMBATE A *BULLSHIT*

Estamos nos afogando em desinformações sendo alguns exemplos disso: i) o fato de que a ciência é muitas vezes influenciada pela mídia ao invés de ser conduzida por pesquisas científicas; ii) os prêmios que a academia dá a trabalhos que são *bullshit* no lugar de prestigiar quem tem um pensamento crítico; iii) a cultura de *start-up* que, segundo os professores do videocurso estudado, se traduz numa elevação da *bullshit* vista como se fosse alta arte.

Os trabalhos administrativos que normalmente resultam do exercício sofisticado das reafirmações de *bullshit*, também são citados. Além disso, muitos passam pelo menos uma hora por dia espalhando notícias sem checar sua procedência ou sequer ter noção do que estão compartilhando. Por esta razão, a situação é cansativa e preocupante pois, se trata de um problema muito mais grave do que apenas "uma moda de *start ups*", como alguns podem imaginar que seja. Trata-se de questões de vida ou morte.

Esse pode parecer um apelo melodramático, mas é necessário chamar atenção para a seriedade da questão pois é algo que a sociedade brasileira também deve procurar resolver. Saber discernir o que é real do que não é, é exatamente o que mais importa neste período da humanidade, sendo esta a habilidade mais importante de qualquer formação universitária.

Um bom exemplo utilizado para ilustrar a relevância de se combater a desinformação repassada negligentemente é um post da AWD News cujo título era: "Ministro da defesa de Israel: Se o Paquistão mandar tropas militares terrestres para a Síria sob qualquer pretexto, destruiremos o país deles com um ataque nuclear". Este post parecia obviamente se tratar de uma *fakenews*, criada

---

30. SCHMALTZJANSEN; WENCKOWSKI, p. 1.
31. ABRAMI, Philip C. et al. Strategies for teaching students to think critically: A meta-analysis. *Review of Educational Research*, v. 85, p. 275-314, 2015, p. 277.

intencionalmente para enganar, mas, no entanto, foi entendido pelo ministro da defesa do Paquistão como verdade. Isto resultou numa ameaça real de um suposto contra-ataque nuclear.[32]

O problema remete à alienação do mundo em Hannah Arendt, na medida em que a desinformação em tempos de *big data* tem o potencial de alienar as pessoas da própria realidade social e política. Há de se reconhecer que existe um fenômeno na era digital marcado pela indiferença em relação a vida das pessoas, que apequena a noção de dignidade da pessoa humana, fenômeno explícito em exemplos como o do ministro da defesa do Paquistão. Há na modernidade, portanto, nas palavras de Arendt, uma "tendência ao esquecimento das coisas mundanas e das experiências com as outras pessoas".[33] O cuidado apenas com si mesmo, ingrediente das brigas de ego, agora é retratado em diálogos públicos e banalizações sobre bombas atômicas.[34]

Nesse sentido, a teoria material da Constituição de Paulo Bonavides pode ser associada ao problema da alienação do mundo por meio da desinformação no sentido que se está discutindo neste tópico, vez que visa solucioná-lo. É descrita pelo próprio autor como "uma corrente de pensamento crítico e revisor, a cujo leito confluem todas aquelas direções inconformadas com o exclusivismo normativo e formalista do positivismo lógico", sendo portanto um possível instrumento para conter o esvaziamento do Estado de Direito, consequência provável do excesso de desinformação aqui chamado de *bullshit*.

## 4. COMO COMBATER A *BULLSHIT*

É importante saber quais são as motivações de quem está diante de nós afirmando algo. Por exemplo, quando vamos a uma feira de carros ficamos atentos ao que o vendedor irá dizer porque sabemos que o interesse dele é vender o carro. A ideia aqui trazida é a de que todos precisam criar esse hábito mental de ficar atentos quanto a tudo e todos, sendo necessário utilizar algumas técnicas para tanto. Só assim é possível estimar a plausabilidade das informações com rapidez. A utilização da estimativa de Fermi pode ajudar nisso.[35] Há um texto de Carl Sa-

---

32. GOLDMAN, Russel. Reading Fake News, Pakistani Minister Directs Nuclear Threat at Israel. *The New York Times*, 24 dez. 2016. https://www.nytimes.com/2016/12/24/world/asia/pakistan-israel-khawaja-asif-fake-news-nuclear.html. Acesso em: 13 fev. 2022.

33. ARENDT, Hannah. *A condição humana*. Trad. Roberto Raposo; revisão técnica e apresentação Adriano Correia. 13. ed. rev. Rio de Janeiro: Forense Universitária, 2020, p. 299.

34. Ibidem, p. 300.

35. Na física, particularmente na física educacional, um problema de Fermi, pergunta de Fermi ou estimativa de Fermi é um problema de estimação projetado para ensinar análise dimensional, aproximação, e a importância de identificar claramente suposições. Cf. WIKIPÉDIA. *Problema de Femi*. Disponível em: https://pt.wikipedia.org/wiki/Problema_de_Fermi. Acesso em: 13 fev. 2022.

gan que pode ser usado como recurso para fazer das pessoas leigas mais críticas a respeito da realidade em que vivem.

Alguns adultos permanecem tão inocentes quanto as crianças e muitos são pessoas fáceis de ludibriar pela dor ou pela incapacidade de compreender a realidade a sua volta. Isso representa perigo, como, por exemplo, quando são expostos à cultura americana de comerciais de tv nos quais especialistas e até mesmo cientistas são pagos para recomendar o consumo de determinados produtos que fazem mal a saúde.[36] Sagan alerta para as falácias mais comuns da lógica e da retórica elencando uma por uma e exemplificando-as.

Dentre essas falácias serão destacadas aqui somente duas, por serem as únicas que se relacionam com o problema da notícia da CNN Brasil, a ser estudada no próximo tópico, sobre gestantes e os supostos riscos da vacina da AstraZeneca em tempos de pandemia. São elas: i) A falácia *post hoc, ergo propter hoc,* por meio da qual alguém argumenta que "se algo aconteceu depois foi por causado por...", como quando alguém insinua algo afirmando que "antes das mulheres terem direito ao voto não havia armas nucleares"; e ii) A falácia chamada de "confusão na correlação das causas" que ocorre quando alguém diz que "segundo uma pesquisa, mais alunos graduados são gays e que, portanto, a educação torna as pessoas gays".[37]

Outra lição do texto de Carl Sagan para as pessoas em geral, destacada no curso analisado, é a de que não se deve se apaixonar pela hipótese criada como explicação de um problema, ainda que este comportamento seja completamente humano, pois queremos estar certos e quando descobrimos que não estamos isso mexe com o nosso "mundo". Quanto a essa, questão o professor Hugo de Brito Machado Segundo destaca: "O cérebro é mais receptivo e menos crítico ou exigente em relação àquelas informações novas, que lhe chegam, quando elas confirmam as crenças que ele já possuía e deseja manter (viés de confirmação, ou *confirmation bias*)".[38] Assim, o conselho que fica é o de que é preciso trabalhar a mente para ter hipóteses alternativas àquelas que já encontramos e lembrar constantemente da possibilidade de que qualquer uma delas pode ser a correta.

Por fim há a ênfase na ideia de que a busca por fatos independentemente da hipótese é essencial. Outra máxima que não deve ser esquecida é a de que "a explicação mais simples é sempre a melhor", advertem os orientadores. O hábito mental do qual se fala tanto neste trabalho pode ser resumido no costume de se fazer três pequenas perguntas diante de toda nova informação: i) quem está falando isso?

---

36. SAGAN, Carl. The fine art of baloney detection. In: FARHA, Bryan (Ed.). *Paranormal Claims*: A Critical Analysis. Lanham: University Press of America, 2007, p. 5.
37. Ibidem, p. 8.
38. MACHADO SEGUNDO, Hugo de Brito. *O direito e sua ciência*: uma introdução à epistemologia jurídica. 2. ed. Indaiatuba: Editora Foco, 2021, p. 46.

ii) como essa pessoa sabe disso? e iii) o que essa pessoa está ganhando com isso? É preciso, portanto, ser de certa forma cínico diante de toda e qualquer informação. Como no exemplo em que estamos diante do vendedor de carros na feira de carros usados, o qual certamente está ali vendendo carros em troca de uma comissão. "É assim que se deve pensar nos ambientes digitais", convidam os pesquisadores.

## 5. NOTÍCIA DA CNN BRASIL SOBRE AS GESTANTES E O SUPOSTO RISCO DA VACINA DA ASTRAZENECA

O título da reportagem "Morte de gestante após vacina é evento extremamente raro, diz especialista"[39] induz o público a ideia de que a gestante faleceu devido a vacina, mas que isso é algo raro de acontecer. Isso pode ser considerado uma das falácias comuns apontadas por Carl Sagan, especificamente aquela chamada de *post hoc, ergo propter hoc*, vez que não necessariamente a vacina foi a causa da morte. Ao longo da exposição dos argumentos utilizados na entrevista serão observados os seguintes pontos: i) quem é a especialista; ii) quais as fontes que podem ter baseado o que ela afirma; e iii) quais os reais interesses da entrevistada e da emissora, conforme o tópico anterior.

A entrevistada[40] é médica com especialidade em vigilância em saúde, além de ser diretora da sociedade brasileira de imunizações.[41] Declara no primeiro minuto da entrevista que "*o início da situação não foi em gestante*", o que não fica claro, mas pode indicar que outra pessoa faleceu após a administração da vacina da AstraZeneca. Esta afirmação gera desconfiança em relação a vacina.[42] Neste momento, a jornalista, acertadamente, interrompe e esclarece que a referida vacina estava sendo indicada, à época, somente para gestantes portadoras de comorbidades e que o cálculo do risco-benefício de tomar ou não a vacina deveria ser feito por um médico.[43]

---

39. SOUZA, op. cit.

40. Currículo Lattes http://lattes.cnpq.br/4916243539446813. Acesso em: 14/ fev. 22.

41. A Sociedade Brasileira de Imunizações – SBIm é uma entidade sem fins lucrativos criada em 1998 e que agrega profissionais de diferentes especialidades, porém, tendo como foco comum as imunizações. Website Oficial https://sbim.org.br/ e página do Facebook https://www.facebook.com/sbimoficial/. Acesso em: 14 fev. 22.

42. Há, de fato, um alerta quanto aos riscos que a AstraZeneca pode representar não só para gestantes mas também para pessoas entre 18 e 59 anos, no site do governo australiano. Cf. AUSTRÁLIA. Department of Health and Aged Care. *Initiatives and programs*. Disponível em: https://www.health.gov.au/initiatives-and-programs/covid-19-vaccines/approved-vaccines/astrazeneca%20Acessado%20em%2014/02/22. Acesso em: 14 fev. 2022. Vale destacar, também, que houve a suspensão da vacina AstraZeneca para este público de idade entre 18 a 49 anos em vários outros países do mundo. Cf. ALJAZEERA. Which countries have stopped using AstraZeneca's COVID vaccine? *Al Jazeera*, 16 mar. 2021. Disponível em: https://www.aljazeera.com/news/2021/3/15/which-countries-have-halted-use-of-astrazenecas-covid-vaccine. Acesso em: 14 fev. 2022.

43. Declaração que coincide com as orientações disponíveis no site oficial do governo federal brasileiro.

Posteriormente, a médica convidada entra em contradição, vez que, no quinto minuto da entrevista, recomenda a vacina frisando que é segura sem explicar por que alguém deveria correr o risco de se submeter a vacina e ter uma reação adversa que resulte em morte. Assim, a ideia que prevalece desde a primeira afirmação da entrevista é a de que a vacina é, em geral, perigosa. Indagada a respeito do "risco importante" ao qual as gestantes estão submetidas, esclarece que "as grávidas passam por alterações hormonais e imunológicas inerentes a sua condição e que por esta razão já são naturalmente consideradas um grupo de risco para várias infecções, o que piora com a possibilidade de adoecer de Covid-19".

Em seguida, a entrevistada exemplifica que, no passado, houve um aumento no número de mortes de gestantes e puérperas infectadas pela H1N1 e que as gestantes infectadas com o Coronavírus também são um grupo de risco pelo alto índice de morte e de mulheres que entraram em trabalho de parto prematuramente ao adoecer. Afirma, por fim, que o grupo de gestantes considerado grupo de risco no Brasil, é apenas o de gestantes com comorbidades e declara concordar com a restrição.

Essa declaração pode ser enquadrada na falácia do tipo "argumento inconsistente", que ocorre, por exemplo, segundo Carl Sagan, "quando alguém se planeja prudentemente para o pior dos ataques militares que pode vir dos adversários, mas ignora as projeções científicas dos riscos ambientais porque não acredita que exista prova quanto a isto".[44] Ora se "as grávidas já são predispostas a infecções naturalmente devido às mudanças imunológicas advindas da gestação e isto piora caso adoeçam de Covid-19", conforme afirma a especialista na entrevista, porque somente as gestantes com comorbidades são consideradas grupos de risco no Brasil? Ademais, será que as gestantes com comorbidade após serem vacinadas com a Astrazeneca tornam-se imunes a todo e qualquer risco de morte ou ainda assim podem desenvolver outras complicações inerentes à gestação e suas comorbidades?

Por outro lado, é razoável pensar que não se sabia, até aquele momento, se a vacina da AstraZeneca poderia causar a morte de gestantes ou não. Partindo desse raciocínio é compreensível vacinar apenas o grupo mais vulnerável a morte de todos, que era o de gestantes portadoras de comorbidades. Ainda que as gestantes portadoras de comorbidades vacinadas estivessem falecendo devido a outros fatores, independentes da vacina, não seria possível afirmar com certeza que a vacina não contribuiu para o resultado morte, pois as pesquisas estavam sendo feitas no momento da discussão, em plena a pandemia.

---

44. SAGAN, op. cit., p. 8.

De acordo com o governo federal brasileiro,[45] a bula da vacina da AstraZeneca não recomendava sua administração em gestantes de modo que somente um médico, capaz de sopesar os riscos entre a Covid-19 e os possíveis efeitos da vacina, poderia autorizar oficialmente sua administração em uma paciente gestante que estivesse correndo alto risco de contaminação pelo coronavírus.

Referida informação parece ter baseado a entrevistada que, na condição de médica e especialista, concordava com a restrição de vacinação apenas ao grupo de gestantes com comorbidades. A Anvisa,[46] por sua vez, deixava claro que quanto à morte da gestante brasileira não havia dados suficientes para concluir que existe um risco associado com a vacina e que, portanto, a determinação de sua suspensão se deu por precaução. A OMS,[47] assim como a Anvisa, recomendava o uso da vacina da AstraZeneca em mulheres gestantes apenas se os riscos da contaminação fossem altos o suficiente para justificar os riscos de reação adversa à vacina.

A matéria jornalística em foco foi bem sucedida em informar quanto aos dados existentes no site do governo federal brasileiro em relação à vacinação de gestantes. Percebe-se, portanto, que a morte da gestante brasileira pode ter sido causada diretamente pela vacina da AstraZeneca, o que justifica a suspensão de sua aplicação pela Anvisa e a notícia. Ocorre que também era preciso alertar o público quanto à possibilidade de a morte não ter sido causada pela vacina. É necessário que haja uma reflexão a respeito da reportagem veiculada pela CNN Brasil aqui estudada, a qual pode ter induzido a população no geral e as gestantes já vacinadas a uma interpretação errônea dos dados a respeito da vacinação contra a Covid-19 no Brasil, amedrontando-as.

A reportagem da revista australiana "Cosmos", sobre o risco estatístico de alguém ter uma trombose após receber a vacina AstraZeneca,[48] foi ainda mais pedagógica que a CNN no sentido de que alertou para os vícios de interpretação dos dados. Iniciou explicando, por exemplo, que a vacina foi primeiramente administrada exatamente para o público mais vulnerável, como o de gestantes

---

45. BRASIL. Ministério da Saúde. *Comunicado do governo federal*: Suspensão da vacina da AstraZeneca para gestantes. Disponível em: https://www.gov.br/anvisa/pt-br/assuntos/noticias-anvisa/2021/comunicado-suspensao-da-vacina-da-astrazeneca-para-gestantes. Acesso em: 14 fev. 2022.

46. BRASIL. Ministério da Saúde. Comunicado da ANVISA de 11.05.2021. Disponível em: https://www.gov.br/anvisa/pt-br/assuntos/noticias-anvisa/2021/comunicado-suspensao-da-vacina-da-astrazeneca-para-gestantes/comunicado_ggmon_005_2021.pdf. Acesso em: 14 fev. 2022.

47. ORGANIZAÇÃO MUNDIAL DA SAÚDE. The Oxford AstraZeneca vaccine: What you need to know. WHO, 13 jun. 2022. Disponível em: https://www.who.int/news-room/feature-stories/detail/the-oxford-astrazeneca-covid-19-vaccine-what-you-need-to-know. Acesso em: 14 fev. 2022.

48. DEVIS, Deborah. AstraZeneca and blood clots: by the numbers. *COSMOS*, 28 abr. 2021. Disponível em: https://cosmosmagazine.com/health/astrazeneca-vaccine-blood-clots-statistics-percentage/?fbclid=IwAR2t2mZCL3sgrPLDEeVw8KQHZ4YlXeWBM1_0WpgGoOpT1-L8NHhzlbu16PQ. Acesso em: 14 fev. 2022.

portadoras de comorbidades.[49] Desta forma deixou claro que as reações adversas podem não ter a ver com a vacina e sim com o fato de se tratar de pessoas pertencentes a grupos vulneráveis. Outro aspecto interessante de observar é o fato de terem apontado o número de pessoas vacinadas no Reino Unido, que era expressivo, em contraste com o número de supostas "reações adversas", que era mínimo.[50] Referido argumento apesar de parecer utilitarista foi empregado, na verdade, para enfatizar que antes da pandemia o número de pessoas que sofria de eventos como o da trombose de vários tipos e outros – tidos como possíveis reações à vacina – já existia, o que significa que dentre esse universo de pessoas vacinadas contra a Covid-19 algumas iriam falecer por outros motivos independentemente dos esforços para o combate da pandemia e da vacina da AstraZeneca.

Quanto aos reais interesses da entrevistada, sabemos se tratar de uma médica que não atua como pesquisadora, presente em outras matérias jornalísticas sobre a pandemia e diretora de uma organização não governamental que divulga informações sobre a segurança das vacinas da Covid-19 em site próprio e no *Facebook*. Os dados que podem ter servido de fundamento para sua fala coincidem com os contidos no site do governo federal brasileiro. Não houve, no entanto, ênfase para as informações contidas nos sites oficiais da ANVISA e OMS quanto a insuficiência de indícios necessários para concluir que houve associação entre a vacina da AstraZeneca e a morte da gestante brasileira após a referida vacina.

Tampouco houve referência a comunicados de organizações de médicas obstetras, ou uma análise mais cuidadosa quanto a interpretação dos dados até então disponíveis sobre a questão a nível nacional e internacional. Os interesses da médica entrevistada podem estar relacionados a sua promoção profissional dada a visibilidade que uma entrevista para a televisão proporciona. É forçoso ressaltar, contudo, que a entrevistada não só faz parte como é diretora de uma organização não governamental que, de fato, compartilha informações esclarecedoras quanto a segurança das vacinas por meio do *Facebook*.[51] A médica atua promovendo a conscientização em massa da população brasileira quanto a segurança das vacinas, em meio a uma pandemia de um vírus mortal, atuando na contramão do próprio Presidente da República, que já veio a público mais de uma vez minimizar

---

49. "The median age of linked cases in Australia was 66, which makes it sound like the side-effects are more common in the elderly. However, we need to bare in mind that vaccination is still only readily available to the eldery, medical staff and some vulnerable groups, and is not reflective of a normal population." Cf. Ibidem.

50. "Of 21.2 million doses of AstraZeneca given in the UK by April 14th 2021, there were 168 cases of blood clots, and 32 deaths resulting. That's approximately 8 cases per million, or 0.0008%. Most of the cases were of clots in the brain. Compared to the number of cerebral (brain) venous sinus thrombosis (clots) normally expected in a general population – five cases per million – the vaccine-related clots are very similar to what is expected." Cf. Ibidem.

51. Disponível em: https://www.facebook.com/sbimoficial/. Acesso em: 15. fev. 2022.

a importância da vacinação. Assim, é possível avaliar que a disseminação da desinformação no caso analisado não se deu de forma intencional, o que constitui o fenômeno chamado de *bullshit* de acordo com os já referidos professores da Universidade de *Washington*.

Quanto a emissora de TV CNN Brasil, um canal não incluso na TV aberta, resta fácil perceber que tem interesses relativos ao índice de audiência, assim como a mídia em geral tem. Matérias jornalísticas chamativas, nos casos mais graves também chamadas de *clickbaits*,[52] funcionam como boa estratégia para manter a audiência em alta de forma que o assunto-título é normalmente escolhido mais para assustar e fisgar audiência e cliques do que para acalmar e conscientizar sobre os dados existentes sobre o assunto, como deveria ser. Dessa forma, é razoável dizer que apesar do interesse na audiência e do título escolhido, a reportagem teve o objetivo de informar a população quanto aos perigos envolvendo a vacinação das gestantes. Contudo, não alertou adequadamente para o perigo da possibilidade de estes dados serem mal interpretados e compartilhados descredibilizando a vacinação.

## 6. CONSIDERAÇÕES FINAIS

Conforme alertou Carl Sagan, o exercício de buscar identificar falácias de lógica e retórica também pode ser utilizado para confundir e enganar, o que lembra a ideia de Habermas de que, a depender das circunstâncias, nem sempre será possível encontrar a verdade. Isso ocorre vezes por limitações da própria ciência, vezes por outras limitações referentes à dificuldade de compreensão da realidade em que se está inserido à época da análise. Mas, ainda assim, sabendo que a ciência é como a democracia, imperfeita, porém imprescindível, como ensina o professor Hugo de Brito Segundo, é preciso criar o hábito mental de se perguntar: i) quem está falando; ii) onde buscou os dados; e iii) o que está ganhando com isso, fazendo uso de uma espécie de "peneira" crítica sobre o que se está consumindo.

A desinformação aqui mencionada consiste na omissão da entrevistada de parte dos dados contidos na ANVISA e na OMS. A referida profissional deixou de mencionar a inexistência de comprovação científica que associe a morte da gestante à vacina da Covid-19 da AstraZeneca. Por esta razão a conclusão é a de que a médica pode ter causado pânico e dado a entender que, por exemplo, todas as grávidas vacinadas até então iriam falecer em decorrência da vacina. A

---

52. "Vamos dar um exemplo para ilustrar bem a questão: você clica na chamada "Pesquisadores do marketing descobrem maneiras de aumentar a conversão em sites com dois passos", mas encontra um texto que não revela nada do que você já não sabia. Pior, se depara com um conteúdo que sequer confirma o título." PINGBACK. O que é clickbait e por que essa prática não é recomendada? *Blog da Pingback* [s.d.]. Disponível em: https://pingback.com/blog/o-que-e-clickbait. Acesso em: 15/ fev. 2022.

informação de que há dúvidas até hoje quanto a segurança da vacina da Covid-19 em gestantes não é o que preocupa, pois, a reportagem deixou claro em seu título que referida vacina poderia causar a morte em gestantes. Nessa avaliação, o que determina se tratar de uma *bullshit,* ou seja, de uma informação confusa que leva a erro de interpretação de maneira não intencional, é a falta de exatidão sobre o que declarava a ANVISA e a OMS à época. Isso pode ter induzido a população de gestantes já vacinadas a erro de interpretação dos dados, por exemplo.

## 7. REFERÊNCIAS

ABRAMI, Philip C. et al. Strategies for teaching students to think critically: A meta-analysis. *Review of Educational Research,* v. 85, p. 275-314, 2015.

ACCIOLY, Dante. Vacina e cloroquina estão em campos opostos na CPI, segundo nuvem de palavras. *Senado Notícias,* 28 maio 2021. Disponível em: https://www12.senado.leg.br/noticias/materias/2021/05/28/vacina-e-cloroquina-estao-em-campos-opostos-na-cpi-segundo-nuvem-de-palavras. Acesso em: 13 fev. 2022.

AFP. Qual é o perfil das pessoas que acreditam que a terra é plana? *Carta Capital,* 27 fev. 2020. Disponível em: https://www.cartacapital.com.br/sociedade/qual-e-o-perfil-das-pessoas-que-acreditam-que-a-terra-e-plana/. Acesso em: 10 jul. 2022.

ALJAZEERA. Which countries have stopped using AstraZeneca's COVID vaccine? *Al Jazeera,* 16 mar. 2021. Disponível em: https://www.aljazeera.com/news/2021/3/15/which-countries-have-halted-use-of-astrazenecas-covid-vaccine. Acesso em: 14 fev. 2022.

ARENDT, Hannah. *A condição humana.* Tradução Roberto Raposo; revisão técnica e apresentação Adriano Correia. 13 ed. rev. Rio de Janeiro: Forense Universitária, 2020.

AUSTRÁLIA. Department of Health and Aged Care. *Initiatives and programs.* Disponível em: https://www.health.gov.au/initiatives-and-programs/covid-19-vaccines/approved-vaccines/astrazeneca%20Acessado%20em%2014/02/22. Acesso em: 14 fev. 2022.

BONAVIDES, Paulo. *Curso de direito constitucional.* 31 ed. São Paulo, Malheiros, 2016.

BRASIL. Ministério da Saúde. Anvisa propõe restrição de uso de vacinas que utilizam vetor adenoviral em gestantes. Agência Nacional de Vigilância Sanitária (ANVISA), 2 jul. 2021. Disponível em: https://www.gov.br/anvisa/pt-br/assuntos/noticias-anvisa/2021/anvisa-propoe-restricao-de-uso-de-vacinas-que-utilizam-vetor-adenoviral-em-gestantes. Acesso em: 12 fev. 2022.

BRASIL. Ministério da Saúde. Comunicado sobre a suspensão da vacina da AstraZeneca para gestantes. Agência Nacional de Vigilância Sanitária (ANVISA), 2 jul. 2021. https://www.gov.br/anvisa/pt-br/assuntos/noticias-anvisa/2021/comunicado-suspensao-da-vacina-da-astrazeneca-para-gestantes. Acesso em: 12 fev. 2022.

BRASIL. Ministério da Saúde. Comunicado da ANVISA de 11/05/2021. Disponível em: https://www.gov.br/anvisa/pt-br/assuntos/noticias-anvisa/2021/comunicado-suspensao-da-vacina-da-astrazeneca-para-gestantes/comunicado_ggmon_005_2021.pdf. Acesso em: 14 fev. 2022.

BRASIL. Ministério da Saúde. Comunicado do governo federal: Suspensão da vacina da AstraZeneca para gestantes. Disponível em: https://www.gov.br/anvisa/pt-br/assuntos/noticias-anvisa/2021/comunicado-suspensao-da-vacina-da-astrazeneca-para-gestantes. Acesso em: 14 fev. 2022.

BRASIL. Ministério da Educação. Coordenação de Aperfeiçoamento de Pessoal de Nível Superior. Disponível em: https://www-periodicos-capes-gov-br.ezl.periodicos.capes.gov.br/index.php?. Acesso em: 13 fev. 2022.

CRUZ, Álvaro Ricardo de Souza. *O discurso científico na modernidade*: o conceito de paradigma é aplicável ao direito? Rio de Janeiro: Lumen Juris, 2009.

DANTAS, Dimitrius. Bolsonaro volta a atacar Coronavac e diz que vacina não tem comprovação científica. *O Globo*, 15 jun. 2021. Disponível em: https://oglobo.globo.com/brasil/bolsonaro-volta-atacar-coronavac-diz-que-vacina-nao-tem-comprovacao-cientifica-25063231 Acesso em: 13 fev. 2022.

DEVIS, Deborah. AstraZeneca and blood clots: by the numbers. *COSMOS*, 28 abr. 2021. Disponível em: https://cosmosmagazine.com/health/astrazeneca-vaccine-blood-clots-statistics-percentage/?f bclid=IwAR2t2mZCL3sgrPLDEeVw8KQHZ4YlXeWBM1_0WpgGoOpT1-L8NHhzlbu16PQ. Acesso em: 14 fev. 2022.

FACIONE, Peter. *Critical thinking*: A statement of expert consensus for purposes of educational assessment and instruction. Millbrae: The California Academic Press, 1990.

FOLHA DE PERNAMBUCO. Era Digital: como ela vai impactar ainda mais a sua vida. *Folha de Pernambuco* [s.d.]. Disponível em: https://anuncie.folhape.com.br/blog/era-digital-como-ela-vai-impactar-ainda-mais-a-sua-vida/. Acesso em: 13 fev. 2022

GOLDMAN, Russel. Reading Fake News, Pakistani Minister Directs Nuclear Threat at Israel. *The New York Times*, 24 dez. 2016. https://www.nytimes.com/2016/12/24/world/asia/pakistan-israel-khawaja-asif-fake-news-nuclear.html. Acesso em: 13 fev. 2022.

HABERMAS, Jürgen. *Truth and justification*. Translated by Barbara Fultner. Massachusetts: MIT Press, 2003.

ARENDT, Hannah. *A condição humana*. Trad. Roberto Raposo; revisão técnica e apresentação Adriano Correia. 13. ed. rev. Rio de Janeiro: Forense Universitária, 2020.

LAKATOS, Eva Maria; MARCONI, Marina de Andrade. *Fundamentos de metodologia científica*. 5. ed. São Paulo: Atlas, 2003.

LEITE, Marcela. Grávidas relatam que médicos têm contraindicado vacina contra Covid-19. *VivaBem Uol*, 15 jul. 2021. Disponível em: https://www.uol.com.br/vivabem/noticias/redacao/2021/07/15/covid-19-gravidas-confrontam-medicos-antivacina-e-brigam-por-autorizacao.htm. Acesso em: 13 fev. 2022.

MCGRAIL, Samantha. European Countries Suspend Use of AstraZeneca's Covid-19 Vaccine. *PharmaNews Intelligence*, 8 abr. 2021. Disponível em: https://pharmanewsintel.com/news/european-countries-suspend-use-of-astrazenecas-covid-19-vaccine. Acesso em: 13 fev. 2022.

MOREIRA, Ardilhes; PINHEIRO, Lara. OMS declara pandemia de coronavírus. *G1*, 11 mar. 2020. Disponível em: https://g1.globo.com/bemestar/coronavirus/noticia/2020/03/11/oms-declara-pandemia-de-coronavirus.ghtml. Acesso em 13 fev. 2022.

ORGANIZAÇÃO MUNDIAL DA SAÚDE. Interim recommendations for use of the ChAdOx1-S [recombinant] vaccine against COVID-19 (AstraZeneca COVID-19 vaccine AZD1222 Vaxzevria™, SII COVISHIELD™). *WHO*, 15 mar. 2022a. Disponível em: https://www.who.int/publications/i/item/WHO-2019-nCoV-vaccines-SAGE_recommendation-AZD1222-2021.1. Acesso em: 13 fev. 2022.

ORGANIZAÇÃO MUNDIAL DA SAÚDE. The Oxford/AstraZeneca (ChAdOx1-S [recombinant] vaccine) COVID-19 vaccine: what you need to know. *WHO*, 13 jun. 2022b. Disponível em: https://www.who.int/news-room/feature-stories/detail/the-oxford-astrazeneca-covid-19-vaccine-what-you-need-to-know. Acesso em: 13 fev. 2022.

PINGBACK. O que é clickbait e por que essa prática não é recomendada? *Blog da Pingback* [s.d.]. Disponível em: https://pingback.com/blog/o-que-e-clickbait. Acesso em: 15 fev. 2022.

POPPER, Karl. *A lógica das ciências sociais*. Trad. Estévão de Rezende Martins. 3. ed. Rio de Janeiro: Tempo Brasileiro, 2004.

SAGAN, Carl. The fine art of baloney detection. In: FARHA, Bryan (Ed.). *Paranormal Claims*: A Critical Analysis. Lanham: University Press of America, 2007.

MACHADO SEGUNDO, Hugo de Brito. *O direito e sua ciência*: uma introdução à epistemologia jurídica. 2. ed. Indaiatuba: Foco, 2021.

SCHMALTZ, Rodney M.; JANSEN, Erik; WENCKOWSKI, Nicole. Redefining critical thinking: Teaching students to think like scientists. *Frontiers in Psychology*, v. 8, artigo 459, p. 1-4, março/2017.

SHERMER, Michael. *Baloney detection. Scientific American*, 2001.

SOUZA, Renata. Morte de gestante após vacina é evento 'extremamente raro', diz especialista. *CNN Brasil*, 15 maio 2021. Disponível em: https://www.cnnbrasil.com.br/saude/morte-de-gestante-apos-vacina-e-evento-extremamente-raro-diz-especialista/. Acesso em: 13 fev. 2022.

TEÓFILO, Sarah; LIMA, Bruna; CARDIM, Maria Eduarda. Em recorde de mortes diárias, Governo coleciona falas que minimizam a pandemia. *Correio Brasiliense*, 7 mar. 2021. Disponível em: https://www.correiobraziliense.com.br/brasil/2021/03/4910658-em-recorde-de-mortes-diarias-governo-coleciona-falas-que-minimizam-a-pandemia.html. Acesso em: 13 fev. 2022.

UW iSchool. Calling Bullshit 1.1: Introduction to Bullshit. *Youtube*, 15 abril 2017. Disponível em: https://www.youtube.com/watch?v=A2OtU5vlR0k&list=PLPnZfvKID1Sje5jWxt-4CSZD7bUI4gSPS. Acesso em: 13 fev. 2022.

UW iSchool. Calling Bullshit 1.4: What is Bullshit? *Youtube*, 15 abril 2017. Disponível em: https://www.youtube.com/watch?v=9zjlv1a-0mQ. Acesso em: 13 fev. 2022.

UW iSchool. Calling Bullshit 5.1: Big Data. *Youtube*, 20 maio 2017. Disponível em: https://www.youtube.com/watch?v=FLKzmswqF7E. Acesso em: 13 fev. 2022.

# EPISTEMOLOGIA E TECNOLOGIA: COMO OS NOVOS RECURSOS TECNOLÓGICOS IMPACTAM A PRODUÇÃO DE CONHECIMENTO NA CIÊNCIA DO DIREITO

## *EPISTEMOLOGY AND TECHNOLOGY: HOW NEW TECHNOLOGICAL RESOURCES IMPACT KNOWLEDGE PRODUCTION IN JURISPRUDENCE*

*Kelviane de Assunção Ferreira Barros*

**Resumo:** Este estudo tem como objetivo analisar a forma como o advento de inovações tecnológicas atinge a produção do conhecimento na ciência do Direito. Num primeiro momento, analisa-se como ocorre o processo de conhecimento, dando-se destaque a suas características essenciais em relação ao Direito. A seguir, apresentam-se os principais elementos de uma revolução tecnológica em curso e a forma como têm impactado o ambiente público. No tópico seguinte, indica-se como o Direito tem absorvido os novos instrumentos de tecnologia e como estes influenciam na formação do conhecimento na ciência jurídica. Por fim, são analisadas algumas limitações técnicas dos recursos tecnológicos e riscos que podem ser apontados ao seu uso dentro da seara pública e da jurídica em particular. Para os fins deste artigo, utiliza-se pesquisa bibliográfica em bases de dados nacionais e internacionais.

**Palavras-chave:** Epistemologia – Tecnologia – Ciência de Direito.

**Abstract:** This study aims to analyze how the advent of technological innovations affects knowledge production in Jurisprudence. At first, it analyzes how the knowledge process occurs, highlighting its essential characteristics in relation to Law. Below, it presents the main elements of an ongoing technological revolution and the way in which they have impacted the public environment. In the following topic, it is indicated how Law has absorbed the new technology instruments and how they influence the formation of knowledge in Jurisprudence. Finally, some technological resources technical limitations and risks that can be pointed out to their use within the public sector and the legal field in particular are analyzed. For the purposes of this article, bibliographic research is used in national and international databases.

**Keywords:** Epistemology – Technology – Jurisprudence.

---

**Sumário:** 1. Introdução – 2. O conhecimento – 3. O conhecimento e a ciência do direito – 4. Revolução tecnológica – 5. Tecnologia e direito – 6. Limites e riscos dos recursos tecnológicos – 7. Considerações finais – 8. Referências.

# 1. INTRODUÇÃO

O interesse no entendimento da forma como se processa o conhecimento humano vem de longa data, tendo em vista o resultado que processa na organização dos indivíduos em si considerados e em sua relação com os demais e com o meio que os circunda. A disciplina que se ocupa da investigação sobre a possibilidade, definição, origem, métodos e validade do conhecimento denomina-se Epistemologia ou Teoria do Conhecimento.

Johannes Hessen informa que não se pode falar em Epistemologia na Antiguidade ou na Idade Média, dado que as investigações nesses períodos estão embutidas em contextos psicológicos e metafísicos. Somente na Idade Moderna a teoria do conhecimento aparece como disciplina independente, sendo o filósofo John Locke considerado seu fundador. Este, na obra "An essay concerning Human Understanding", publicada em 1690, tratou de questões referentes à origem, à essência e à certeza daquele.[1]

O conhecimento sempre esteve presente em todas as fases da existência humana, embora mude a forma de refinamento com que é elaborado e buscado nos mais diversos contextos sociais. Assim, observa-se que variou desde um grau rudimentar – baseado em empiria imediata, conhecimento mítico, mágico – até graus mais elevados de elaboração – conhecimento artístico, religioso, ético, filosófico, científico.[2]

Uma primeira divisão do ato de conhecer diz respeito à distinção entre o conhecimento comum e o científico-filosófico. Em linhas gerais, o primeiro, também denominado senso comum, distingue-se por ser assistemático, sustentado em opiniões e normalmente advindo do que é captado pelos sentidos. O segundo, científico-filosófico, em contrapartida, caracteriza-se pela racionalidade, fundamentação, autoconsciência, intencionalidade, exatidão de conceitos, ordem e método.[3]

Visando a um tratamento diferenciado conforme a proposta em que se visa desenvolver o estudo, divide-se, ainda, filosofia e ciência. Direciona-se aquela a uma totalidade, estando livre de premissas e visando a uma abordagem bastante mais abrangente. A ciência, de seu turno, destina-se à investigação de setores mais delimitados e particulares da realidade. Frente ao Direito, pode ser adotada

---

1. HESSEN, Johannes. *Teoria do conhecimento.* Trad. João Vergílio Gallerani Cuter. São Paulo: Martins Fontes, 2003, p. 14 e 15.
2. MARQUES NETO, Agostinho Ramalho. *A ciência do Direito*: conceito, objeto, método. 2. ed. Rio de Janeiro: Renovar, 2001, p. 2.
3. AFTALIÓN, Enrique R.; VILANOVA, José; RAFFO, Julio. *Introducción al derecho.* Buenos Aires: Abeledo-Perrot, 2004, p. 155-159.

postura filosófica ou científica, de modo que é a abordagem que definirá a forma de conhecimento de que se trata.

Reconhecida a possibilidade de realização de um estudo científico do Direito, diversos sistemas teóricos foram construídos, buscando identificar, problematizar e dar soluções adequadas para os elementos próprios dessa ciência, os quais serão abordados no decorrer do texto.

Ao longo do século XX e início do século XXI, o fenômeno tecnológico acarretou uma remodelação de todo o ambiente humano, impactando diretamente em diversos setores sociais, inclusive na ciência do Direito. Nesse contexto, defende-se hoje a emergência de uma Quarta Revolução Industrial, também chamada Indústria ou Revolução 4.0.[4] Esta nova fase se caracteriza pela conectividade em massa, desenvolvimento de recursos de armazenamento, aumento do poder de processamento de informações e acesso ao conhecimento em elevada escala, em uma proeminente profusão de novidades tecnológicas. O impacto desse novo cenário faz-se sentir, outrossim, em diversos âmbitos, entre os quais a forma como se tem acesso ao e como se desenvolve o conhecimento.

Tendo em vista a velocidade das transformações decorrentes dessas inovações, bem como os resultados que podem advir de sua expansão, torna-se necessário que diversos atores sociais – governos, empresas, sociedade civil e academia – estejam atentos e acompanhem as mudanças emergentes. Com esse objetivo, desenvolve-se o presente estudo, que, sem pretensão de profundidade, contribui para um início de reflexão acerca da forma como o conhecimento que é gerado sobre a ciência do Direito tem sido atingido no novo contexto apresentado.

De início, serão feitas considerações sobre o conhecimento e a forma como este é normalmente desenvolvido, tratando-o de maneira ampla e em relação, especificamente, à ciência do Direito. A seguir, serão apresentadas as principais inovações tecnológicas que têm impactado o ambiente jurídico, cuidando-se, em especial, do modo como a cognição sobre o Direito é atingida. Por fim, serão feitas reflexões a respeito dessas transformações, abordando-se os riscos e vantagens de novos modelos de formação do conhecimento na seara jurídica.

## 2. O CONHECIMENTO

Uma abordagem acerca do conhecimento deve ser iniciada com a observação de que este pode ser considerado existente ainda quando não haja uma consciência desenvolvida. Teóricos mencionam organismos vivos que, desprovidos de ação

---

4. SCHWAB, Klaus. *A Quarta Revolução Industrial*. São Paulo: Edipro, 2016.

consciente e de deliberação sobre as condições de vida, comportam-se conforme instrução básica contida em seu material genético.[5]

No mesmo sentido, estudiosos do conhecer informam que o genoma constitui o verdadeiro protagonista do processo de aquisição e transmissão do conhecimento por herança às gerações seguintes.[6] Nesse contexto, todo ser vivo carrega, desde seu nascimento, um conhecimento atrelado ao seu genoma, o qual agrega condutas e padrões típicos de ação. A nomenclatura tradicional para esse formato de resposta do indivíduo ao ambiente chama-se instinto.

Quando os genes não foram suficientes para armazenar todas as informações necessárias para a sobrevivência, começou a ser desenvolvido o cérebro. Quando este, por sua vez, também não alçou resposta satisfatória, as informações começaram a ser armazenadas fora do corpo, cunhadas em instrumentos diversos, que permitiram a coletivização das informações. Partindo-se, pois, da ideia de aprendizado em nível biológico, chega-se àquele observado em nível cultural por meio do desenvolvimento e análise crítica de ideias.

O conhecimento tratado neste artigo não se refere ao sentido genético acima referido, mas sim àquele que deriva de tomada consciente de ação pelo indivíduo com o fim de explorar os elementos que constituem o mundo que o rodeia, num processo de aprendizagem.

Essa aprendizagem pode ocorrer com recurso a técnicas diversas, a partir das quais se pode diferenciar, de maneira bastante resumida, mas suficiente para os fins aqui almejados, conhecimento comum, científico, filosófico e religioso.[7]

Cuida o senso comum de modelo assistemático e acrítico, formulado sem seguir métodos específicos para alcance de informações e sem preocupação com a correspondência com a verdade ou com o mais próximo que se possa chegar desta.

O conhecimento científico e o filosófico possuem em comum o fato de derivarem de uma razão que se pretende confiável, daí porque fundamentada e com anseio de exatidão. São formulados a partir da organização de métodos, o que permite a verificação do resultado alcançado por meio de análise crítica. O ponto que distingue fundamentalmente ambas as formas respeita à parcela da realidade que se pretende conhecer, cuidando a filosofia de uma pretensão universalizante, com a exploração da totalidade daquela, ao passo que a ciência se restringe a apenas uma porção da realidade a que visa explorar.

---

5. DAMÁSIO, António R. *E o cérebro criou o homem*. Trad. Laura Teixeira Motta. São Paulo: Companhia das Letras, 2010, p. 48-83.
6. AFTALIÓN, VILANOVA e RAFFO, op. cit., p. 43.
7. MACHADO SEGUNDO, Hugo de Brito. *O direito e sua ciência*: uma introdução à epistemologia jurídica. São Paulo: Malheiros, 2016, p. 52-53.

EPISTEMOLOGIA E TECNOLOGIA **199**

Por fim, o conhecimento religioso caracteriza-se pelo aspecto dogmático, trazendo afirmações com pretensão de verdade fundadas não em métodos aplicados criticamente, mas em revelações não sujeitas a verificação ou julgamento.

Interessa para o tema aqui abordado, dentro do universo do conhecimento cultural, aquele desenvolvido cientificamente e, dentro deste, a parcela relativa especificamente à ciência do Direito, a qual será retomada adiante.

Como dito, o saber científico possui pretensão de exatidão e correção, de modo que em seu seio são desenvolvidos teorias e métodos sobre a melhor forma como a compreensão da realidade pode ser alcançada. O ponto central da discussão reside no binômio sujeito-objeto, em especial o papel que cada um desempenha na elaboração do conhecimento e como se dá a relação entre ambos. No enfrentamento do tema, duas correntes em especial se destacam: o empirismo e o racionalismo.[8]

O empirismo defende, fundamentalmente, que o conhecimento advém da experiência sensorial. O sujeito cognoscente, debruçado sobre um objeto que é apreendido através dos sentidos, tem o trabalho de desnudá-lo, descrevendo-o tal como ele é. O objeto existe independentemente do sujeito e a realidade é um dado a ser absorvido por aquele, que nela não interfere. Para essa corrente, portanto, o aprendizado advém da observação do objeto, o qual deve ser descrito da maneira mais precisa.

O racionalismo, por sua vez, destaca, no ato de conhecer, a posição do sujeito cognoscente. Para essa corrente, a fonte do conhecimento é a razão operando a partir de ideias. O objeto não é considerado como existente por si mesmo, mas como uma ideia construída pela razão, como uma representação feita pelo sujeito que sobre aquele se debruça.

Versões extremadas e moderadas de empirismo e racionalismo foram desenvolvidas ao longo dos tempos, havendo, nestas subteorias, pontos de conexão que, outrossim, não são capazes de afastá-las das premissas essenciais acima indicadas.

A partir de críticas ao empirismo e ao racionalismo, em especial diante de suas manifestações mais radicais, foram propostas epistemologias dialéticas. Para esta corrente, na compreensão do real não se deve separar sujeito e objeto, sendo destacada a relação entre ambos como o ponto fundamental do processo de conhecimento. O enfoque aqui está no processo de elaboração do conhecer, o qual não consiste em simples captação da realidade ou em idealização operada na mente do sujeito que aprende.

---

8. MARQUES NETO, op. cit., p. 3.

As epistemologias dialéticas costumam fazer diferença entre o objeto real e o objeto de conhecimento. Cuida o primeiro da coisa que existe independentemente do sujeito, por si mesma; o segundo, por sua vez, é o objeto construído, cuja representação é feita na mente do sujeito cognoscente. Destaca-se, ainda, que não existe pureza quer no objeto, quer no sujeito que participam dessa relação, uma vez que indivíduo acessa a parcela da realidade já dotado de referenciais e de um conhecimento acumulado historicamente. Assim, ao ter contato com o objeto, deverá reconstruir sobre este – sem pretensão de identificação total do objeto real – o conhecimento já produzido anteriormente.

Devido às características acima indicadas, afirma-se que a dialética destrói o chamado "mito do cientificismo" pretendido pelo positivismo (forma radical de empirismo), segundo o qual o conhecimento científico seria capaz de produzir verdades absolutas e incontestáveis. É corroído, ainda, o "mito da neutralidade científica", o qual propugna que o cientista, ao se debruçar sobre um objeto não só pode, como deve, fazê-lo de forma neutra, sem interferência de qualquer conteúdo ideológico.

A neutralidade científica sempre foi um recurso exaltado, dado que visa a garantir honestidade no processo de produção do conhecimento. Contudo, é uma ambição há muito já abandonada, dado que consciente ou inconscientemente, o trabalho de construção de uma teoria ou fórmula acaba condicionado pela formação própria do pesquisador, o que se manifesta em diversos níveis, inclusive na escolha do objeto de estudo e no método a ser adotado. Sobre o tema, Gaston Bachelard[9] informa que, quando o conhecimento empírico se racionaliza, nunca se pode garantir que valores sensíveis primitivos não interfiram nos argumentos. Desse modo, pode-se reconhecer que a ideia científica pode ser influenciada por uma carga psicológica que reúne analogias, metáforas e outros elementos que determinam perda da abstração necessária na formação do conhecimento.

Observando-se a interferência inafastável da subjetividade do pesquisador, bem como a impossibilidade de alcance do objeto em seu nível real, dada não somente a interferência subjetiva informada, mas a limitação dos sentidos e da própria capacidade de cognição humana, tem-se a formação de um conhecimento que é inarredavelmente provisório. Percebe-se, assim, um movimento de constante aproximação do objeto real, sem nunca poder haver a certeza de que este foi realmente alcançado.

Teóricos destacam que a aceitação da provisoriedade do conhecimento não deve levar às posturas extremas propostas pelo ceticismo e pelo relativismo. O

---

9. BACHELARD, Gaston. *A formação do espírito científico*. Contribuição para uma psicanálise do conhecimento. Trad. Estela dos Santos Abreu. Rio de Janeiro: Contraponto, 1996, p. 19.

EPISTEMOLOGIA E TECNOLOGIA **201**

ceticismo indica que, diante da impossibilidade de apreensão do objeto, deve ser evitada qualquer formulação de juízos. O relativismo obtempera que, dada a impossibilidade de apreensão do real, qualquer juízo pode ser válido. Contrapondo-se a esta posição, destaca Álvaro Cruz que a constatação de que estamos sujeitos a erros e problemas em teorias, perspectivas, trabalhos acadêmicos não significa abono ao relativismo. Cuida-se de reconhecer que as teorias, marcos teóricos e concepções de mundo serão sempre provisórias e recheadas de problemas que não vimos ou não conseguimos solucionar, mas não permite que qualquer coisa possa ser dita.[10]

Nesse ponto, Karl Popper[11] informa que a evolução do conhecimento pode ser encarada como uma luta pela sobrevivência entre teorias em competição. Nesse esquema, aquelas mais aptas sobrevivem, embora possam, a qualquer momento, igualmente ser refutadas. Cuida-se aqui do falibilismo ou falsificacionismo popperiano, o qual propõe que uma teoria deve ser considerada válida até que outra a refute por meio de análise crítica, sendo esta última, assim como a primeira, igualmente falsificável.

Essas teorias pertencem ao que o autor chama Mundo 3,[12] o qual pode ser entendido, em termos gerais, como o mundo dos produtos da mente humana e dos desdobramentos autônomos que ocorrem a partir destes. Diferencia-se aquele do Mundo 1, formado pelos corpos físicos e por seus estados físicos e fisiológicos, e do Mundo 2, o dos estados mentais. Assim, o conhecimento é aperfeiçoado a partir de teorias que existem num mundo que atua em interação com os espaços físico e mental, sendo um resultado da ação da mente humana.

As teorias, por fim, não são desenvolvidas a partir de uma acumulação linear de conhecimento, havendo, antes, uma acumulação por descontinuidade. De tempos em tempos podem ocorrer, ainda, verdadeiras rupturas, com a queda de velhos e ascensão de novos paradigmas, revelando-se um caráter revolucionário do progresso científico.[13]

O surgimento de novas teorias, que levam a superação de antigas ou ao aperfeiçoamento daquelas já elaboradas pode decorrer, dentre outros fatores, do desenvolvimento de técnicas e instrumentos que permitam maior aferibilidade ou minudenciamento do objeto do conhecimento. Nesse contexto, um instrumental

---

10. CRUZ, Álvaro Ricardo de Souza. *O discurso científico na modernidade*: o conceito de paradigma é aplicável ao direito? Rio de Janeiro: Lumen Juris, 2009, p. 222.
11. POPPER, Karl. *A vida é aprendizagem*. Epistemologia evolutiva e sociedade aberta. Trad. Paula Taipas. Lisboa: Edições 70, 2001, p. 17-40.
12. POPPER, Karl. *O conhecimento e o problema corpo-mente*. Trad. Joaquim Alberto Ferreira Gomes. Lisboa: Edições 70, 2009, p. 17-18.
13. KUHN, Thomas S. *A estrutura das revoluções científicas*. Trad. Beatriz Vianna Boeira e Nelson Boeira. 9. ed. São Paulo: Perspectiva, 2005.

poderoso advém de inovações tecnológicas, as quais podem aumentar o poder de observação e precisão de elementos até então inalcançáveis pela aparelhagem puramente humana. As possibilidades ofertadas pela Indústria 4.0, então, podem desempenhar papel decisivo na forma como o conhecimento se desenvolve até então. É o que será abordado adiante.

## 3. O CONHECIMENTO E A CIÊNCIA DO DIREITO

Discorreu-se até este ponto acerca do fenômeno do conhecimento de maneira geral e, em sua versão científica, aplicado ao estudo de qualquer parcela da realidade, indistintamente. Existem, no entanto, diferenças na forma como aquele é desenvolvido nas ciências naturais e nas ciências sociais, na qual se insere o Direito. Os resultados alcançados nestas últimas não estão sujeitos a medições ou outras experimentações tal como nas ciências naturais, o que não retira, porém, a sua cientificidade, a possibilidade de confecção de teorias e, em especial, sua falseabilidade. O fato de se realizar, no campo jurídico, estudo de elementos de "dever-ser", que visam à fixação de normas de conduta, não retira a cientificidade do Direito, ou o torna sujeito a quaisquer considerações assistemáticas e acríticas.

Como destaca Karl Larenz,[14] as teorias jurídicas não são meras expressões de opinião, entre as quais se pode livremente escolher, mas são, assim como as teorias das ciências naturais, sistemas de enunciados que manifestam a pretensão de ser correta e adequadamente fundamentados.

Ressalta o autor que as teorias, como sistema de enunciados, devem satisfazer ao menos duas exigências: apresentar consistência e comprovação. O requisito da consistência diz com a inexistência de contradições entre enunciados, sem qualquer outra digressão. No que tange a teorias normativas, esse requisito exige não apenas ausência de contradições lógicas, como também inexistência de contradições valorativas. A comprovação respeita à pretensão de correção e é aplicável igualmente às teorias jurídicas, embora em formato diferente daquele destinado às ciências naturais. Enquanto as teorias das ciências naturais objetivam explicar fenômenos da natureza e conduzi-los a leis científicas mais gerais, as teorias jurídicas devem não explicar, mas tornar claras conexões jurídicas, especialmente proposições jurídicas ou conteúdos de regulação num sistema lógica e valorativamente isento de contradição.[15] Analisa-se, nesse ambiente, não apenas a compatibilidade entre normas, mas também a adequação material destas. Larenz faz referência, ainda, ao falsificacionismo popperiano.

---

14. LARENZ, Karl. *Metodologia da ciência do Direito*. 3. ed. Trad. José Lamego, Lisboa: Calouste-Gulbenkian, 1997, p. 643-644.
15. LARENZ, op. cit., p. 641-642.

Hugo Segundo[16] anota que o raciocínio falibilista é o que melhor administra os riscos relativos ao erro e defende sua aplicação também no âmbito do estudo do Direito. Na esfera jurídica, pontua que o falibilismo não apenas recomenda aversão ao dogmatismo e receptividade a críticas para os teóricos do fenômeno jurídico, mas também sua aplicação na interpretação de textos normativos, na investigação em torno da ocorrência do suporte fático das normas jurídicas e nas discussões em torno de valores. Cuida o autor dos aspectos que formam o Direito segundo a teoria tridimensional elaborada por Miguel Reale, para quem aquele não poderia ser resumido à norma, sendo importantes igualmente os elementos fático e valorativo. Em resumo, o raciocínio falibilista deve ser aplicado à ciência do Direito enquanto ramo do conhecimento e à análise dos fatos, valores e normas.

Inicialmente, observa-se que a produção das teorias científicas no Direito não diverge da forma como são elaboradas em outros ramos da ciência. Aqui também o pesquisador, diante de um problema a ser resolvido, formula hipóteses que serão testadas como adequadas à solução da questão apontada.

Foge-se aqui das proposições feitas pelo indutivismo, que indica como condições para generalizações legítimas (e teorizações): (1) elevado número de proposições de observação como base; (2) observações repetidas em uma ampla variedade de condições e (3) inexistência de proposições que conflitem com a lei universal derivada. Embora a técnica indutivista possa contribuir para confirmações, não acresce o conhecimento a ser produzido, vez que parte de informações já obtidas. No aprendizado obtido por indução, no máximo chega-se a um alto grau de repetição de resultados, sem, contudo, contribuir de fato para formulação de novo conhecimento ou para previsibilidade confiável de desfechos.

Assim, adere-se à proposição popperiana de, diante de problemas, serem formadas tentativas de teorias, as quais serão eliminadas através de discussão crítica e testes experimentais e, se aceitas, prevalecerão até o surgimento de novos problemas que surgem do enfrentamento crítico daquelas em vigor. Ressalta-se nesse processo o caráter aberto da ciência.

A cognição pode ter por objeto, ainda, textos normativos. A questão que surge é como dar rigor científico e escolher de forma objetiva textos normativos corretos, dado o processo particular de sua criação e interpretação. Propõe-se como solução o estudo do texto e do contexto, destacando-se a importância deste último, essencial para a construção da redação da norma e para sua melhor aplicação. Esse contexto não é, ressalta Hugo Segundo, arbitrário, vez que existe em sociedade convenções intersubjetivas que permitem sua identificação.

---

16. MACHADO SEGUNDO, Hugo de Brito. Epistemologia Falibilista e Teoria do Direito. *Revista do Instituto de Direito Brasileiro da Universidade de Lisboa*, ano 3, n. 1, p. 197-260, 2014.

Nesse diapasão, o sentido de um item normativo deve ser buscado à luz do texto e do contexto e com consideração de outras normas pertinentes ao tema, aos valores e fins subjacentes à norma. Embora não se possa alcançar a certeza de uma solução correta, pode-se ao menos buscar a mais adequada possível a partir da lógica falibilista já mencionada. Assim, a criação de uma norma e sua aplicação podem estar sujeitos a análise crítica e livre e a possíveis refutações considerados todos os aspectos indicados.

O raciocínio até aqui formulado aplica-se igualmente à análise do suporte fático que determina a incidência das normas jurídicas. O conhecimento acerca dos fatos segue uma linha em que devem ser também submetidos à falseabilidade, devem ser tidos como certos enquanto não houver uma dúvida razoável sobre sua ocorrência e devem ser apontados os motivos da adesão a uma de suas versões e não a outra.

No campo do Direito, a verificação fática que dá ensejo à criação normativa ou causa à incidência das normas já editadas é de grande relevância para a justeza da realização do fenômeno jurídico, não sendo cabível dar àquela papel de menor importância. Os fatos são, em verdade, os grandes elementos que giram em torno da criação e aplicação normativa, devendo estar sujeitos, assim, a uma análise racional e crítica da sua verificação no mundo real. Para que essa verificação ocorra de maneira adequada aos postulados do falibilismo, é proposta, então, a adoção dos caminhos acima identificados.

Por fim, no que tange aos valores morais, aponta-se a possibilidade de serem estes também objeto de pesquisa. A possibilidade de estudo científico dos valores advém, inicialmente, de uma concepção bem elaborada de sua origem biológica, ressaltando Hugo Segundo[17] teoria que considera que a moral, ou o sentimento de certo e errado, tem fundamento natural, evolutivo.

Por outro lado, a análise valorativa não é meramente subjetiva. Ainda que se considere que diversas sociedades apresentam diferentes valores, sem que se possa atribuir a correção a um único, aponta-se ao menos uma valor universal, único capaz de compatibilizar a existência simultânea de todos os outros: a tolerância, que constituiria um valor moral comum.

Assim, os valores são passíveis de teorizações e discussão crítica e falibilista, nos mesmos moldes apontados para as demais ciências e para os demais elementos que constituem o Direito.

O ponto comum apontado sobre a ciência jurídica em relação às demais consiste, pois, na possibilidade de estudo sistemático e metódico, submetido à crítica intersubjetiva e capaz de criar um conhecimento que é, em si mesmo, provisório, dadas as limitações apontadas nos itens precedentes.

---

17. Ibidem, p. 254.

EPISTEMOLOGIA E TECNOLOGIA **205**

O desenvolvimento de recursos tecnológicos vem, porém, tentar agregar maior informação, objetividade e precisão na identificação dos diversos elementos que constituem o Direito. Esse agregado de novos recursos e informações em larga escala, modifica a forma como o Estado e o Direito se organizam e se realizam no seio social, causando impactos significativos que devem ser, desde logo, analisados com a devida atenção.

## 4. REVOLUÇÃO TECNOLÓGICA

O termo revolução é aqui utilizado para indicação de mudanças drásticas e fundamentais na tecnologia e está centrado em especial nos avanços observados na virada do século. As tecnologias digitais, que ainda no século XX já conviviam com a integração em rede e inteligência artificial, se tornaram cada vez mais sofisticadas e integradas, irradiando sua zona de influência para diversos setores da vida social.

Klaus Schwab,[18] que cunhou o termo Quarta Revolução Industrial para identificação desse período, informa que esta não diz respeito apenas a sistemas e máquinas inteligentes e conectadas, diferenciando-se de outras fases de evolução pela fusão de tecnologias e interação entre os domínios físicos, digitais e biológicos.

Nesse sentido, Schwab apresenta 23 mudanças tecnológicas em curso, que transformam radicalmente o universo humano. Estas dizem respeito a: 1) acesso à tecnologia, com avaliação da presença digital na internet e uso de equipamentos inteligentes, como *smartphones*; 2) alterações no ambiente social, com o desenvolvimento da internet das coisas, de casas conectadas e cidades inteligentes; 3) alterações gerenciais nos Estados com o incremento de informações propiciadas pelo *big data* e pela inteligência artificial e 4) mudanças biológicas, como conexão de pessoas a dispositivos, para comunicação, localização e monitoramento, implantação de equipamentos atrelados ao cérebro para acúmulo de memória individual e artificial e seres projetados, com genoma direta e deliberadamente editado para aperfeiçoamento de espécies.

Entre as principais características desse movimento, são destacados: a *velocidade* da inovação, que cresce em ritmo exponencial; a *amplitude* desta, dada a escala surpreendente dos números que congrega e o espaço de influência que atinge e a *integração* de descobertas e disciplinas diferentes.

Toda essa inovação e conectividade possibilitada pela tecnologia causa mudanças profundas na sociedade, atingindo também, para o que interessa ao escopo deste texto, o direito e a forma como o conhecimento sobre este é processado.

---

18. SCHWAB, op. cit., p. 19.

Dentre os fenômenos desse universo tecnológico, tem-se o *Big Data*, marca distintiva da contemporaneidade, que vive uma explosão de dados. A conectividade e a expansão das relações em rede geram um imenso volume de informações que cresce de forma exponencial.

Embora não haja uma definição precisa, *Big Data* remete à ideia de dados muitos volumosos, que não podem ser processados em sistemas de bancos de dados convencionais. Esse conceito ganhou notoriedade no começo dos anos 2000, quando Doug Laney formulou a definição de *Big Data* sustentada em três premissas: volume, velocidade e variedade.[19] Além do volume, caracteriza-se esse grande banco pela variedade dos dados coletados e pela velocidade com que são gerados.

Esses dados podem ser tratados com a utilização de inteligência artificial por meio de algoritmos, os quais podem ser definidos como procedimentos que usam uma série ordenada e finita de instruções visando a encontrar solução para problemas específicos.[20] Algoritmos são como comandos pré-ordenados que processam todas as informações fornecidas. Com essa gigantesca base de dados, as máquinas conseguem encontrar padrões e fazer prognósticos e, com a tecnologia de *machine learning*, inclusive "aprender" sozinhas, encontrando, sem qualquer comando prévio, padrões e resultados de interesse.

É esse ponto da evolução tecnológica que interessa para os fins deste trabalho.

Devido às características anotadas, a inteligência artificial vem sendo apontada como interessante ferramenta de apoio para decisões públicas, a exemplo da formulação de políticas públicas, organização de cidades, estímulo a participação social na tomada de decisões, entre outras medidas.

Nesse contexto, são inúmeras as formulações teóricas que propõem que os novos recursos tecnológicos devem ser usados pela Administração Pública com o fito de melhor gerir a atividade a ser prestada aos cidadãos. Vantagens como indicação da melhor alocação de serviços públicos, intercomunicação entre os órgãos e atores sociais e ampliação do acesso a serviços e à Administração são destacados como vantagens desse modelo.[21] Visto que o Direito é também uma expressão da atividade estatal – embora não sozinho, como preceituam os de-

---

19. ARAÚJO, Valter Shuenquener de; ZULLO, Bruno Almeida; TORRES, Maurílio. Big Data, algoritmos e inteligência artificial na Administração Pública: reflexões para a sua utilização em um ambiente democrático. *A&C – Revista de Direito Administrativo & Constitucional*, ano 20, n. 80, p. 241-261, Belo Horizonte, abr./jun. 2020.
20. CERRILLO I MARTÍNEZ, Agustí. How can we open the black box of public administration? Transparency and accountability in the use of algorithms. *Revista Catalana de Dret Públic*, v. 58, p. 13-28, 2019.
21. REIS, Camille Lima; CARVALHO, Fábio Lins de Lessa. O fomento às novas tecnologias na Administração Pública como direito ao desenvolvimento. *International Journal of Digital Law*, Belo Horizonte, ano 1, n. 3, p. 11-28, set./dez. 2020.

fensores do pluralismo jurídico[22] – o uso de tecnologia pelo aparato do Estado para fins de formulação de políticas e organização social interessa para a análise aqui realizada.

O uso de tecnologia pela Administração Pública já não é apenas uma projeção. Nesse diapasão, destaca-se que a Estônia é pioneira na implantação de um governo digital, disponibilizando diversos serviços públicos *on-line*, como expedição de identidade digital, solicitação de benefícios sociais e apuração de votos.

No Brasil, ainda que de maneira tímida, órgãos públicos utilizam ferramentas de tecnologia para realização de alguns serviços públicos, a exemplo da Receita Federal do Brasil, do Banco Nacional do Desenvolvimento – BNDES e da Companhia de Tecnologia da Informação e Comunicação do Paraná – CELEPAR.[23] Recentemente, foi lançada pelo Governo Federal a Estratégia para Governo Digital, que visa a, por meio da organização de princípios, objetivos e iniciativas, transformar o governo por meio de tecnologias digitais. Com essa estratégia, pretende-se ampliar a oferta de serviços digitais, dando-se direcionamento para que órgãos e entidades elaborem planos de transformação digital. Nenhum dos casos mencionados, porém, diz respeito propriamente à formulação de políticas públicas com o uso dos recursos disponíveis.

Outrossim, recursos tecnológicos também são utilizados para a organização das chamadas cidades inteligentes. Nestas, a tecnologia pode promover um melhor arranjo do espaço da *polis*, com zonificação do espaço comum conforme as necessidades identificadas pela análise dos espaços e indicação dos cidadãos.

Embora a ideia de *smart city* não seja ainda bem delineada, é certo que se apresenta como uma cidade eficiente, tecnologicamente avançada, ambientalmente responsável e socialmente comprometida com a inclusão de seus habitantes. Nesse modelo, projeta-se a ideia (para alguns utópica) de cidade inteligente em caráter operativo e tecnoeconômico, baseado na acumulação de dados que serão empregados para melhor gerir suas funções. Nesse cenário, haveria ainda ativação da cidadania, visto que os moradores poderão contribuir para sua construção através das tecnologias da informação e comunicação (TIC).

Nessa confluência entre cidade e tecnologia, a definição dos espaços públicos, as decisões sobre sua organização e prioridades, com consequências diretas sobre a concepção de cidade, das políticas públicas e da cidadania seriam tomadas a

---

22. WOLKMER, Antônio Carlos. *Pluralismo jurídico*: fundamentos de uma nova cultura no direito. São Paulo: Alfa Ômega, 2001.
23. GABARDO, Emerson; KOBUS, Renata Carvalho. Quarta Revolução Industrial: Blockchain e Smart Contracts como instrumentos da Administração Pública inteligente. In: RODRÍGUEZ-ARANA, Jaime et al (Org.). *Control Administrativo de la Actividad de la Administración*. São Paulo: Imprensa Oficial de São Paulo, 2019, v. 2, p. 491-511.

partir dos dados obtidos tecnologicamente. Cidades como Nova Iorque, Barcelona e Singapura possuem alguns projetos que as enquadram como *smart cities* nos moldes apresentados.

Por fim, merece atenção a chamada democracia digital. Esta pressupõe o exercício da participação e da comunicação política dos cidadãos por meio digital, objetivando uma disrupção no contexto dos processos decisórios das nações.[24] Visa-se com esse modelo que o usuário do serviço público seja protagonista na formulação e na implementação de políticas públicas, opinando e decidindo diretamente, por meio de recursos tecnológicos, as principais questões que o atingem como cidadão. Propõe-se, nesse formato, uma alteração da democracia representativa em torno do globo. A facilitação de consultas e audiências públicas corresponderia a um avanço do projeto de democratização.

Os exemplos lançados informam potenciais e reais aplicações de recursos tecnológicos para a realização de escolhas e tomada de decisões no âmbito público. As possibilidades ofertadas nesse contexto interferem igualmente na forma como se desenvolve o Direito nas nações impactadas por esses recursos, visto que cuida o fenômeno jurídico das considerações de dever-ser aplicáveis aos Estados e aos cidadãos.

A forma do dever-ser não parte de um espaço vazio de ideias e informações, porém. Nasce, outrossim, de dados que são coletados na realidade e no cotidiano do espaço geográfico e histórico de uma dada sociedade, de forma que, se estes se encontram reformulados em razão de evoluções de origem tecnológica, deve o Direito adaptar-se a esse novo contexto, revendo a forma como interage com os elementos essenciais para sua formulação teórica.

## 5. TECNOLOGIA E DIREITO

O uso da tecnologia e da inteligência artificial no âmbito jurídico ainda é tímido, ocorrendo em especial no processamento de textos e nos motores de busca de jurisprudência. Diversos programas de inteligência artificial (IA) vêm sendo desenvolvidos e aplicados no exercício da atividade jurisdicional, mas, por ora, principalmente como ferramenta de auxílio na tomada de decisão nos moldes indicados.

No Brasil, o exemplo mais eminente de uso da IA no campo jurisdicional é o Projeto Victor, fruto de uma parceria entre o Supremo Tribunal Federal (STF) e a Universidade de Brasília (UnB). Iniciado em 2017, foi idealizado para auxiliar a Corte na análise dos recursos extraordinários, especialmente na sua classificação

---

24. FREITAS, Juarez; TEIXEIRA, Anderson V. Democracia digital e avaliação continuada de políticas públicas. *Revista Brasileira de Estudos Políticos*, n. 119, p. 227-252, Belo Horizonte, 2019.

em temas de repercussão geral de maior incidência.[25] O Victor é uma inteligência artificial de apoio da atividade de análise e admissibilidade recursal, efetuando sinalização que deve ser validada pelos ministros. Portanto, não há decisão da máquina.

Existem, porém, projetos de utilização da inteligência artificial para a elaboração de decisões judiciais e entrega de tutela jurisdicional. Numa experiência inovadora, o governo da Estônia desenvolveu e iniciou software de inteligência artificial para julgar causas de pequena monta, cujas decisões serão passíveis de recurso destinado a um juiz humano.

Com o potencial oferecido pelo *big data*, ainda, de análise e parametrização de uma grande quantidade de dados, utiliza-se a metodologia estatística para investigar o funcionamento de uma ordem jurídica por meio da jurimetria. Defende-se que o estudo de dados por meios estatísticos de determinados casos poderia fornecer substrato para que as partes e o sistema jurídico como um todo encontrem solução mais adequada no gerenciamento dos conflitos.[26]

Dos usos acima, percebe-se que os dados e informações coletados em larga escala, armazenados e processados no *big data*, têm fornecido material para aperfeiçoamento da atividade desenvolvida no ambiente jurídico, influenciando a maneira como este é formatado.

Neste ponto, retomam-se as considerações anteriores sobre os elementos que constituem o Direito e a forma como é processado o conhecimento sobre estes.

Na cátedra de Larenz, o estudo científico do fenômeno jurídico se projeta na formulação de teorias que devem apresentar consistência (ausência de contradições) e comprovação. Na mesma esteira de análise científica do Direito, destaca Hugo Segundo a incidência do raciocínio falibilista sobre as teorias jurídicas e os elementos formadores do Direito segundo a tridimensionalidade de Reale: fato, valor e norma.

Como estes elementos são atingidos pelo ambiente tecnológico apresentado?

Inicialmente, deve-se destacar que, se o Direito se sustenta em fatos, estes não podem mais ser considerados apenas como supostos. A captação de dados realizada com a colaboração dos indivíduos, que os acoplam espontaneamente ou não em rede, permite uma aferição bastante mais precisa de sua ocorrência e

---

25. BRASIL. Supremo Tribunal Federal. Projeto Victor avança em pesquisa e desenvolvimento para identificação dos temas de repercussão geral. 2021. Disponível em: https://portal.stf.jus.br/noticias/verNoticiaDetalhe.asp?idConteudo=471331&ori=1. Acesso em: 15 fev. 2022.

26. NUNES, Dierle; DUARTE, Fernanda Amaral. Jurimetria, tecnologia e direito processual. In: NUNES, Dierle, LUCON, Paulo Henrique dos Santos. WOLKART, Erik Navarro (Coord.). *Inteligência artificial e direito processual*: os impactos da virada tecnológica no direito processual. Salvador: JusPodivm, 2020, p. 381-421.

frequência, dando instrumental poderoso para formulação de decisões públicas. Se é certo que a edição de textos normativos é realizada conforme observação de fatos juridicamente relevantes, o arsenal de informações captadas pelo *big data* apresenta grande importância.

Outrossim, quando se cuida da verificação dos fatos ocorridos em relação a cada caso concreto, obtempera-se que a tecnologia poderia fornecer resultados mais imparciais quando alimentada com informação acerca de quais fatos se consideram provados e com que grau de confiabilidade, sem interferência de vieses e pré-conceitos dos organismos julgadores.

No que respeita aos valores, também integrantes da complexidade do fenômeno jurídico, estes poderiam ser buscados não apenas na análise atenta do comportamento social em um contexto histórico. Os valores nutridos por uma dada sociedade podem ser perguntados diretamente para os integrantes desta, no processo de democracia digital acima apresentado.

Individualizados esses fatos relevantes – identificados conscientemente ou indicados pela máquina em seu processo de aprendizagem automática – e somados estes aos valores indicados diretamente pelo próprio corpo social, poderiam melhores normas jurídicas serem editadas, atendendo-se aos reais anseios sociais. Ademais, com o uso da tecnologia, também as possíveis repercussões da entrada em vigor de novas normas poderiam ser prognosticadas, contribuindo para as discussões em torno de sua edição e final formatação.

Diante de todo o exposto, em uma sociedade imersa em recursos de tecnologia que permitem uma captação considerável de informações em variadas esferas da vida social, a pretensão de regulação de condutas não pode furtar-se à análise atenta de todo esse aparato. Conhecer pormenorizadamente fatos, reconhecer objetivamente valores e prognosticar resultados podem trazer maior segurança e objetividade na tomada da decisão pública de organização do Estado e do corpo social neste inserido.

Se bem utilizadas, as sofisticadas tecnologias advindas desta etapa da evolução humana podem trazer muitos benefícios ao conjunto da sociedade, da qual poderá ser extraída de maneira mais eficiente suas reais necessidades e anseios.

Contudo, é preciso que sejam feitos alertas sobre alguns riscos, que decorrem das limitações inerentes ao mundo tecnológico, algumas das quais realçadas a seguir.

## 6. LIMITES E RISCOS DOS RECURSOS TECNOLÓGICOS

Um dos principais aspectos analisados quando se cuida da aplicação da inteligência artificial em diversas atividades desempenhadas pelo homem consiste na verificação da possibilidade de imitação, pela máquina, da inteligência e do raciocínio humanos. Na medida em que mais próximo se chegue a esse resultado, mais fiel pode ser a substituição da atividade de um indivíduo ou grupo por *softwares*.

Erik Larson,[27] enfrentando o tema, afirma que todas as evidências sugerem que a inteligência humana e a inteligência de máquina são radicalmente diferentes, não existindo, hoje, recursos que permitam uma inteligência artificial geral. Em "O mito da inteligência artificial", o autor apresenta uma característica da inteligência puramente humana e inimitável pelas máquinas, apontando, ainda, os problemas dos raciocínios dedutivo e indutivo e suas limitações ao conhecimento.

O tema ganha relevo em sua obra ao ser indicada a forma como são obtidos resultados pela máquina, a qual, por meio da congregação de enorme base de dados isolados, formula regras que se pretendem gerais, característica do raciocínio indutivo. Destaca, nesse ínterim, que o mundo real é um ambiente dinâmico, estando em constante mudança, de maneiras previsíveis e imprevisíveis, não podendo ser envolto em um sistema de regras rígidas.

A inteligência artificial não seria capaz de perceber ou reagir a essa alta carga dinâmica. A indução poderia, por meio de sua técnica, afastar hipóteses ruins ou falsas ao longo do tempo, mas não dar garantias de correção, em especial em ambientes dinâmicos.

A inferência dedutiva, por sua vez, pode agregar certo conhecimento, desde que as premissas utilizadas para atingir um resultado permaneçam sempre as mesmas. Larson postula, porém, que apenas parcela muito pequena do mundo é imutável e, mesmo quando existe certeza acerca dos elementos que constituem as premissas, a inferência dedutiva ignora considerações relevantes.

O autor defende, assim, a existência do que chama inferência abdutiva, sem a qual indução e dedução não apresentam utilidade. A abdução acopla um conhecimento prévio para formulação de hipóteses. Esse conhecimento prévio pode ter origem em causas diversas: experiência anterior conscientemente anotada, elementos do subconsciente ou expressões advindas da criatividade humana.

A teoria proposta pelo autor é exemplificada pela descoberta do bóson de Higgs, uma partícula prevista teoricamente por Peter Higgs em 1964, cuja existência foi comprovada apenas em 2013, após testes feitos em super máquinas. A partícula em questão foi mencionada pelo cientista após um típico *insight* humano, sem que, em seu tempo, pudesse ser efetivamente demonstrada. Esse é um caso em que super máquinas e inferências indutivas ou dedutivas não poderiam trazer grandes resultados de descoberta.

---

27. LARSON, Erik. *The Myth of Artificial Intelligence*: Why Computers Can't Think the Way We Do. London: The Belknap Press of Havard University Press, 2021.

O que se ressalta de toda essa explanação é que existem elementos humanos que não podem ser captados com a análise de dados e que a criatividade humana pode ser decisiva para alcance de melhores resultados, no campo jurídico ou fora dele.

Quando se cuida de ambiente público, são importantes, ainda, considerações de prática política. Aproveitando-se as facilidades aditadas pela tecnologia, seria possível coleta e análise de dados para tomada de decisões. Diante das informações captadas, poder-se-ia modelar, simular e simplificar a compreensão da vida pública.

No entanto, embora dados possam nortear decisões em questões coletivas – a exemplo de políticas públicas e organização de espaços citadinos – é importante que se perceba que o ambiente publicista existe como grande palco de troca de ideias e disputa de interesses. Fernández González,[28] doutrinando a respeito de políticas urbanas, adverte que essa simplificação da compreensão da vida pública é problemática por não enfrentar uma questão básica da vida comunitária: as políticas urbanas são resultado de negociações, interesses, prioridades e ideologias, que não podem ser retratadas em um desenho criado a partir da coleta massiva de dados.

O raciocínio acima pode ser estendido para qualquer setor da ação pública, inclusive a criação de textos normativos e regras de conduta. A dinâmica social põe em constante contraste anseios e necessidades diversos, os quais somente são superados a contento com a formulação de consensos ou com o equilíbrio de interesses.

Nesse diapasão, não somente a força dos números deve ser tomada em conta. Quando se trata de questões públicas, os interesses, necessidades, aspirações e direitos de minorias devem ganhar relevo, o que estaria fadado ao insucesso caso se perpetuasse considerações de ordem meramente quantitativa.

Na proposta de uma democracia digital, essas minorias estariam drasticamente prejudicadas, despidas de representação adequada para anseios legítimos, pondo em risco a convivência comunitária saudável, plural e inclusiva.

Por fim, ainda que os problemas anteriormente citados fossem resolvidos, permitindo-se decisões públicas tomadas a partir de dados objetivos coletados com consulta aos cidadãos na forma mais democrática, é importante ser ressaltado o risco de decisões fundadas em opiniões.

Respaldando o alerta aqui citado, Giovanni Sartori[29] informa os riscos de uma democracia direta sem que haja um incremento de conhecimento por parte dos

---

28. FERNÁNDEZ GONZÁLEZ, Manu. La construcción del discurso de la smart city: mitos implícitos y sus consecuencias socio-políticas. URBS. *Revista de Estudios Urbanos y Ciencias Sociales*, Almería, v. 6, n. 2, p. 83- 99, jul./dic. 2016.
29. SARTORI, Giovanni. *Tiene futuro la democracia?* Disponível em http://www.anep.edu.uy/historia/clases/clase10/cuadros/11_art_sartori.pdf. Acesso em: 15 fev. 2022.

cidadãos. Sartori distingue opiniões de saber, apresentando aquelas como ideias rápidas, vagas, que não precisam ser provadas e são tomadas como boas sem criticidade, tal como são. A prática da democracia se exerce votando e, assim, realiza e se realiza como um "governo de opinião". Numa democracia representativa, o fato de o povo não deter saber não inviabiliza a organização política, desde que sua opinião seja própria e não dirigida por terceiros.

Sartori, porém, diante do mesmo cenário de informação, faz fortes objeções a "democracias imediatas", nas quais a população é chamada a opinar e decidir sem conhecimento adequado, concluindo que qualquer incremento de demo-poder deve vir sustentado em um incremento de demo-saber.

As considerações aqui feitas realçam, portanto, que os elementos que envolvem a tomada de decisão pública, na qual se encontram decisões sobre o fenômeno jurídico, não podem se limitar a uma análise e tratamento massivo de dados e informações coletados por recursos tecnológicos.

A gestão da vida pública envolve itens complexos (biológicos, psicológicos políticos etc.) e uma intrincada rede de elementos a serem administrados. O estudo do Direito, que alberga essa complexidade sob a gravidade de estabelecer normas de organização e conduta para Estados e indivíduos, exige, ainda, uma mais particular atenção.

Não se pretende, com a análise aqui realizada, descreditar o uso da tecnologia, em especial da inteligência artificial, para formação e estudo do Direito, em especial diante das vantagens que tal emprego pode acarretar. Procura-se destacar, ao lado das indiscutíveis vantagens, as limitações impostas pelo atual estado da arte da revolução tecnológica e pela natureza intrínseca do sistema jurídico-político de que se cuida.

## 7. CONSIDERAÇÕES FINAIS

A eclosão de uma revolução computacional em tempos recentes trouxe inúmeras possibilidades advindas da sofisticação e integração de tecnologias digitais, atingindo diversos setores da vida social.

Dentre os fenômenos contidos nesse novo contexto histórico, destaca-se a expansão do *Big Data*, no qual ampla gama de variados dados são coletados e processados em ritmo exponencial. Os dados tratados com uso da inteligência artificial fornecem um arsenal informativo que oferta amplo uso no seio comunitário, na seara privada e na pública.

No ambiente público, vantagens como indicativos de melhor alocação de recursos, ampliação de acesso a serviços e à Administração, maior comunicação entre atores sociais e redução de custos são de fácil percepção.

No campo jurídico, as vantagens também são expressivas, ressaltando-se o uso de ferramentas tecnológicas para auxílio na tomada de decisão judicial, para confecção de estatísticas confiáveis na gestão de conflitos e para projeção de decisões tomadas por máquinas em casos simples e corriqueiros, o que diminuiria os problemas advindos da mora judicial no formato atual da Jurisdição.

Esses elementos tecnológicos, ademais, podem trazer consequências na formação do conhecimento que se produz acerca dos elementos formadores do Direito: fato, valor e norma. Com a aplicação de inteligência artificial e uso do *Big Data* nesse espaço, a captação mais precisa de fatos e valores e as projeções de resultados advindos da aplicação de normas jurídicas poderiam tornar mais seguras e eficientes as escolhas feitas por teóricos, criadores e aplicadores do Direito.

Apesar das significativas vantagens ofertadas pela escalada tecnológica, porém, esta ainda apresenta limitações que interferem na qualidade com que resultados podem ser gerados no ambiente público e, em particular, no cenário jurídico.

A impossibilidade de imitação da inteligência humana de forma satisfatória e as restrições daí advindas são significativas. Ademais, longe de ser determinantes, as análises quantitativas propiciadas pelos esquemas tecnológicos disponíveis não atendem a contento a dinamicidade da vida social e a atividade política existente no gerenciamento de interesses, conflitos e anseios sociais.

Conclui-se, diante de todas as questões postas, que as ferramentas de tecnologia podem servir como poderoso instrumento para agregação de informações relevantes para as decisões públicas, mas não são suficientes para atender, sozinhas, às exigências que a complexidade da vida comunitária impõe para seus teóricos e gestores.

## 8. REFERÊNCIAS

AFTALIÓN, Enrique R.; VILANOVA, José; RAFFO, Julio. *Introducción al derecho*. Buenos Aires: Abeledo-Perrot, 2004.

ARAÚJO, Valter Shuenquener de; ZULLO, Bruno Almeida; TORRES, Maurílio. Big Data, algoritmos e inteligência artificial na Administração Pública: reflexões para a sua utilização em um ambiente democrático. *A&C – Revista de Direito Administrativo & Constitucional*, ano 20, n. 80, p. 241-261, Belo Horizonte, abr./jun. 2020.

BACHELARD, Gaston. *A formação do espírito científico*. Contribuição para uma psicanálise do conhecimento. Trad. Estela dos Santos Abreu. Rio de Janeiro: Contraponto, 1996.

BRASIL. Supremo Tribunal Federal. Projeto Victor avança em pesquisa e desenvolvimento para identificação dos temas de repercussão geral. 2021. Disponível em: https://portal.stf.jus.br/noticias/verNoticiaDetalhe.asp?idConteudo=471331&ori=1. Acesso em: 15 fev. 2022.

CERRILLO I MARTÍNEZ, Agustí. How can we open the black box of public administration? Transparency and accountability in the use of algorithms. *Revista Catalana de Dret Públic*, v. 58, p. 13-28, 2019.

CRUZ, Álvaro Ricardo de Souza. *O discurso científico na modernidade*: o conceito de paradigma é aplicável ao direito? Rio de Janeiro: Lumen Juris, 2009.

DAMÁSIO, António R. *E o cérebro criou o homem*. Trad. Laura Teixeira Motta. São Paulo: Companhia das Letras, 2010.

FERNÁNDEZ GONZÁLEZ, Manu. La construcción del discurso de la smart city: mitos implícitos y sus consecuencias socio-políticas. URBS. *Revista de Estudios Urbanos y Ciencias Sociales*, v. 6, n. 2, p. 83- 99, Almería, jul./dic. 2016.

FREITAS, Juarez; TEIXEIRA, Anderson V. Democracia digital e avaliação continuada de políticas públicas. *Revista Brasileira de Estudos Políticos*, n. 119, p. 227-252, Belo Horizonte, 2019.

GABARDO, Emerson; KOBUS, Renata Carvalho. Quarta Revolução Industrial: Blockchain e Smart Contracts como instrumentos da Administração Pública inteligente. In: RODRÍGUEZ-ARANA, Jaime et al (Org.). *Control Administrativo de la Actividad de la Administración*. São Paulo: Imprensa Oficial de São Paulo, 2019. v. 2.

HESSEN, Johannes. *Teoria do conhecimento*. Trad. João Vergílio Gallerani Cuter. São Paulo: Martins Fontes, 2003.

KUHN, Thomas S. *A estrutura das revoluções científicas*. Trad. Beatriz Vianna Boeira e Nelson Boeira. 9. ed. São Paulo: Perspectiva, 2005.

LARENZ, Karl. *Metodologia da ciência do Direito*. 3. ed. Trad. José Lamego, Lisboa: Calouste-Gulbenkian, 1997.

LARSON, Erik. *The Myth of Artificial Intelligence*: Why Computers Can´t Think the Way We Do. London: The Belknap Press of Havard University Press, 2021.

MACHADO SEGUNDO, Hugo de Brito. Epistemologia Falibilista e Teoria do Direito. *Revista do Instituto de Direito Brasileiro da Universidade de Lisboa*, ano 3, n. 1, p. 197-260, 2014.

MACHADO SEGUNDO, Hugo de Brito. *O direito e sua ciência*: uma introdução à epistemologia jurídica. São Paulo: Malheiros, 2016.

MARQUES NETO, Agostinho Ramalho. *A ciência do Direito*: conceito, objeto, método. 2. ed. Rio de Janeiro: Renovar, 2001.

NUNES, Dierle; DUARTE, Fernanda Amaral. Jurimetria, tecnologia e direito processual. In: NUNES, Dierle, LUCON, Paulo Henrique dos Santos. WOLKART, Erik Navarro (Coord.). *Inteligência Artificial e Direito Processual*: Os Impactos da Virada Tecnológica no Direito Processual. Salvador: JusPodivm, 2020.

POPPER, Karl. *A vida é aprendizagem*. Epistemologia evolutiva e sociedade aberta. Trad. Paula Taipas. Lisboa: Edições 70, 2001.

POPPER, Karl. *O conhecimento e o problema corpo-mente*. Trad. Joaquim Alberto Ferreira Gomes. Lisboa: Edições 70, 2009.

REIS, Camille Lima; CARVALHO, Fábio Lins de Lessa. O fomento às novas tecnologias na Administração Pública como direito ao desenvolvimento. *International Journal of Digital Law*, ano 1, n. 3, p. 11-28, Belo Horizonte, set./dez. 2020.

SARTORI, Giovanni. *Tiene futuro la democracia?* Disponível em: http://www.anep.edu.uy/historia/clases/clase10/cuadros/11_art_sartori.pdf. Acesso em: 15 fev. 2022.

SCHWAB, Klaus. *A Quarta Revolução Industrial*. São Paulo: Edipro, 2016.

WOLKMER, Antônio Carlos. *Pluralismo jurídico*: fundamentos de uma nova cultura no direito. São Paulo: Alfa Ômega, 2001.

# ANOTAÇÕES